Karl Daumer

Genetik

Bayerischer Schulbuch-Verlag

Biologie für die gymnasiale Oberstufe

Herausgegeben von Prof. Dr. Karl Daumer, München

Autor dieses Bandes:

Prof. Dr. Karl Daumer

Gedruckt auf chlorfrei gebleichtem Papier

1997
8. Auflage
Alle Drucke dieser Auflage sind untereinander unverändert.

Grafiken: Karl Daumer, Ilse Ross, Markus Voll
Satz und Druck: Tutte Druckerei GmbH, Salzweg-Passau
ISBN 3-7627-4230-8

Das Werk folgt der reformierten Rechtschreibung und Zeichensetzung.

Inhaltsverzeichnis

Vorwort zur 6., neu bearbeiteten Auflage

Die 6., neu bearbeitete und erweiterte Auflage der Genetik für Grund- und Leistungskurse der gymnasialen Oberstufe ist in den bisherigen Kapiteln gestrafft, aktualisiert und ergänzt worden.

Drei Kapitel wurden neu hinzugefügt. Sie betreffen die Grundlagen der Gentechnik, die Grundlagen der Immunbiologie sowie Anwendungsbereiche der Gentechnik.

Das Buch ist kein Ersatz für den Unterricht. Es bietet vielmehr eine Strukturierungshilfe und eine Arbeitsgrundlage für einen sachlogisch aufgebauten, vielseitigen Arbeitsunterricht, in dem aus Fragestellungen, Konzepten und Versuchen grundlegende Ergebnisse und Anwendungen aus den verschiedenen Teilgebieten der Genetik abgeleitet werden. Das Buch entlastet die Schüler vom ständigen Mitschreiben und schafft damit Raum für Unterrichtsgespräche und Medieneinsatz, für Demonstrations- und Übungsversuche, für Referate und Aufgabenbesprechungen sowie für fachübergreifende Projekte.

Die einfachen, nachvollziehbaren Skizzen bieten zusammen mit dem jeweils unmittelbar zugeordneten Text eine knappe, übersichtliche Zusammenfassung der wichtigsten Informationen als Vorbereitung auf Klausuren und Abitur.

Aufgaben unterschiedlichen Schwierigkeitsgrades nach den Kapiteln dienen zur Vertiefung der Kenntnisse und zur Übung der Fähigkeit, Gelerntes in neuen Zusammenhängen richtig anzuwenden. Als Hausaufgaben oder als Übungsaufgaben im Unterricht bieten sie Anregungen für Diskussionen.

Auf Vorschläge zu Referaten wurde in der neuen Auflage verzichtet. Die im Literaturverzeichnis genannten Zeitschriften und neuen Bücher (S. 156) bieten hierfür zahlreiche Anregungen.

Anleitungen zu praktischen Untersuchungen und Versuchen, die mit geringem Aufwand durchzuführen sind, finden sich im letzten Teil des Buches. Sie können demonstriert oder im Praktikum durchgeführt werden.

Die Gliederung der Inhalte in abgerundete, unterrichtspraktikable Kapitel sowie die Verwendung von Groß- und Kleindruck gestatten die differenzierte Benutzung des Buches in Grund- und Leistungskursen.

Auch über die Aufgaben- und Versuchsauswahl ist eine Differenzierung möglich.

München, im September 1993 — Karl Daumer

Einleitung

Jeder hat schon die Erfahrung gemacht, dass Merkmale der Eltern wieder bei den Kindern erscheinen. Diese Tatsache wird auf *„Vererbung"* zurückgeführt.

Definition von Vererbung

Mit *„Weitergabe von Merkmalen von Generation zu Generation"* ist Vererbung nur oberflächlich beschrieben. Dies geht aus der Tatsache hervor, dass die Verbindungsglieder zwischen den Generationen, die Keimzellen und ihr Verschmelzungsprodukt, die Zygote, keine ausgeprägten *Merkmale* des künftigen Individuums tragen. Sie enthalten offensichtlich nur die Pläne, d.h. die *Informationen* dafür. Erst wenn zu diesen Informationen noch Materie, Energie und Informationen aus der Umwelt kommen, entstehen im Laufe der Entwicklung die Merkmale des fertigen Individuums. Ein ähnlicher Zusammenhang besteht zwischen dem Plan eines Gebäudes, dem Bau und dem fertigen Gebäude.
Die in der Zygote niedergelegten Pläne für ein Lebewesen bezeichnet man als *Erbanlagen, Erbinformationen oder genetische Informationen.*

Vererbung kann demnach als Weitergabe genetischer Informationen von Generation zu Generation definiert werden.

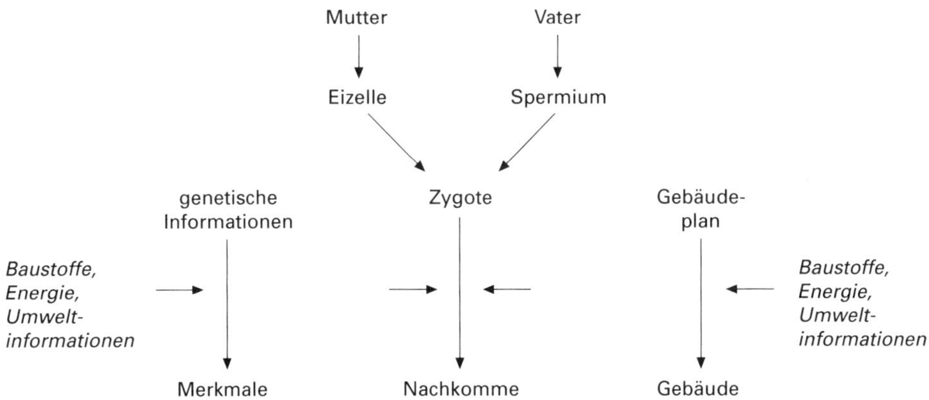

Abb. 7.1 Zusammenhang zwischen den genetischen Informationen in der Zygote und den ausgebildeten Merkmalen eines Individuums

Die Zygote eines Menschen enthält die *allgemeinen genetischen Informationen* über die Gruppenmerkmale der Wirbeltiere, der Säugetiere, der Primaten, der Gattung und Art Mensch und über die Merkmale der Rasse. Darüber hinaus enthält sie *spezielle genetische Informationen* von beiden Eltern, welche für die Ähnlichkeit mit individuellen Merkmalen der Eltern und für die einmalige Merkmalskombination des Kindes entscheidend verantwortlich sind.

Grundfragestellungen der Genetik

In der *Vererbungslehre* oder *Genetik* geht es um folgende Grundfragestellungen:

1. Wie ist der Träger der genetischen Information gebaut, welche Eigenschaften hat er und auf welchen Wegen und wie steuert er die Entwicklung der Merkmale? (*Molekulargenetische Fragen*; vornehmlich durch *biochemische Untersuchungen* lösbar.)
2. Wo und wie ist der Träger der genetischen Information in der Zelle untergebracht, wie verhält er sich bei der Zellteilung, der Bildung der Keimzellen und bei der Befruchtung? (*Zytogenetische* Fragen; vornehmlich durch *mikroskopische Untersuchungen* lösbar.)
3. Nach welchen Gesetzmäßigkeiten treten bestimmte Merkmale von Generation zu Generation auf, in der einzelnen Sippe, in einer ganzen Population? Wie groß ist der Anteil an Umwelteinflüssen an der speziellen Ausprägung bestimmter Merkmale? (*Formalgenetische, klassische* Fragestellungen; vornehmlich durch *statistische Untersuchungen* lösbar.)

Bedeutung der Genetik

Die Ergebnisse genetischer Forschung sind von grundlegender Bedeutung für ein tieferes Verständnis der Lebewesen, ihrer Entstehung und ihrer Entfaltung. Jedes Bild vom Menschen wäre ohne Berücksichtigung genetischer Erkenntnisse unvollständig. Daneben sind praktische Anwendungen bedeutsam, die durch einige Stichworte angesprochen seien:

Erbkrankheiten, genetische Familienberatung und pränatale Diagnose, Vaterschaftsgutachten und Täterschaftsnachweise bei Verbrechen, Vererbung und Erziehungsspielraum, Auslösung von Mutationen durch Strahlen und Chemikalien, Entstehung und Behandlung von Krebs, Rolle des Immunsystems bei der Infektionsabwehr, bei Allergien, Aids und Transplantatabstoßung, gentechnische Verfahren zur Herstellung von Medikamenten, in der Pflanzen- und Tierzucht sowie bei der Diagnose und Therapie von Erbkrankheiten beim Menschen.

Sachgerechte Aussagen zu diesen Themen erfordern ein Grundverständnis von Konzepten, Methoden und Ergebnissen in den verschiedenen Teilgebieten der Genetik. Darüber hinaus geht es auch um ethische Fragen nach Risiken und Grenzen des prinzipiell Machbaren.

Aufgaben

1. Versuchen Sie den gängigen Begriff „Erbmerkmal" zu definieren.
2. Nennen Sie Gruppenmerkmale der Wirbeltiere, Säugetiere, Primaten.
3. Versuchen Sie die Grundfragestellungen der Genetik weiter zu detaillieren.
4. Welche Probleme, die von genetischer Forschung und Gentechnik bearbeitet werden, könnten Sie persönlich betreffen?

1 Der stoffliche Träger der genetischen Information

1.1 Lokalisierung und Raumbedarf der genetischen Information

Aus den Beobachtungen, dass Eizellen viel, Spermien wenig Zytoplasma, beide aber gleich viel Kernsubstanz enthalten und andererseits, dass Kinder im Durchschnitt nicht etwa mehr Merkmale von der Mutter aufweisen als vom Vater, sei die Arbeitshypothese abgeleitet, die genetische Information liege im *Zellkern der Zygote*.
Aus der Zygote gehen durch Kern- und Zellteilungen die Milliarden Zellen des Körpers hervor. Die Annahme, dass der *Kern jeder Körperzelle* die gesamte genetische Information enthalte, wird dadurch gestützt, dass es gelungen ist, Zellkerne aus Darmzellen von Kaulquappen zu isolieren, in entkernte Froscheizellen einzupflanzen und diese dadurch zu einer Embryonalentwicklung anzuregen.
So kann man als erste Näherung für den Raumbedarf der genetischen Information eines Menschen den Rauminhalt z. B. der Zellkerne von Mundschleimhautzellen bestimmen.

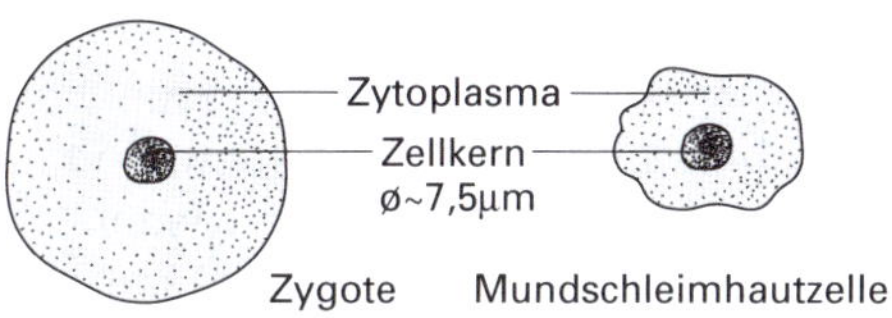

Abb. 9.1 Der Zellkern als Träger der genetischen Information

Dazu stellt man ein Ausstrichpräparat her, färbt es und misst mit einem Messokular die Durchmesser von ca. 10 möglichst runden Zellkernen im Mikroskop. Über einen Messobjektträger erhält man die absoluten Längen. V 1 S. 136

Wie unvorstellbar winzig dieser Raumbedarf ist, ergibt sich aus der Berechnung des Kernvolumens.

Aufgabe

Berechnen Sie das Kernvolumen ($V = \frac{4}{3}\pi r^3$) aus dem Kerndurchmesser $d = 7{,}5\,\mu m$. Kalkulieren Sie, in wie vielen Stecknadelköpfen von 5 mm ∅ die genetische Information von 5 Mrd. Menschen untergebracht werden könnte, wenn man berücksichtigt, dass auch Zellkerne zu ca. 90% aus Wasser bestehen.

1.2 Isolierung von Nucleinsäuren und Proteinen aus Zellkernen

Erste chemische Analysen von Zellkernen wurden 1869 von *Miescher* durchgeführt. Als Hauptbestandteile fand er *Eiweißstoffe = Proteine* und hochviskose, Phosphor enthaltende Säuren, die er *Kernsäuren = Nucleinsäuren* nannte.

Für chemische Analysen von Zellkernen sind Zellen mit wenig Zytoplasma geeignet, die nahezu ausschließlich aus Zellkernen bestehen, z. B. Zellen der Thymusdrüse des Kalbes *(Kalbsbries)*, Keimzellen aus *Stierhoden* oder aus Heringshoden *(Heringsmilch)*.
Gibt man zu einer Suspension dieser Zellen ein Detergens, welches die Zell- und die Kernmembran zerstört, so wird der Kerninhalt freigesetzt: Es entsteht eine viskose Lösung. Durch Zugabe von Alkohol werden die Nucleinsäuren gefällt und um einen Glasstab gewickelt. Durch Zugabe von Aceton zum Filtrat werden die Proteine ausgefällt. Die getrennten Niederschläge können nun weiter untersucht werden. V 2 S. 137

1.3 Beweise für Nucleinsäuren als Träger der genetischen Information

Den ersten Beweis, dass nicht die Eiweißstoffe, wie ursprünglich vermutet, sondern die Nucleinsäuren Träger der genetischen Information sind, lieferte *Avery* 1944. Er hatte Bakterien-Versuche von *Griffith* von 1927 wiederholt und verfeinert:

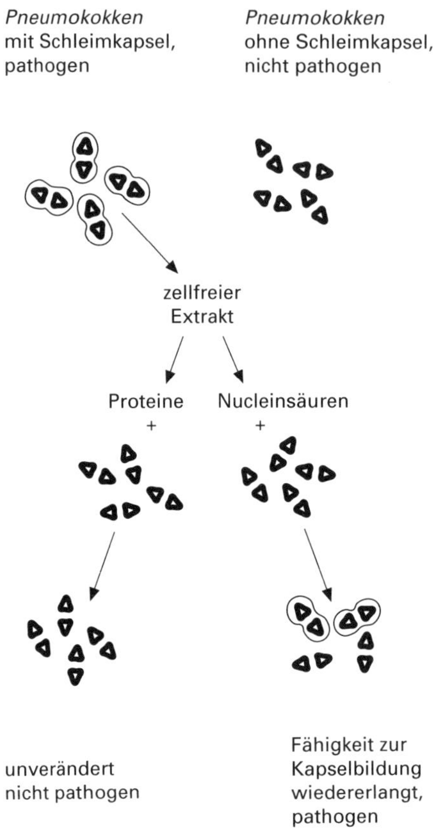

Abb. 10.1 Pneumokokkenexperiment von Avery: Nucleinsäure ist Träger der genetischen Information

Ein *Pneumokokkenstamm*, dessen Doppelzellen von einer Schleimkapsel umgeben sind, führt bei Mäusen zu einer tödlichen Lungenentzündung (*pathogener Stamm*). Ein anderer Stamm *ohne* Schleimkapsel ist dagegen für die Mäuse ungefährlich (*nicht pathogener Stamm*). Durch Hitze abgetötete Bakterien des pathogenen Stammes sind ebenfalls ungefährlich. Spritzte *Griffith* Bakterien des nicht pathogenen Stammes und durch Hitze abgetötete Bakterien des pathogenen Stammes *zusammen* in Mäuse, erhielt er erstaunliche Ergebnisse: Die Mäuse starben, und in ihren Körpern fanden sich wieder lebende pathogene *Pneumokokken* mit Schleimkapseln.

Avery stellte aus dem pathogenen Stamm einen *zellfreien* Extrakt her. Diesen zerlegte er in Proteine und Nucleinsäure. Fügte er im Reagenzglas die Proteine zu den harmlosen *Pneumokokken*, so blieben diese unverändert. Fügte er dagegen die Nucleinsäure hinzu, traten in der Bakterienkultur *Pneumokokken* mit den aus Proteinen bestehenden Schleimkapseln auf, die bei Mäusen wieder Lungenentzündung hervorriefen.

V 3 S.138 Gab *Avery* zu den Nucleinsäuren gleichzeitig ein Nucleinsäure-abbauendes Enzym, eine Nuclease, so blieb die transformierende Wirkung aus.

Einen zweiten Beweis lieferte die Untersuchung der Vermehrung von Phagen (S. 77) in Bakterien. Obwohl nur die Nucleinsäure der Phagen in das Bakterium gelangt und die Proteinhülle außen bleibt, entstehen im Bakterium auf Anweisung der Phagen-Nucleinsäure wieder neue Phagen mit Proteinhülle. Damit war ein grundsätzlicher Zusammenhang erkannt:

Nucleinsäuren sind die Träger der genetischen Informationen. Auf ihre Anweisung entstehen in der Zelle die verschiedenen Proteine.

1.4 Chemischer Aufbau und Strukturen der Proteine

Proteine sind organische Großmoleküle, die nicht nur im Zellkern, sondern vor allem im Zytoplasma die Hauptmasse organischer Substanz darstellen. Kocht man sie mit Säure, werden sie durch Hydrolyse in zwanzig verschiedene *Aminosäuren* zerlegt, die man durch chromatografische Verfahren voneinander trennen kann. Aminosäuren sind Kohlenwasserstoff-Moleküle, die alle einerseits die *Carboxylgruppe –COOH* als Säuregruppe und andererseits die *Aminogruppe* $-NH_2$ als basische Gruppe enthalten. Sie unterscheiden sich in je einer seitlichen Atomgruppe R, die an dem der Carboxylgruppe benachbarten C-Atom sitzt. Die Verknüpfung der Aminosäuren erfolgt zwischen der Carboxylgruppe der einen und der Aminogruppe der nächsten Aminosäure formal durch Wasseraustritt. Die Bindung zwischen Aminosäuren bezeichnet man als *Peptidbindung*.

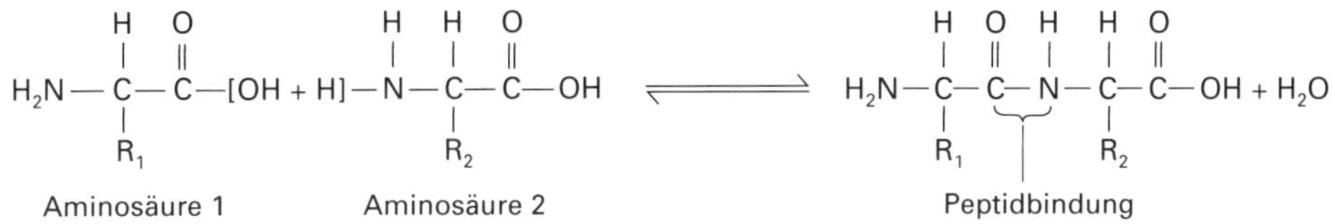

Die Reihenfolge der z. B. 300 Aminosäuren eines *Polypeptid-Proteins* wird durch chemische Verfahren der Sequenzanalyse festgestellt. Sie erweist sich schriftartig. Diese *Aminosäuresequenz* der Kette bezeichnet man als *Primärstruktur*. Die Windungen der Kette im Raum werden aus Röntgenbeugungsbildern von Kristallen des Proteins errechnet. Die Aminosäurekette zeigt sich dabei als schraubig gewunden (α-Helix) oder hin- und hergefaltet (Faltblattstruktur). Diese sog. *Sekundärstruktur* wird durch *Wasserstoff-Brückenbindungen* stabilisiert. Das sind elektrostatische Anziehungen zwischen leicht negativen Atomen des Sauerstoffs oder Stickstoffs und den leicht positiven Wasserstoffatomen. Die Helix- und Faltblattstrukturen bilden ihrerseits räumliche Gebilde mit einer Gestalt, der *Tertiärstruktur*, die von der Aminosäurensequenz bestimmt wird. Dabei weisen unpolare, hydrophobe Aminosäurereste nach innen, polare, hydrophile Reste ragen nach außen. Bindungen zwischen Schwefelatomen mancher Reste festigen die Tertiärstruktur. Bilden zwei oder mehr Proteine ein Großmolekül, spricht man von *Quartärstruktur*.

Wasserstoff-Brückenbindungen, z. B.

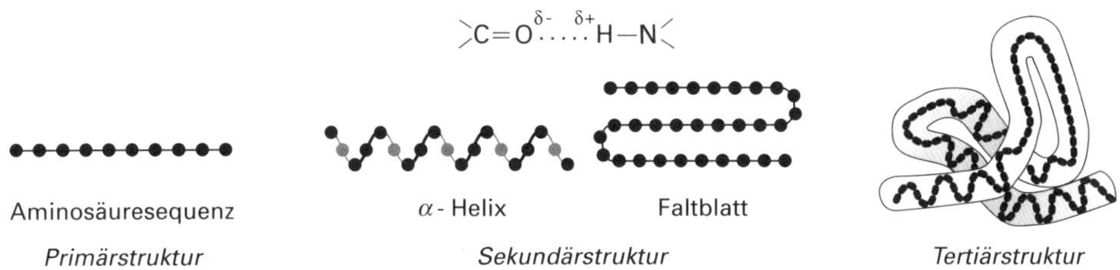

Abb. 11.1 Strukturen von Proteinen

Die Vielfalt möglicher Aminosäuresequenzen und damit Tertiärstrukturen von Proteinen ist nahezu unbegrenzt. Die Tertiärstruktur eines Proteins ist entscheidend für seine Aufgabe, sei es als *Baustoff, Transportstoff, Signalstoff, Antikörper* oder insbesondere als spezifischer Biokatalysator = *Enzym* eines Stoffwechselschrittes.

1.5 Chemischer Aufbau und Struktur der Desoxyribonucleinsäure, DNS

Wenn man Nucleinsäure aus Zellkernen durch Kochen mit Säure hydrolysiert, so kann man im Hydrolysat stets folgende Bestandteile nachweisen:

a) den Zucker *Desoxyribose*

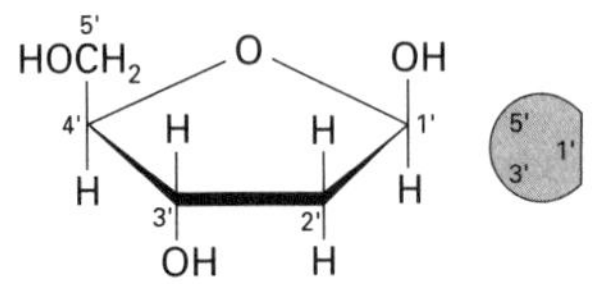

b) *Phosphorsäure*

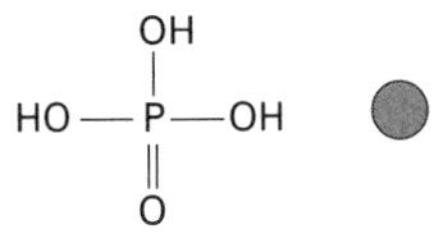

c) die *organischen Basen*

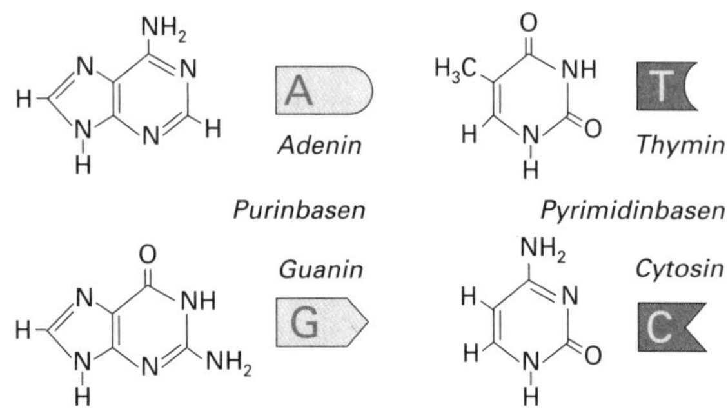

Abb. 12.1 Bestandteile der Desoxyribonucleinsäure, DNS (= DNA, engl. acid = Säure)

Bei unvollständiger Hydrolyse mit Säure findet man Verbindungen aus Desoxyribose und je einer der vier Basen, sog. *Nucleoside: Adenosin, Guanosin, Thymidin, Cytidin.* Bei enzymatischer Hydrolyse treten Nucleosidphosphate, die sog. *Nucleotide* auf. Sie sind die Bausteine der *Desoxyribonucleinsäure DNS* (engl. DNA, acid = Säure).

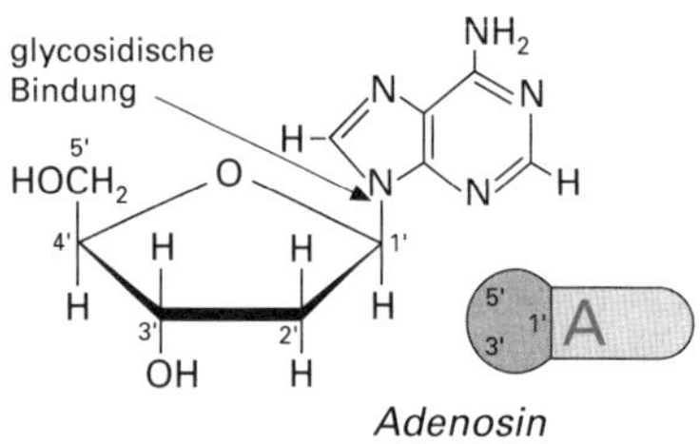

Abb. 12.2 Nucleosid

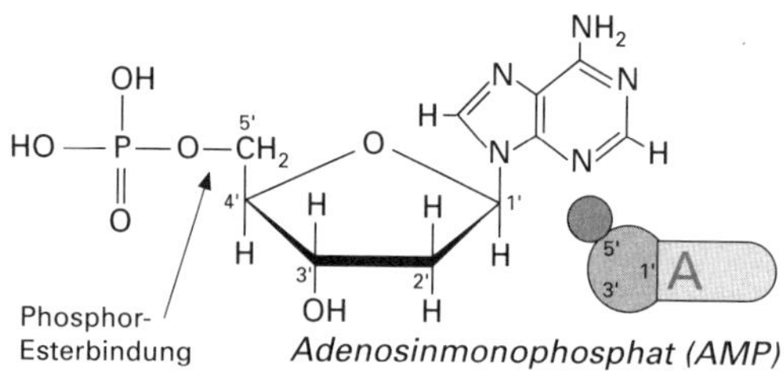

Abb. 12.3 Nucleotid

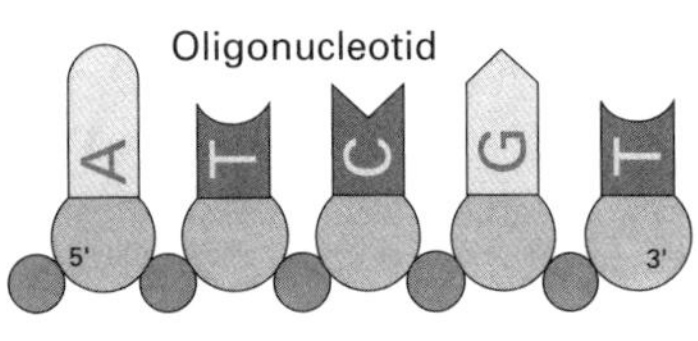

Abb. 12.4 Primärstruktur der DNS

Die totale Hydrolyse von DNS liefert *Phosphorsäure und Desoxyribose stets im Molverhältnis 1 : 1*. Daraus kann man schließen, dass die sog. Primärstruktur der DNS aus einer Kette von Nucleotiden mit alternierenden Zucker-Phosphat-Molekülen besteht (*Todd* 1951).

Röntgenbeugungsbilder kristallisierter DNS lieferten Anhaltspunkte dafür, dass das Grundgerüst des DNS-Moleküls aus einer *Doppelschraube* besteht (*Wilkins* 1952). Quantitative chemische Analysen von DNS-Hydrolysaten verschiedenster Herkunft ergaben für *Adenin und Thymin sowie für Guanin und Cytosin stets ein Molverhältnis von 1 : 1* (*Chargaff* 1950).

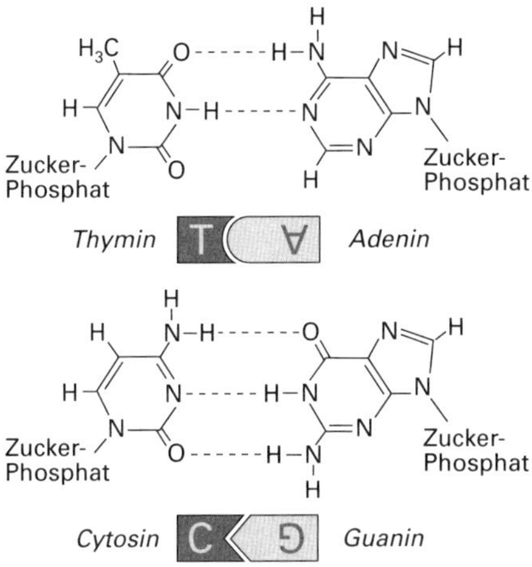

Abb. 13.1 Komplementäre Basenpaarung über Wasserstoffbrücken-Bindungen

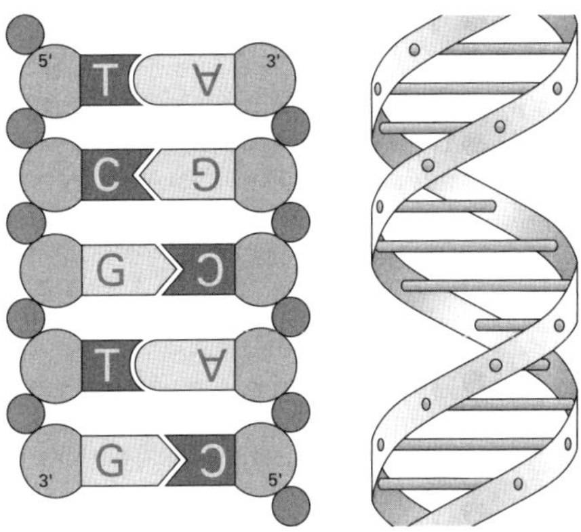

Abb. 13.2 Sekundärstruktur der DNS: Doppelhelix

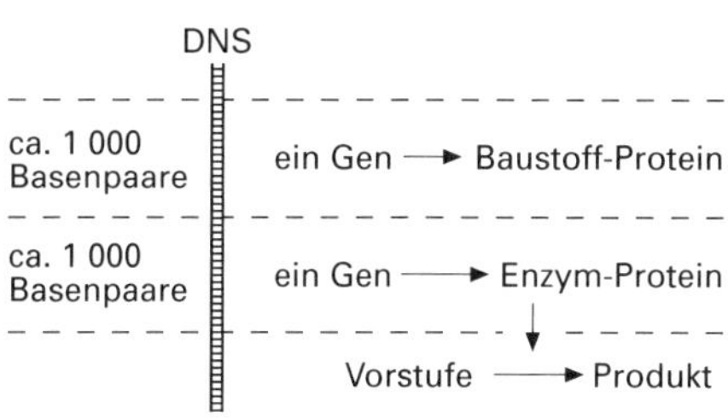

Abb. 13.3 Inhalt der genetischen Information

Auf diesen Ergebnissen aufbauend entwickelten *Watson* und *Crick* 1952 folgendes *Strukturmodell der DNS* (Nobelpreis 1962):

Aufgrund des räumlichen Baus der viererlei Basen können sich Adenin und Thymin über zwei, Guanin und Cytosin über drei *Wasserstoffbrücken-Bindungen* zu gleich langen Paaren verbinden. Die Partner eines Paares bezeichnet man als *komplementäre Basen*.

Die *Basenpaare* bilden die Sprossen einer Leiter, deren Holme aus den Zucker-Phosphat-Ketten bestehen. Die Reihenfolge der Basen eines Stranges, die *Basensequenz*, ist unregelmäßig, schriftartig. Wegen der komplementären Basenpaarung verhält sich die Sequenz des einen Stranges zu der des anderen wie das Positiv eines Bildes zu seinem Negativ. Da die in der 5'-Position der Desoxyribose gebundene Phosphatgruppe in beiden Strängen an gegenüberliegenden Enden in entgegengesetzte Richtungen weist, erweisen sich beide Stränge als *gegenläufig* oder *antiparallel* orientiert.

Die beiden Stränge sind um eine gemeinsame (gedachte) Achse gewunden. Sie bilden eine *Doppelschraube* oder *Doppelhelix*. Nach jeweils 10 Basenpaaren ist eine vollständige Schraubenwindung durchlaufen.

Ca. 1000 Basenpaare stellen eine genetische Informationseinheit, ein sog. *Gen* dar. Ein Gen steuert die Synthese eines bestimmten *Proteins*. Dabei legt die Basensequenz eines DNS-Abschnittes die Aminosäuresequenz eines Proteins fest. So entstehen die Proteine mit ihren vielfältigen Strukturen und Funktionen. Wie dies im Einzelnen geschieht, wird später erläutert (S. 85f.).

1.6 Identische Verdoppelung der DNS, DNS-Replikation

Da von Zellteilung zu Zellteilung keine genetische Information verloren geht, muss vor jeder Teilung eine identische Verdoppelung der Erbsubstanz erfolgen.
Das Strukturmodell der DNS bietet hierfür mithilfe des Prinzips der *komplementären Basenpaarung* eine verblüffend einfache *Modellvorstellung* an:

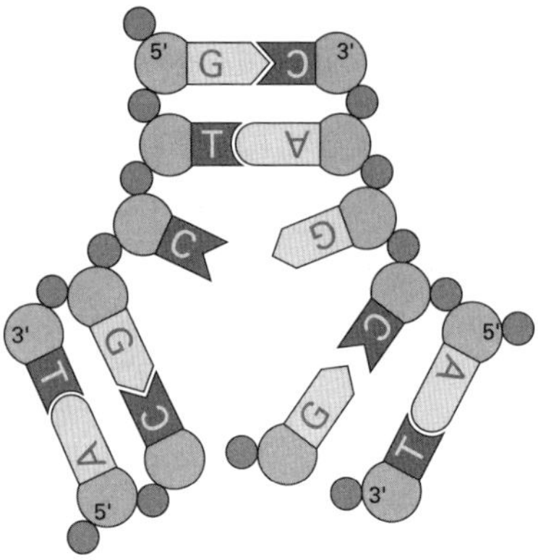

Abb. 14.1 Einfachstes Schema der identischen Verdoppelung der DNS

Der Doppelstrang öffnet sich wie ein Reißverschluss. An die frei werdenden Basen lagern sich in jedem Strang einzelne Nucleotide mit den jeweils komplementären Basen an. Die angedockten Nucleotide werden über Phosphor-Esterbindungen miteinander verknüpft. Dadurch entstehen zwei neue Doppelstränge von DNS mit genau derselben Aufeinanderfolge von Basenpaaren.

Nach dieser Modellvorstellung besteht jeder Doppelstrang zur Hälfte aus altem, zur Hälfte aus neuem Material.

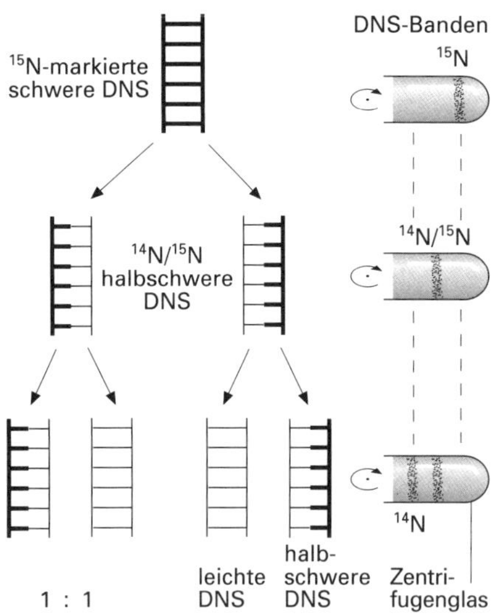

Abb. 14.2 Nachweis der semikonservativen Art der DNS-Replikation

Diese sog. *semikonservative* Art der DNS-Verdoppelung oder *DNS-Replikation* konnte durch *Isotopen-Markierungsversuche* bestätigt werden (*Meselson* und *Stahl* 1958): Bakterien besitzen ein einziges DNS-Molekül, nach dessen Verdoppelung sie sich zweiteilen. Die N-haltigen Basen für die DNS-Synthese bauen sie aus anorganischen N-Verbindungen auf. Bietet man ihnen im Kulturmedium N-Verbindungen mit dem schweren ^{15}N-Isotop an, so enthalten die Nachkommen nach vielen Vermehrungszyklen schwere DNS mit ^{15}N-markierten Basen in beiden Strängen.

In einer Ultrazentrifuge ist es möglich, ^{15}N-haltige, schwere DNS von ^{14}N-haltiger, leichter DNS, sowie von halbschwerer $^{15}N/^{14}N$-haltiger DNS als Banden zu unterscheiden.

Bakterien mit ^{15}N-haltiger DNS werden in ^{14}N-haltiges Medium überführt und dort für die Zeit *eines* Replikationszyklus belassen. Isoliert man dann die DNS aus diesen Bakterien und untersucht sie in der Ultrazentrifuge, so erweist sie sich als *halbschwer*.

Untersucht man die Bakterien-DNS nach *zwei* Replikationen in normalem Medium, so findet man *leichte* und *halbschwere* DNS im *Verhältnis 1 : 1*, in Übereinstimmung mit der Modellvorstellung der semikonservativen Art der Replikation.

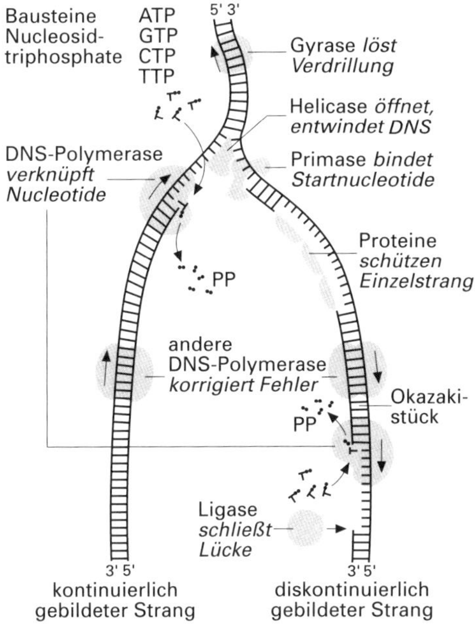

Abb. 15.1 Enzymleistungen bei der DNS-Replikation

Ca. 20 Enzyme müssen zusammenwirken, um die verschiedenen Einzelreaktionen der DNS-Replikation zu katalysieren:

Der Doppelstrang muss *geöffnet, entwunden* und *offen gehalten* werden. Die Anlagerung komplementär passender Nucleotide muss *gestartet* und *fortgesetzt* werden. Bausteine für die DNS-Replikation sind die energiereichen *Nucleosidtriphosphate ATP, GTP, CTP* und *TTP*, die in der Zelle hergestellt werden. Die Energie zur Verknüpfung der Bausteine stammt dabei aus der Abspaltung von zwei Phosphatgruppen aus den Nucleosidtriphosphaten. Da das Enzym *DNS-Polymerase*, das die Verknüpfungsreaktion ermöglicht, nur in der 3' → 5'-Richtung an einem Einzelstrang vorrücken kann, und da die beiden Stränge gegenläufige Polarität besitzen, erfolgt die Ergänzung zum Doppelstrang an den beiden Ästen der Replikationsgabel unterschiedlich: an dem einen Ast kontinuierlich von der Gabelungsstelle weg, auf dem anderen diskontinuierlich in kleinen Stücken (den *Okazaki-Fragmenten*) auf sie zu. Letztere werden abschließend durch das Enzym *DNS-Ligase* verbunden.

Vorher hat eine *DNS-Reparatur-Polymerase* die beiden neu gebildeten Doppelstränge auf fehlerhafte Basenpaarungen hin überprüft und falsche Nucleotide weitestgehend durch richtige ersetzt. Dadurch wird die spontane Fehlerrate (*Mutationsrate*) auf ca. $1:10^9$ verkleinert.

Aufgaben

1. Stellen Sie Befunde zusammen, die zur Aufklärung der DNS-Struktur führten.
2. In welchem Verhältnis werden „leichte" und „halbschwere" DNS beim Meselson- und Stahl-Experiment (Abb. 14.2) nach *drei* Replikationen auftreten?
3. Weshalb wird die DNS-Replikation als Grundvoraussetzung der Vererbung bezeichnet?

2 Chromosomen im Zellzyklus

Rund 50 Jahre vor der chemischen Identifizierung der Erbsubstanz hatte man in gefärbten Präparaten teilungsaktiver Gewebe von Pflanzen, Tieren und Menschen im Lichtmikroskop fädige Strukturen, die sog. *Chromosomen* (chroma, gr. Farbe), entdeckt. Aufgrund ihres allgemeinen Vorkommens, ihrer individuellen Formen und ihrer präzisen Verteilung bei der Kernteilung, der *Mitose* (mitos, gr. Faden), wurden sie früh mit dem Vererbungsgeschehen in Zusammenhang gebracht.

Zum Studium der Chromosomen während der Kernteilung eignen sich z. B. wachsende Wurzel- V 4
spitzen von Küchenzwiebeln. Man muss die abgeschnittenen Spitzen weich kochen, färben S. 139
und quetschen um sie bei 400–1000facher Vergrößerung mikroskopisch untersuchen zu können.

2.1 Chromosomenteilung in den Mitosephasen

Um den Gestaltwandel und die Bewegungen der Chromosomen bei der Kernteilung besser beschreiben zu können, hat man diese in typische *Phasen* gegliedert:

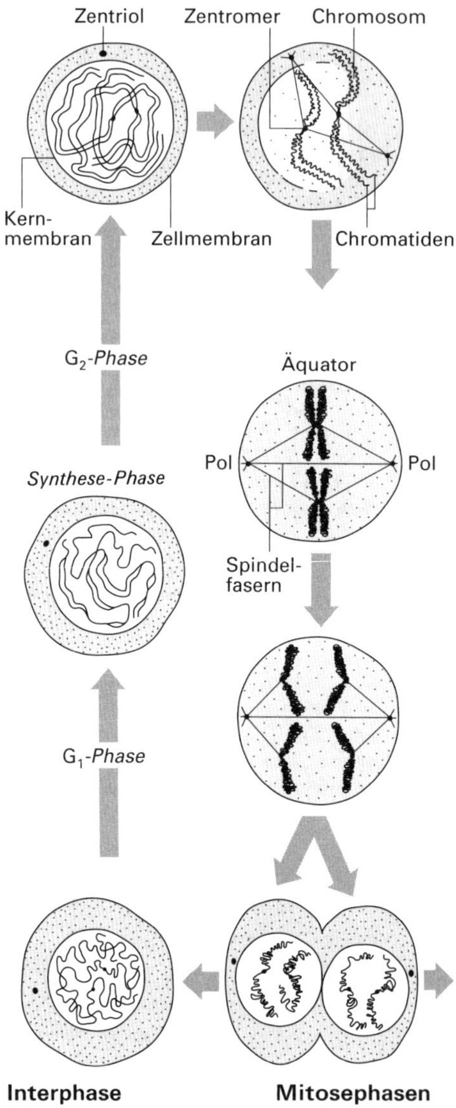

Abb. 16.1 Typische Phasen der Chromosomenteilung und -verdoppelung im Zellzyklus am Beispiel von zwei Chromosomen

Prophase
Im Zellkern werden die *Chromosomen* als Doppelfäden sichtbar, deren beide Längsteile, die *Chromatiden*, an einer Stelle, dem *Zentromer*, zusammenhängen. Ein Körperchen im Zellplasma, das *Zentriol*, teilt sich. Die Teile weichen auseinander und bilden dabei Fasern aus. Die Kernmembran zerfällt. Die Fasern nehmen mit jedem Chromosom an seinem Zentromer Kontakt auf.

Metaphase
Die beiden Zentriole haben gegenüberliegende Pole der Zelle erreicht. Die Fasern bilden jetzt eine *Spindel*, in deren *Äquatorebene* alle Chromosomen in maximal verkürztem Zustand so nebeneinander liegen, dass sich auf beiden Seiten der Ebene je ein Chromatid eines Chromosoms befindet.

Anaphase
Die Zentromere haben sich geteilt. *Je ein Chromatid* eines jeden Metaphase-Chromosoms *wandert* mithilfe der Spindelfasern *zu je einem Pol* der Zelle. Die Anaphase-Chromosomen bestehen somit nur noch aus einem Chromatid.

Telophase
Die Einchromatid-Chromosomen strecken sich und bilden wieder fädiges, unübersichtliches Kernmaterial, das *Chromatin*, das jeweils von einer neuen Kernmembran umschlossen wird. Dann teilt sich das *Zellplasma*. Damit ist die *Zellteilung* vollzogen.

Die Bewegungen der Chromosomen erfolgen mithilfe der *Spindelfasern*. Elektronenmikroskopische und biochemische Untersuchungen zeigen, dass diese aus Bündeln dünner, *Mikrotubuli* genannter Röhrchen bestehen. Mikrotubuli werden in der Zelle laufend aus großen Eiweißmolekülen aufgebaut und wieder zerlegt. Sie bilden das variable Plasma-Skelett von Zellen, die sich nicht in Teilung befinden. Während der Mitose werden Mikrotubuli bündelweise als Spindelfasern von zwei Plasmabereichen her aufgebaut, die bei Tierzellen – nicht aber bei Pflanzenzellen – die *Zentriole* enthalten. Kurze, davon ausstrahlende Fasern verankern die Spindelpole. Fasern, die zum Zentromer der Chromosomen reichen, manövrieren diese in die Äquatorebene. Anschließend ziehen die Spindelfasern die beiden Chromatiden jedes Chromosoms zu je einem Pol. Von beiden Polen zur Mitte ziehende und sich dort überlappende Fasern stemmen schließlich die Pole zunehmend auseinander. Hervorgerufen werden die Bewegungen durch Auf- und Abbau der Mikrotubuli an ihren Enden und durch denselben ATP-getriebenen Gleitmechanismus zwischen Mikrotubuli-Fasern, der auch der Bewegung von Geißeln und Cilien zugrunde liegt.

2.2 Chromosomen – DNS-Verdoppelung in der Interphase

Als *Interphase* bezeichnet man den in der Regel länger dauernden Abschnitt im Leben einer Zelle, der von ihrer Bildung am Ende einer Mitose bis zum Beginn der nächsten Mitose reicht. Interphase und Mitosephasen mit Plasmateilung bezeichnet man zusammen als *Zellzyklus*. Während der Interphase muss im Chromatin des Zellkerns die Verdoppelung der darin verborgenen *Einchromatid-Chromosomen* zu *Zweichromatid-Chromosomen* stattfinden, die in der nächsten Prophase sichtbar werden. Durch Markierungsversuche mit radioaktiven Isotopen wurde 1957 die grundlegende Erkenntnis gewonnen, *dass die Chromatiden eines Chromosoms jeweils aus einem durchgehenden DNS-Molekül bestehen, das in der Interphase repliziert wird.*

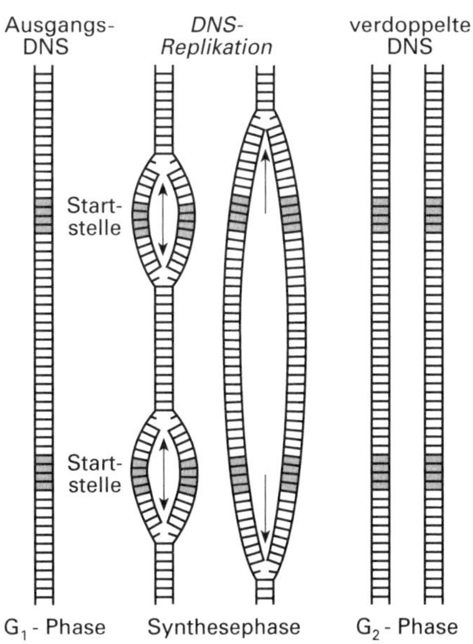

17.1 DNS-Replikation im Zellkern

Den Abschnitt der Interphase, in dem die DNS-Replikation stattfindet, bezeichnet man als *Synthesephase*. Da an einer Replikationsstelle ca. 50 Nucleotide pro Sekunde eingebaut werden und eine mittelgroße Chromatiden-DNS ca. $1{,}3 \cdot 10^8$ Basenpaare enthält, müsste die Replikation etwa 700 Stunden dauern. Tatsächlich dauert sie aber nur 8–12 Stunden, weil sie nicht nur von einer, sondern von vielen Startstellen auf der DNS beginnt. Von jeder Startstelle wandern zwei Replikationsgabeln in entgegengesetzten Richtungen auseinander, sodass „Blasen" entstehen, die sich erweitern. Wenn alle „Blasen" sich vereinigt haben, und wenn die Replikationsgabeln auch die beiden Enden der DNS erreicht haben, ist die identische DNS-Verdoppelung vollzogen.

Den 3–4 Stunden währenden Abschnitt vom Abschluss der Synthesephase bis zum Beginn der Mitose nennt man *G_2-Phase* (gap, engl. Lücke). Die Mitose läuft in 1–2 Stunden ab. Die anschließende *G_1-Phase* ist die eigentliche *Arbeitsphase* der Zelle. Sie dauert einen Tag bis viele Tage. Bleibt sie bis zum Zelltod, nennt man sie *G_0-Phase*.

2.3 Chromosomenbestände verschiedener Lebewesen

Seit der Entdeckung der Chromosomen ist bei einer Vielzahl von Organismen der Chromosomenbestand in Körperzellen untersucht worden:

Ascaris megalocephala (Spulwurm)	2 od. 4	Mus musculus (Hausmaus)	40
Culex pipiens (Stechmücke)	6	Rattus norwegicus (Wanderratte)	42
Drosophila melanogaster (Taufliege)	8	Macaca mulatta (Rhesusaffe)	42
Psalliota campestris (Champignon)	8	Hylobates lar (Gibbon)	44
Musca domestica (Stubenfliege)	12	Homo sapiens (Mensch)	46
Pisum sativum (Erbse)	14	Pan troglodytes (Schimpanse)	48
Columba livia (Haustaube)	16	Gorilla gorilla (Gorilla)	48
Antirrhinum spec. (Löwenmaul)	16	Solanum tuberosum (Kartoffel)	48
Zea Mays (Mais)	20	Cebus capusinus (Kapuzineraffe)	54
Bufo bufo (Erdkröte)	22	Ovis aries (Schaf)	54
Viele Triturusarten (Molche)	24	Bos taurus (Rind)	60
Solanum lycopersicum (Tomate)	24	Capra hircus (Ziege)	60
Rana temporaria (Grasfrosch)	26	Equus equus (Pferd)	64
Triticum (Weizen-Unterarten)	14, 28, 42	Cavia porcellus (Meerschweinchen)	64
Pieris brassica (Kohlweißling)	30	Gallus domesticus (Haushuhn)	78
Lumbricus terrestris (Regenwurm)	32	Canis familiaris (Haushund)	78
Apis mellifica (Honigbiene)	32	Cyprinus carpio (Karpfen)	104
Paracentrotus lividus (Seeigel)	36	Artemia salina (Salzkrebschen)	168
Lacerta agilis (Zauneidechse)	38	Eupagurus ochotensis (Krebs)	254
Felis domestica (Hauskatze)	38	Ophioglossum vulgatum (Farn)	500

Tab. 18.1 Chromosomenzahlen in Körperzellen von Pflanzen und Tieren

Die Untersuchungen haben ergeben, dass die Chromosomenzahl

- für Individuen einer Art bzw. Unterart konstant ist,
- in der Regel geradzahlig auftritt,
- von Unterarten häufig ein Vielfaches einer Grundchromosomenzahl ist,
- bei nah verwandten Arten gleich oder ähnlich ist,
- keinen Zusammenhang mit der Organisationshöhe erkennen lässt.
- bei hohen Zahlen mit geringer Chromosomengröße korreliert.

Aufgaben

1. Begründen Sie, inwiefern man aus der Häufigkeit bestimmter Mitosestadien in einem gefärbten Präparat auf die relative Zeitdauer der verschiedenen Mitosephasen schließen kann.
2. Beschreiben Sie den Zellzyklus vom Start der DNS-Synthesephase an, und erläutern Sie die biologische Bedeutung der einzelnen Phasen.
3. Formulieren Sie Fragen zur Steuerung des Zellzyklus und der Chromosomenbewegung.
4. Formulieren Sie Vermutungen zur Erklärung der oben genannten Befunde über Chromosomenzahlen.
5. Welche Vermutungen können Sie aus dem Befund ziehen, dass Menschen 46 und Menschenaffen 48 Chromosomen besitzen bei etwa gleicher DNS-Masse?
6. Die DNS von Säugetieren besteht aus ca. 6×10^9 Basenpaaren. Ein Basenpaar ist $0{,}34 \times 10^{-3}\,\mu m$ lang. Wie lang ist die in einem Zellkern untergebrachte DNS?
7. Bakterien besitzen eine ringförmige DNS aus ca. 4×10^6 Basenpaaren, die sie mit einer Geschwindigkeit von bis zu 800 Nucleotiden pro Sekunde von einem einzigen Startpunkt aus replizieren. Wie lange dauert ein Replikationszyklus?

2.4 Die Chromosomen des Menschen

Die menschlichen Chromosomen lassen sich aus wenigen Tropfen Blut darstellen. Da die roten Blutkörperchen keinen Zellkern enthalten, kommen für die Chromosomendarstellung nur die weißen Blutkörperchen infrage.

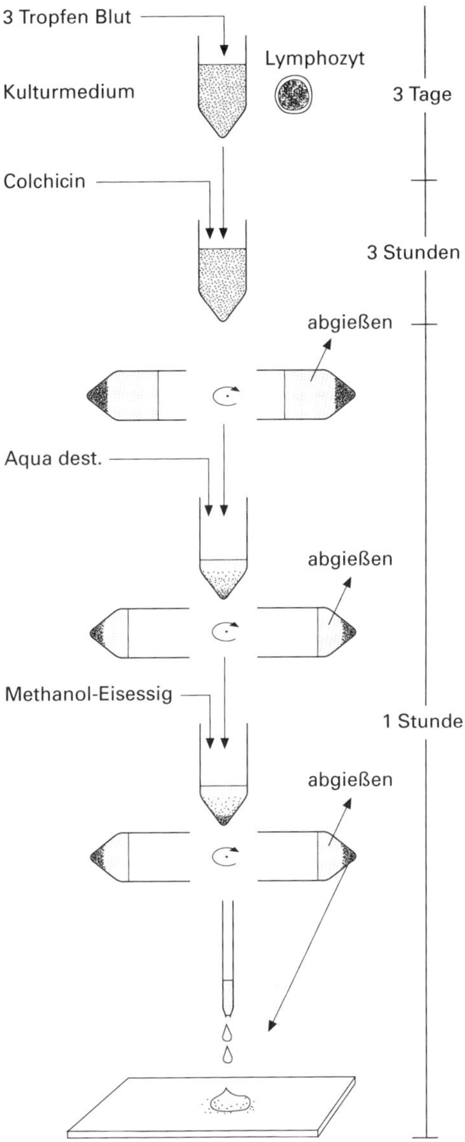

Abb. 19.1 Prinzip der Chromosomendarstellung aus Blut

Die *Lymphozyten* (weiße Blutkörperchen mit rundem Kern) vermehren sich in einer Nährflüssigkeit (Kulturmedium), der ein Mitose stimulierender Pflanzenextrakt zugesetzt ist (*Lymphozyten-Gewebekultur*).

Um möglichst viele Zellen im Metaphasestadium zu erhalten, in dem die Chromosomen am deutlichsten hervortreten, gibt man zu der wachsenden Kultur das Mitosegift *Colchicin*, welches den Spindelapparat stört und die Trennung der Chromatiden verhindert.

Die Suspension der Zellen wird zentrifugiert, der Überstand abgegossen.

Durch Zugabe von *Aqua dest.* kann man die V 5
roten Blutkörperchen osmotisch platzen las- S. 140
sen; aufgrund ihrer derberen Zellmembran quellen die Lymphozyten dabei lediglich auf.

Durch Zentrifugieren und Abgießen des Überstandes kann man die Reste der roten Blutkörperchen entfernen.

Die gequollenen Lymphozyten im Sediment werden mit einem *Methanol-Eisessig-Gemisch* fixiert, d. h. etwas verfestigt.

Die Suspension der fixierten Zellen wird zentrifugiert, der Überstand abgegossen.

Die konzentrierte Suspension der Lymphozyten lässt man tropfenweise auf einen feuchten Objektträger fallen. Dabei platzen diejenigen Lymphozyten auf, die gerade Mitosechromosomen und keine Kernmembran enthalten. Die Chromosomen werden nebeneinander ausgebreitet.

Durch Abflammen der Fixierflüssigkeit kleben sie am Objektträger an. Das Präparat wird mit einem Enzym vorbehandelt. Dann wird es gefärbt und anschließend getrocknet. Jetzt kann das Präparat mikroskopisch untersucht werden.

Isoliert liegende Gruppen gut ausgebreiteter Metaphasechromosomen werden bei ca. 1000facher Vergrößerung im Photo- oder Videomikroskop aufgenommen. Aus den Positivkopien bzw. Videoprints schneidet man die Chromosomen aus und ordnet sie nach den Merkmalen Größe, Lage des Zentromers und Bandenmuster zu einem sog. *Karyogramm* entsprechend Abb. 20.1.

V 6
S. 140

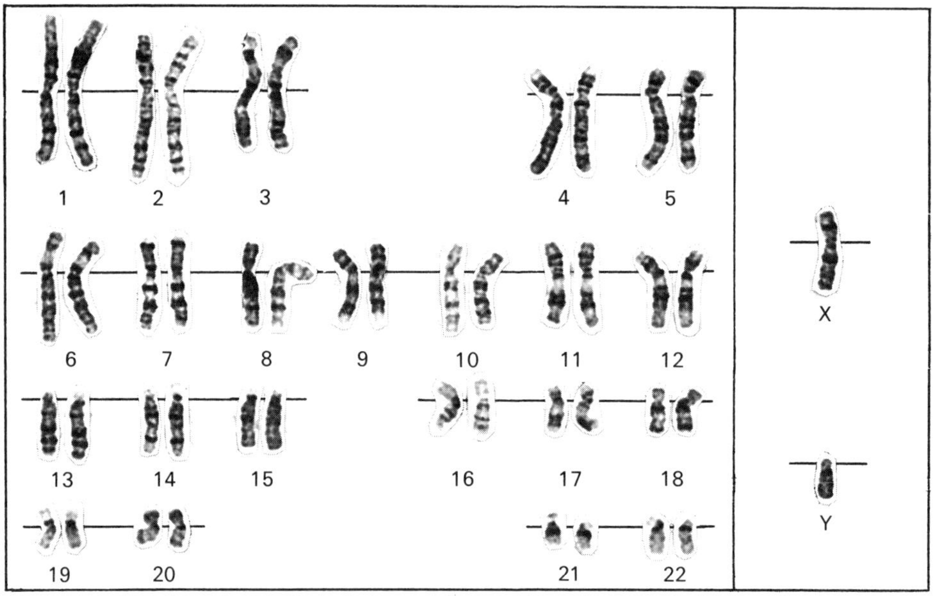

Abb. 20.1 Normales Karyogramm eines Mannes (Labor Prof. Murken)

Man sieht 46 Chromosomen. Bei der Frau können diese zu 23 Paaren geordnet werden, beim Mann nur zu 22 Paaren, da die zwei übrigen Chromosomen ungleich gestaltet sind. Das größere bezeichnet man mit X, das kleinere mit Y. Bei der Frau ist das X-Chromosom doppelt vorhanden. X- und Y-Chromosomen nennt man *Geschlechtschromosomen* oder *Gonosomen*, die übrigen nennt man *Autosomen*.
Gleich strukturierte Paarlinge bezeichnet man als *homologe Chromosomen*, die beiden Chromatiden eines Chromosoms als *Schwesterchromatiden*.
Einen einfachen Satz von Chromosomen mit je einem Paarling nennt man *haploid* (z. B. $n = 23$), den doppelten Satz *diploid* (z. B. $2n = 46$).
Der diploide Satz der Körperzellen entstand aus der Vereinigung der haploiden Sätze der beiden Keimzellen bei der Befruchtung.

Aufgaben

1. Worin würden sich Karyogramme von frühen und von späten Metaphasechromosomen sowie von Anaphasechromosomen unterscheiden?
2. Die Abbildung zeigt die Chromosomen in 2000facher Vergrößerung. Bestimmen Sie daraus die Länge von Chromosom Nr. 1.

2.5 Feinbau des Chromatins und der Chromosomen

Telophasekerne ebenso wie frühe Interphasekerne des Menschen enthalten 46 DNS-Moleküle, die zusammen eine Fadenlänge von 2,2 Metern ergeben. Biochemische und elektronenmikroskopische Untersuchungen vermitteln erste Einblicke, wie die langen DNS-Fäden im Chromatin der Zellkerne untergebracht sind und wie sie in der Mitose bei der Ausbildung der Chromosomen verpackt werden.

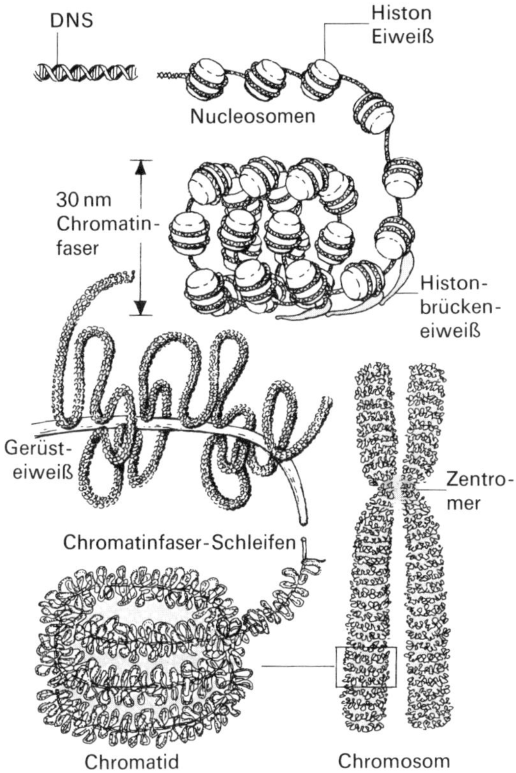

Abb. 21.1 Chromosomenbau – Modellvorstellung

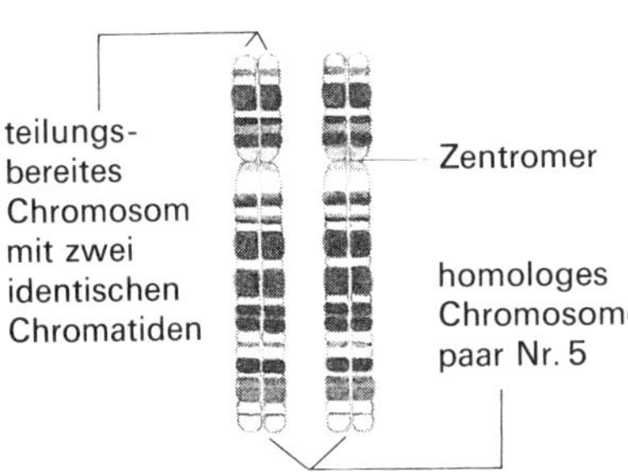

Abb. 21.2 Chromosomenpaar mit Bandenfärbung

Im *Chromatin des Interphase-Zellkerns* ist der DNS-Faden um zylinderförmige Scheibchen gewickelt, die aus basischen Eiweißstoffen, den *Histonen*, bestehen. Die derart mit DNS umwickelten Histonscheiben bezeichnet man als *Nucleosomen*. Sie folgen am durchgehenden DNS-Faden wie Perlen in einer Kette aufeinander. Diese 10 nm dicke Kette ist weiter zu einer 30 nm dicken Schraube gewunden, die durch zusätzliche kleine Histonmoleküle stabilisiert wird. Die auf diese Weise gebildete 30-nm-Chromatinfaser ist girlandenförmig an der Zellkernmembran aufgereiht. An ihr findet in aufgelockerten, vorübergehend histonbefreiten Abschnitten sowohl die Abschrift genetischer Information zur Eiweißsynthese als auch die DNS-Replikation statt.

In *Mitose-Chromosomen* sind die Schleifen der 30-nm-Chromatinfaser an Eiweißgerüstfasern weiter schraubenartig aufgewunden. So kann z. B. ein 10 cm langer DNS-Faden zusammen mit ca. 1,5 Millionen Histonscheibchen zu einem nur noch 10 µm langen Chromatid eines Metaphasechromosoms verpackt werden. Die beiden Chromatiden des Chromosoms haften mit je einem Zentromer aneinander. Dort setzen die Spindelfasern an.

Die Banden gefärbter Chromosomen scheinen Ausdruck unterschiedlich dichter Packung von DNS-Abschnitten zu sein, die sich in der Basenzusammensetzung unterscheiden: Die hellen Banden enthalten G-C-reichere DNS, die in der Synthesephase früh repliziert wird. Dort liegen wohl Gene, die in der Arbeitsphase aller Zellen für den Grundstoffwechsel verantwortlich sind. Die dunklen Banden enthalten A-T-reichere DNS, die spät repliziert wird und die größtenteils auch im Interphasekern verdichtet und inaktiv bleibt. Dort liegen wohl Gene, von denen jeweils nur wenige in spezialisierten Zellen für Sonderleistungen verantwortlich sind.

Ein besonderer, schon früh beobachteter Typ von Chromosomen sind die *Riesenchromosomen*. Sie finden sich in Riesenzellen von Fliegenlarven vor allem in deren Speicheldrüsen. Sie sind nach einfacher Präparation und Färbung bereits bei schwacher mikroskopischer Vergrößerung sichtbar und lassen eine Vielzahl dünner Banden erkennen, die nichts mit den Banden von S. 21 zu tun haben. Riesenchromosomen stellen in mehrfacher Hinsicht einen aufschlussreichen Sonderfall dar:

V 7
S. 142

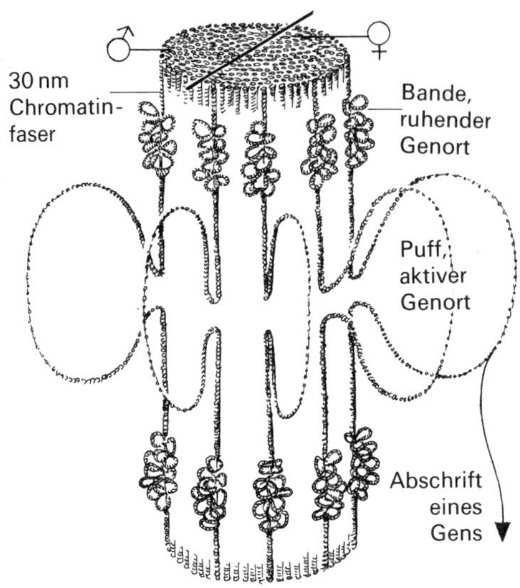

Abb. 22.1 Modellvorstellung vom Aufbau eines Riesenchromosoms

Sie entstehen in Interphasekernen aus jeweils einem Paar *homologer, entwundener, längs gepaarter Einchromatid-Chromosomen* durch zehn aufeinander folgende Synthesephasen, ohne dass es noch zu einer Kernteilung der auf diese Weise (durch *„Endomitose"*) spezialisierten Zellen käme. Sie bestehen somit aus einem *Bündel von* 2^{10} *= 1024 Chromatinfasern*. Die eine Hälfte davon geht auf ein väterliches, die andere auf ein mütterliches Chromosom zurück.

Die ca. 5000 dünnen *Banden* können als nebeneinander liegende, eng gepackte Schleifen der 10-nm-Chromatinfasern aufgefasst werden, die jeweils mindestens ein Gen enthalten.

An manchen Stellen sind Banden zu sog. *Puffs* aufgequollen. Dort sind die Schleifen der Chromatinfaser entwunden, und die Faser selbst ist aufgelockert. Dort wird genetische Information abgeschrieben, wie später (S. 107) ausgeführt wird.

Aufgabe

Einer Lymphozytenkultur wurde für einige Stunden H^3-Thymidin als radioaktiver DNS-Baustein zugesetzt. Dadurch erhielten alle DNS-Moleküle, die sich in diesem Zeitraum verdoppelten, eine radioaktiv markierte Hälfte. Anschließend wurden die Zellen in normalem Kulturmedium weiterbebrütet, bis die DNS zu Metaphasechromosomen verdichtet war. Dann und nach weiteren Zellzyklen wurden von Proben Autoradiographie-Präparate hergestellt, in denen markierte Chromatiden von Silberkörnchen übersät waren, als sichtbarer Ausdruck der radioaktiven Markierung.

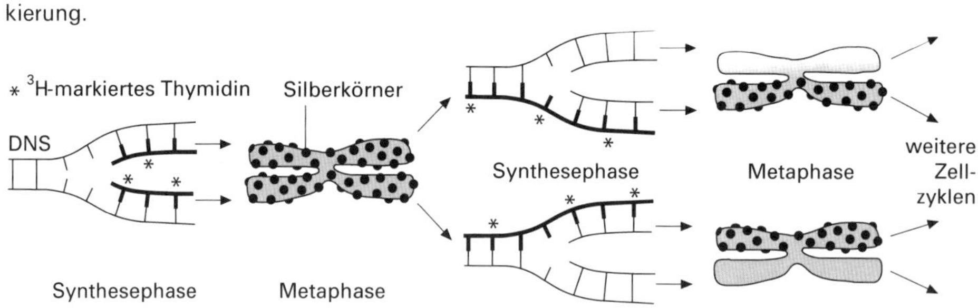

Erläutern Sie das klassische Experiment von Taylor, das 1957 zum Nachweis führte, dass ein Chromatid ein einziges DNS-Molekül enthält. Ergebnis nach einem weiteren Zellzyklus? Ergebnis bei zwei DNS-Molekülen pro Chromatid?

3 Bildung der Keimzellen, Geschlechtsbestimmung und Geschlechtsentwicklung

3.1 Chromosomen im Generationszyklus – Befruchtung und Reifeteilungen

Bei der *Befruchtung* vereinigen sich zwei haploide Chromosomensätze zum diploiden Satz der Zygote.
Aus der Zygote entstehen in zahlreichen Zellzyklen mit Synthese-Verdopplungsphasen und Mitose-Teilungsphasen die rund 10^{20} Zellen, die den Körper aufbauen. Man nennt sie *Somazellen*. Sie leben nur eine bestimmte Zeitspanne.
Gleichzeitig entsteht daneben eine Folge von Zellen, die von der Zygote zu den Keimzellen führt. Diese Zellen, die das Leben in die nächste Generation weitertragen können, sind potenziell unsterblich. Man nennt sie *Keimbahnzellen*, ihre zusammenhängende Folge die *Keimbahn*.

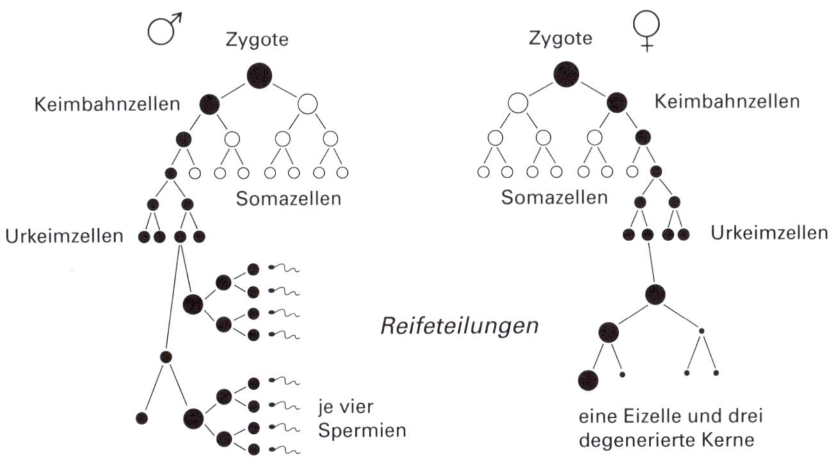

Abb. 23.1 Bildung der Keimzellen, Keimbahn und Soma

Vor oder bei der Bildung der *Keimzellen* (Gameten) muss eine Reduktion des diploiden auf den haploiden Satz erfolgen. Andernfalls würde sich die Chromosomenzahl von Generation zu Generation verdoppeln. Diesen Schluss hatte *Weismann* bereits 1887 gezogen. Es bedurfte fast eines halben Jahrhunderts mikroskopischer Untersuchungen von Urkeimzellen in Staubbeuteln und Fruchtknoten bzw. in Hoden und Eierstöcken einer großen Zahl von Pflanzen bzw. von Tieren und dem Menschen, ehe Klarheit über das gemeinsame Prinzip des Ablaufs der sog. *Reifeteilungen* oder *Meiose*vorgänge gewonnen war, bei denen aus diploiden Urkeimzellen haploide Keimzellen hervorgehen.

Bei der Bildung der Spermien wird das Zytoplasma der Urkeimzellen gleichmäßig um die vier Kerne verteilt, bei der Bildung der Eizellen bleibt es um einen Kern erhalten; die anderen drei Kerne degenerieren.

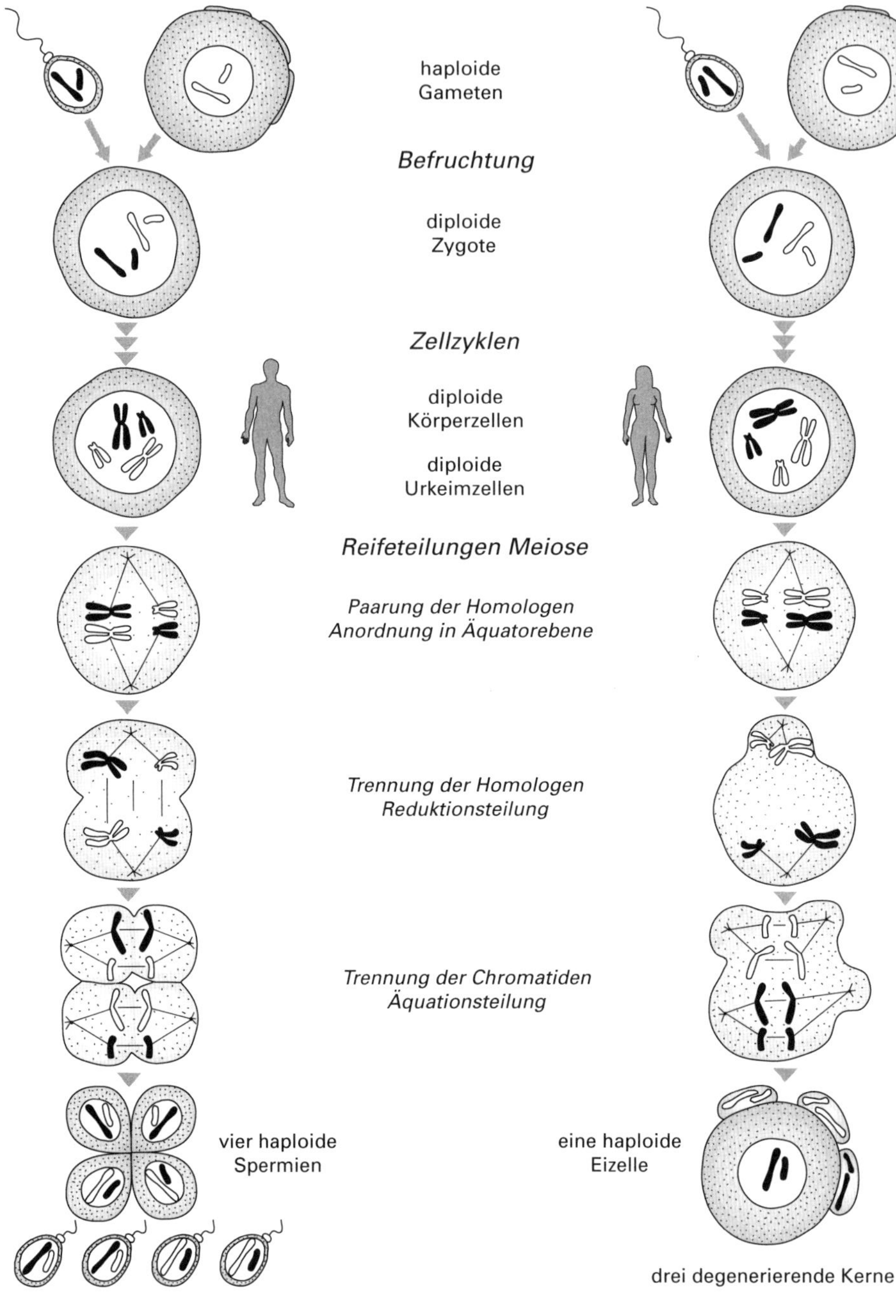

Abb. 24.1 Chromosomen im Generationszyklus. Befruchtung und Reifeteilungen

Der Übersichtlichkeit halber sind die Chromosomen stets im kontrahierten Zustand gezeichnet.

Die haploiden Gameten enthalten von jedem Chromosomenpaar je ein Einchromatid-Chromosom. Bei der *Befruchtung* entsteht die Zygote mit dem diploiden Satz von Einchromatidchromosomen. Synthesephasen und Teilungsphasen führen zu diploiden Körper- und Urkeimzellen
Die *Reifeteilungen* gehen von Urkeimzellen mit abgeschlossener Synthesephase aus, sodass jedes Paar homologer Chromosomen aus vier Chromatiden besteht.
In der Prophase der Meiose erkennen sich die lang gestreckten homologen Partner eines jeden Chromosomenpaares an homologen Basensequenzen der DNS, wandern aufeinander zu und legen sich längs aneinander (*Paarung der Homologen*). Dann verkürzen sich die gepaarten Chromosomen und ordnen sich in der Metaphase so in der Äquatorebene an, dass beim Auseinanderweichen das eine homologe Chromosom zu einem Pol, das andere zum anderen Pol gelangt. Dabei wird der diploide Chromosomensatz zum haploiden reduziert (*Reduktionsteilung*). Jedes Chromosom der bereits haploiden Zellen besteht noch aus zwei Schwesterchromatiden. Diese Chromatiden werden bei der abschließenden Teilung getrennt, sodass fertige Keimzellen Einchromatid-Chromosomen enthalten (*Äquationsteilung*).

Bei der Anordnung und Trennung der Homologen hängt es vom *Zufall* ab, ob z. B. ein vom Vater stammendes Chromosom auf die eine oder andere Seite gerät. Bei einer haploiden Zahl von $n = 2$ Chromosomen sind dadurch viererlei Kombinationen der beiden Chromosomen möglich (2^2). Bei $n = 3$ sind es bereits 8 (2^3), bei $n = 23$ gibt es bereits $2^{23} = 8\,388\,608$ verschiedene Kombinationsmöglichkeiten.

Neben der Reduktion des diploiden Chromosomensatzes erfüllt die Meiose somit die wichtige Aufgabe der Neukombination genetischen Materials zwischen den Generationen.

Die bestehenden Kombinationsmöglichkeiten werden noch dadurch erweitert, dass es während der Prophase der Meiose zum *Austausch einzelner Bruchstücke* von homologen Chromosomen kommen kann. Nicht-Schwesterchromatiden berühren sich an einer homologen Stelle, brechen dort und verbinden sich übers Kreuz. Die Kreuzungsstelle nennt man *Chiasma*.

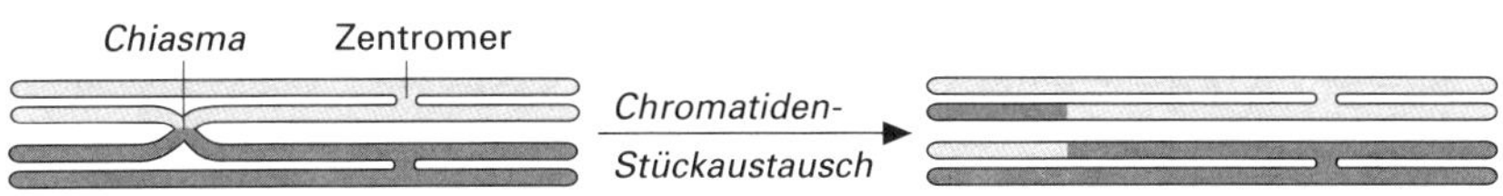

Abb. 25.1 Chiasma als Ausdruck eines Chromatiden-Stückaustausches

Aufgaben

1. Vergleichen Sie die Anordnung der Chromosomen in der Metaphase der gewöhnlichen Kernteilung und der Reduktionsteilung.
2. Wie viele Kombinationsmöglichkeiten väterlicher und mütterlicher Chromosomen gibt es bei der Bildung der Keimzellen einer Art mit $2n = 10$ Chromosomen?
3. Begründen Sie, inwiefern für den Chromosomenabschnitt links des Chiasmas in Abb. 25.1 die Äquationsteilung vor der Reduktionsteilung erfolgt.
4. Welche biologische Bedeutung hat die Neukombination von Erbmaterial bei der Meiose?

3.2 Chromosomale Geschlechtsbestimmung

Das Karyogramm, Abb. 20.1, zeigt das für den Mann typische X-Y-Gonosomenpaar. Die Frau besitzt dagegen zwei gleiche X-Chromosomen. X- und Y-Chromosomen besitzen je einen kurzen, endständigen homologen Abschnitt, an dem sie sich in der Prophase der 1. Reifeteilung finden und paaren können.
Bei der Reduktionsteilung wird das ungleiche X-Y-Chromosomenpaar getrennt, und durch Trennung der Chromatiden werden diese schließlich auf vier Spermien verteilt. Zwei davon enthalten ein X-Chromosom, zwei ein Y-Chromosom. Man bezeichnet das männliche Geschlecht deshalb als *heterogametisch*. Die Eizellen enthalten dagegen alle nur ein X-Chromosom. Man sagt, das weibliche Geschlecht ist *homogametisch*.

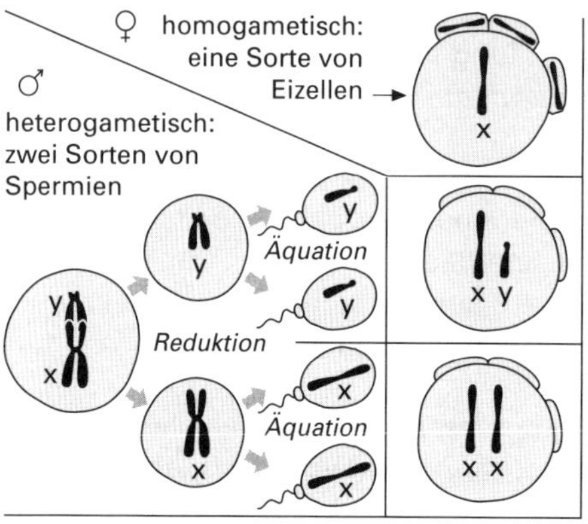

Abb. 26.1 X-Y-Mechanismus der Geschlechtsbestimmung beim Menschen

Da X- und Y-Spermien in gleicher Anzahl entstehen, sind männliche und weibliche Nachkommen im Verhältnis 1 : 1 zu erwarten, wenn folgende Voraussetzungen erfüllt sind:

1. Gleiche Geschwindigkeit und gleiche Befruchtungswahrscheinlichkeit der Y- und der X-Spermien.
2. Gleiche Entwicklungsfähigkeit der XY- und XX-Zygoten.

Das tatsächliche Geburtenverhältnis von Knaben und Mädchen liegt bei 106 : 100.

Berücksichtigt man aber das Geschlecht von abortierten Embryonen, so findet man darunter wesentlich mehr männliche als weibliche. Offensichtlich gelangen mehr Y-Spermien zur Befruchtung als X-Spermien. Der Grund dafür liegt vermutlich in der größeren Wanderungsgeschwindigkeit der etwas leichteren Y-Spermien.
Außerdem sterben mehr XY-Keime ab. Dies wird damit begründet, dass schädliche Veränderungen der genetischen Information in dem einen X-Chromosom eines männlichen Wesens nicht wie bei einem weiblichen Wesen durch ein zweites, intaktes, homologes Chromosom abgeschirmt sind.

Im männlichen Geschlecht heterogametisch, im weiblichen homogametisch sind neben dem *Menschen* die übrigen *Säugetiere*, ferner *Rana-Frosch*arten, viele *Fische, Heuschrecken, Käfer, Wanzen, Zweiflügler* (*Drosophila*) und bei Pflanzen z. B. die Rote *Lichtnelke*. Dabei kann das Y-Chromosom, wie z. B. bei manchen Wanzenarten, auch fehlen (X0-Typ).
Im weiblichen Geschlecht heterogametisch und im männlichen homogametisch sind z. B. *Vögel, Reptilien, Schwanzlurche* und *Schmetterlinge*.
Bei den *Bienen* entstehen die Drohnen aus unbefruchteten, haploiden Eiern, die Arbeitsbienen und die Königinnen aus befruchteten Eiern (Diplo-Haplo-Typ). Durch eine Synthesephase ohne ausschließende Kernteilung werden Körper- und Keimbahnzellen der Drohnen dennoch diploid.

3.3 Normale und gestörte Geschlechtsentwicklung

Mit der Befruchtung ist das sog. *Chromosomengeschlecht* der Zygote, XX oder XY, festgelegt. Die Geschlechtschromosomen X und Y enthalten aber nicht die Informationen für die männlichen und weiblichen Geschlechtsmerkmale, sie steuern lediglich indirekt die Verwirklichung dieser Informationen, die für beide Geschlechter in den Autosomen liegen (*bisexuelle Potenz*).

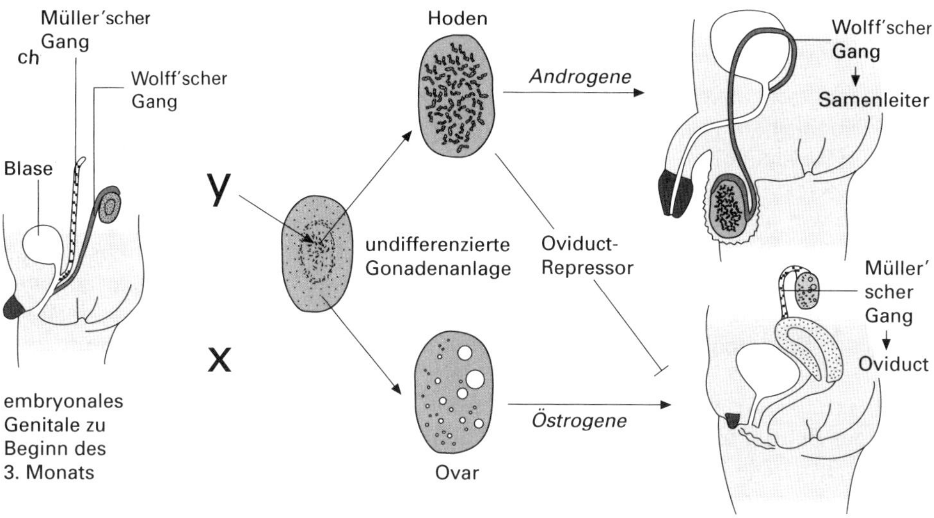

Abb. 27.1 Steuerung der Geschlechtsentwicklung beim Menschen

Bis zum dritten Monat entwickelt sich ein menschlicher Embryo geschlechtlich indifferent. Dann erfolgt die Weichenstellung durch die Geschlechtschromosomen: Ist ein Y-Chromosom vorhanden, so wird das Mark der undifferenzierten, embryonalen Gonade zum Hoden determiniert. Dafür ist das Produkt eines Gens verantwortlich, das im Y-Chromosom liegt. Sind zwei X-Chromosomen und kein Y-Chromosom vorhanden, entwickelt sich der Rindenbereich spontan zum Ovar.

Die vom Hodengewebe produzierten männlichen Sexualhormone bewirken ihrerseits die Aktivierung jener genetischen Informationen, welche die männlichen Geschlechtsmerkmale betreffen. Außerdem wird vom Hodengewebe aus die gleichzeitige Entwicklung von Eileitern gehemmt. Entsprechend lösen die im Ovar produzierten weiblichen Sexualhormone die Bildung der weiblichen Geschlechtsmerkmale aus.

Durch ein fehlerhaftes Y-Chromosom kann die Determinierung der Gonadenanlage unvollkommen sein, sodass sich Hoden- und Eierstockgewebe gleichzeitig entwickeln. Menschen mit beiden Gonadentypen bezeichnet man als *echte Hermaphroditen.* Ihr äußeres Genitale ähnelt dem Zustand des embryonalen. Das Gesamterscheinungsbild kann dabei männlich, weiblich oder intersexuell sein.

Als *Pseudohermaphroditen* bezeichnet man Menschen mit eindeutigen Gonosomen und Gonaden, deren innere und äußere Geschlechtsmerkmale damit nicht übereinstimmen. Das bekannteste Beispiel ist die *testikuläre Feminisierung*. Es handelt sich dabei vom Erscheinungsbild her um Frauen, die aber dem Karyotyp XY angehören. In ihrer Leibeshöhle befinden sich Hoden, die Testosteron erzeugen. Sie haben keinen Uterus, aber eine kurze Scheide. Die Ursache der Fehlentwicklung liegt darin, dass die Zielgewebe für das Testosteron nicht auf das männliche Sexualhormon ansprechen können, da die Testosteron-Rezeptormoleküle der Zielzellen defekt sind. Die auch in Hoden in geringer Menge produzierten weiblichen Sexualhormone führen nun ungestört zur Ausprägung der sekundären weiblichen Geschlechtsmerkmale.

Frauen mit testikulärer Feminisierung können infolge männlich entwickelter Muskulatur im Hochleistungssport Konkurrentinnen überlegen sein. Deshalb wird vor internationalen Wettkämpfen das chromosomale Geschlecht der Sportlerinnen festgestellt. Der *„Sex-Test"* erfolgt durch eine Spezialfärbung von Zellkernen in einem Ausstrichpräparat von Mundschleimhaut oder Haarwurzeln. Er beruht auf der Entdeckung, dass bei Frauen jeweils eines der beiden X-Chromosomen auch in Interphasekernen in kontrahiertem, genetisch inaktivem Zustand vorliegt. Es kann als stark färbbares *„Barr-Körperchen"* identifiziert werden. Außerdem wird das Vorhandensein oder Fehlen des Y-Chromosoms mit einer Spezialfärbung an Interphasekernen geprüft.

Die Inaktivierung eines der beiden X-Chromosomen erfolgt in der zweiten Woche nach der Befruchtung. Welches jeweils stillgelegt wird, wechselt von Zelle zu Zelle zufallsmäßig. Die Inaktivierung scheint nötig zu sein, damit die Genprodukte der X-chromosomalen Gene bei der Frau im selben ausbalancierten Verhältnis zu den Genprodukten der autosomalen Gene stehen wie beim Mann. In den ersten beiden Entwicklungswochen müssen bei einem weiblichen Keim allerdings beide X-Chromosomen vorhanden sein. Fehlt nämlich eines von Anfang an, so wird die Frau später unfruchtbar sein.

Auch vor Hormonbehandlungen von Intersexen ist die Feststellung des chromosomalen Geschlechts von Bedeutung. *Geschlechtsumwandlungen* durch Hormongaben sind beim Menschen unter bestimmten Voraussetzungen möglich, betreffen aber nur die äußeren Geschlechtsmerkmale.

Bei bestimmten Fischen, z. B. *Schwertträgern*, sind Geschlechtsumwandlungen die Regel: Ältere Weibchen, die schon viele lebendige Jungen hervorgebracht haben, werden zeugungsfähige Männchen. Entgegen Illustriertenberichten ist Entsprechendes beim Menschen noch nicht vorgekommen.

Aufgaben

1. Erläutern Sie eine Hypothese für die höhere Sterblichkeit männlicher Embryonen.
2. Welchen Schluss können Sie aus dem Befund ziehen, dass bei der Frau pro Zelle ein X-Chromosom genetisch inaktiviert ist und sich dennoch ein Defekt in einem X-Chromosom, der beim Mann zu sichtbaren Schäden führen würde, bei der Frau nicht manifestiert.
3. Stellen Sie eine Vermutung hinsichtlich der Chromosomen über die Art der Geschlechtsbestimmung bei Lebewesen an, die natürlicherweise Zwitter sind, wie z. B. Schnecken oder wie die Mehrzahl der Blütenpflanzen.

4 Mutationen der Zahl und Struktur von Chromosomen

Mutationen (= Veränderungen) der Chromosomenzahl nennt man auch *Genom-Mutationen* oder *Numerische Chromosomenaberrationen*. Sie können die Vervielfachung kompletter Chromosomensätze (= *Euploidie, Polyploidie*) oder den Verlust bzw. die Vervielfachung einzelner Chromosomen (= *Aneuploidie*) betreffen.

4.1 Polyploidie bei Pflanzen

Mehr als ein Drittel aller Pflanzen sind polyploid. Polyploidie bei Tieren ist dagegen sehr selten; beim Menschen findet man polyploide Embryonen unter Spontanaborten. Die Erscheinung der Polyploidie hat besonders bei der Entstehung unserer *Kulturpflanzen* eine große Rolle gespielt.

Polyploidisierung kann in der Mitose erfolgen, wenn die Chromatiden in einer Anaphase sich nicht trennen und in der nächsten Synthesephase verdoppelt werden. V 8 S. 143 Dadurch entstehen tetraploide Zellen. Findet dieses Ereignis in Urkeimzellen statt, so entstehen bei der Meiose diploide Keimzellen, die z. B. bei Selbstbefruchtung zu tetraploiden Zygoten führen und so eine neue Unterart entstehen lassen. Polyploidisierung kann auch während einer Meiose vorbereitet werden, wenn die Reduktionsteilung unterbleibt. Dadurch entstehen ebenfalls diploide Keimzellen, die bei Selbstbefruchtung zu tetraploiden, bei der Vereinigung mit haploiden Keimzellen zu triploiden Pflanzen führen. Polyploidisierung kann experimentell ausgelöst werden, wenn man Zellen in Mitose oder Meiose mit dem Spindelgift Colchicin behandelt.

Bezeichnet man die Gesamtheit der in einem bestimmten haploiden Satz (n) niedergelegten genetischen Informationen mit A, so kann man mit AAA zum Ausdruck bringen, dass in einer triploiden Pflanze dreimal derselbe Chromosomensatz enthalten ist. Diese Art der Polyploidie bezeichnet man als *Autoploidie*, z. B.:

Samenlose *Zuckerrohrsorte*	AAA, triploid	
bestimmte *Roggensorte*	AAAA, tetraploid	**Beispiele für**
Dahlien	AAAAAAAA, octoploid	**Autopolyploidie**

Gelangen Pollen einer Art mit der haploiden Chromosomenzahl *n* und der genetischen Information A (Genom A) zu der Eizelle einer anderen nah verwandten Art, mit derselben Chromosomenanzahl *n*, aber verschiedener genetischer Information (Genom B), so kann eine diploide Pflanze, 2*n*, AB, entstehen, die steril ist, weil die Chromosomen der beiden Sätze nicht voll homolog sind und deshalb nicht richtig paaren können. Durch Polyploidisierung zum Genom AABB kann diese Pflanze fertil werden, da jetzt jedes Chromosom der zwei verschiedenen Sätze doppelt vorhanden und somit eine normale Meiose möglich ist.

Diese Art der Polyploidisierung bezeichnet man als *Allopolyploidie.* So können neue Arten entstehen, z. B. verschiedene Weizenarten.

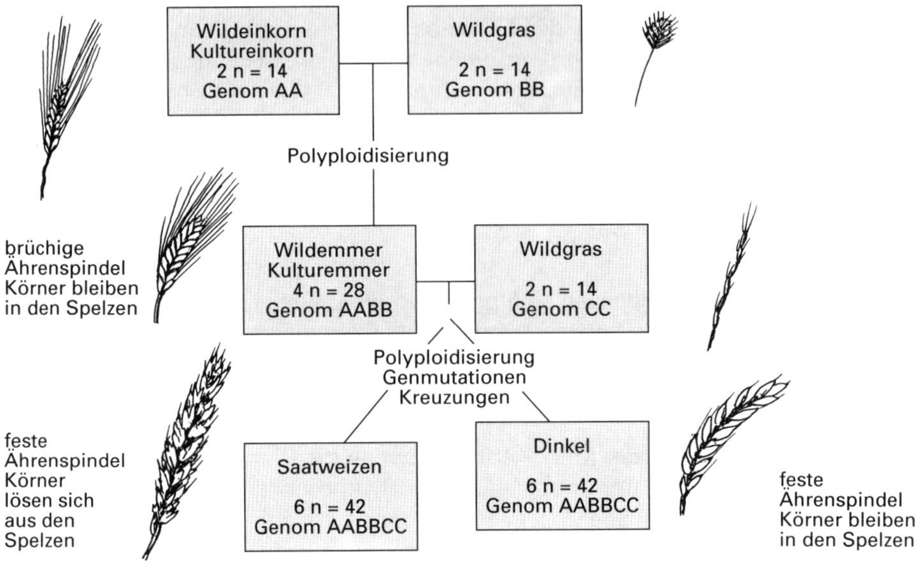

Abb. 30.1 Entstehung des Saatweizens, Beispiel für Alloploidie

Die dargestellte Rekonstruktion der Hauptschritte zum *Saatweizen*, die sich über Jahrtausende erstreckten, stützt sich auf Kreuzungsexperimente mit den aufgefundenen vermutlichen Wildformen, auf gezielte Auslese und künstlich ausgelöste Polyploidisierung.

Alloploide Kulturpflanzen können heute schneller durch künstlich herbeigeführte *Fusion* somatischer Zellen nah verwandter Arten hergestellt werden.

Dazu werden Zellen aus z. B. Blattgewebe mit einem Enzym behandelt, das die Zellwände verdaut. Die nur noch von der zarten Plasmamembran umgebenen *Protoplasten* beider Arten können dann z. B. durch einen Stromstoß zur Verschmelzung gebracht werden. Verschmolzene *Hybridzellen* können ausgelesen, auf Nährböden zu Keimlingen und schließlich in Erde zu neuen Pflanzen herangezogen werden.

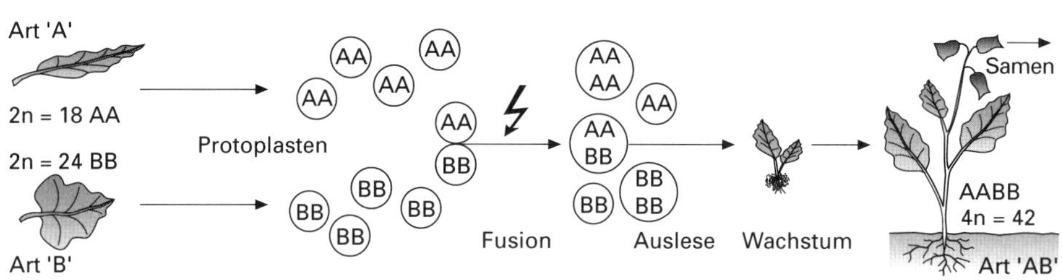

Abb. 30.2 Gewinnung alloploider Pflanzen durch Zellfusion

Aufgabe

Skizzieren und beschreiben Sie die Meiose einer triploiden Zelle mit $n = 2$ Chromosomen.

4.2 Aneuploidie beim Menschen

Einzelne überzählige oder fehlende Chromosomen sind beim Menschen als Ursache von Spontanaborten sowie von körperlichen Missbildungen und geistigen Behinrungen seit 1959 bekannt. Dabei können Autosomen oder/und Gonosomen betroffen sein. Ist ein bestimmtes Chromosom z. B. dreimal vorhanden, spricht man von *Trisomie*, ist es nur einmal vorhanden, von *Monosomie*. Eine trisome Zygote entsteht aus der Vereinigung von zwei Gameten, von denen ein Gamet ein Chromosom doppelt enthält. Zu diesem Fehler kann es im Verlauf der Meiose kommen, a) wenn sich die homologen Chromosomen bei der Reduktionsteilung nicht trennen, oder b) wenn sich die Chromatiden eines Chromosoms bei der Äquationsteilung nicht trennen. Den Vorgang des Nichttrennens nennt man *Nondisjunction*.

a) Nondisjunction eines homologen Chromosomenpaares in der Reduktionsteilung

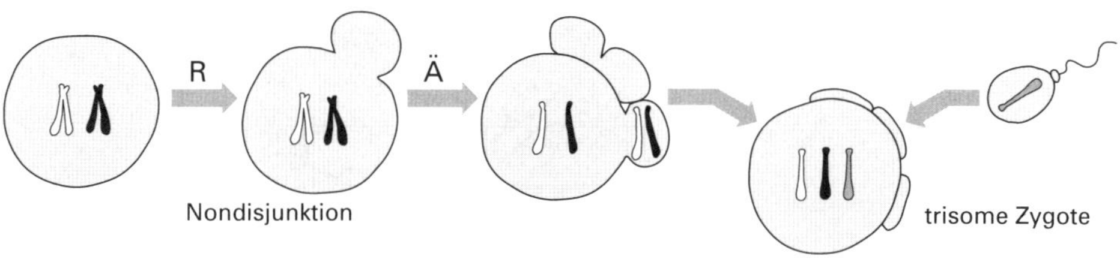

b) Nondisjunction der Chromatiden eines Chromosoms in der Äquationsteilung

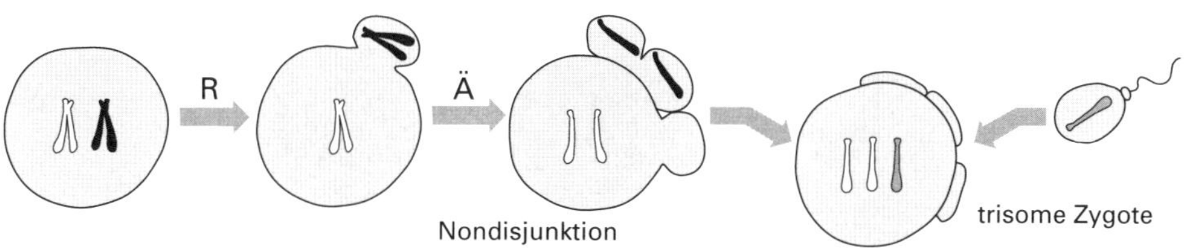

Abb. 31.1 Entstehung einer trisomen Zygote durch Nondisjunction

Trisomie 21, Down-Syndrom

Bei dieser bekanntesten *numerischen, autosomalen Chromosomenaberration* weist das Chromosomenbild, der *Karyotyp*, drei statt zwei Chromosomen 21 auf. Das charakteristische Erscheinungsbild, der *Phänotyp*, von Menschen mit dieser Chromosomenstörung wurde bereits 1866 von dem englischen Kinderarzt Landon Down beschrieben und wegen der schrägen Lidachsen als *„Mongolismus"* beschrieben, eine Bezeichnung, die man nicht mehr verwenden sollte. Beim Vollbild der Krankheit weisen Personen mit *Down-Syndrom* neben geistiger Behinderung ein charakteristisches Erscheinungsbild auf: gedrungenen Körperbau, kurze, breite Finger, Hände mit Beugefurche über die ganze Fläche, angeschwollene Zunge. Nicht selten treten gleichzeitig Defekte innerer Organe, z. B. Herzfehler, auf. Frühzeitige Operationen verbessern heute die Überlebenschancen. Bei konsequenter Förderung wird ein Teil der Patienten sogar zur Ausübung einfacher Berufe fähig.

Die Geburtenhäufigkeit von Kindern mit Trisomie 21 liegt im Schnitt bei 1 : 700; bei Müttern unter 20 Jahren bei 1 : 2000, bei Müttern über 45 bei 1 : 10! Offensichtlich nehmen Nondisjunction-Ereignisse mit zunehmendem Mutteralter zu. Zudem könnte die Abstoßung chromosomengestörter Embryonen im Alter abnehmen. In 10% der Fälle stammt das überzählige Chromosom 21 vom Vater, allerdings unabhängig von dessen Alter. Findet Nondisjunction als Ursache einer Trisomie bei der Bildung der Keimzellen von Eltern mit normalem Chromosomenbestand statt, so handelt es sich jeweils um ein seltenes Zufallsereignis. Die Wahrscheinlichkeit für ein weiteres trisomes Kind ist dann kaum höher als sie für das erste war.

Es gibt aber Fälle, bei denen nach der Befruchtung zwei Chromosomen, z. B. die beiden Chromosomen Nr. 21 eines normalen, diploiden Satzes, fest miteinander verkleben, was für die weiteren Zellzyklen, bei denen ja nur Chromatiden getrennt werden, keine Folgen hat. Bei der Reduktionsteilung allerdings führt dies jedes Mal zwangsläufig zu einem Nondisjunction-Ereignis. Das Ergebnis bezeichnet man als *Translokationstrisomie.*

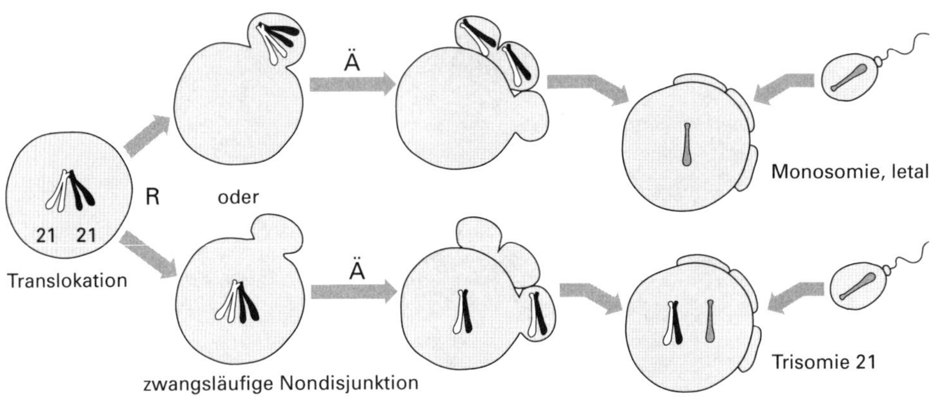

Abb. 32.1 Entstehung einer Trisomie 21 aufgrund einer 21-21-Translokation

Da monosome Embryonen in der frühen Entwicklung absterben, werden *alle* geborenen Kinder von Eltern, bei denen ein Elternteil diese sog. 21 – 21-Translokation aufweist, trisom sein; ein eindrucksvolles Beispiel für die Notwendigkeit von Chromosomenuntersuchungen und von genetischer Familienberatung (S. 63ff.).

Trisomie 18 bzw. 13 mit Häufigkeiten von 1 : 3000 bzw. 1 : 6000 führen zu so schweren Schädigungen der Neugeborenen, dass 90% von ihnen nicht älter als ein Jahr bzw. vier Monate werden. Trisomien und Monosomien aller übrigen Autosomen kennt man als Ursache von Spontanaborten. Dadurch wird die Zahl schwer geschädigter Neugeborener natürlicherweise begrenzt.

Aufgaben

1. Es sind Fälle bekannt, dass Frauen mit Trisomie 21 Kinder geboren haben. Formulieren und begründen sie eine Voraussage bezüglich dieser Kinder.
2. Welche theoretischen Erwartungen bestehen für die künftigen Kinder einer Fau, bei der eine Translokation eines Chromosoms Nr. 21 auf ein Chromosom Nr. 15 festgestellt wurde? Skizzieren Sie Meiosemöglichkeiten.

Bei Frauen können durch ein, zwei oder drei Nondisjunction-Ereignisse folgende Eizellen entstehen, die nach Befruchtung mit X- bzw. Y-Spermien zu den nachstehenden Karyotypen und Phänotypen führen.

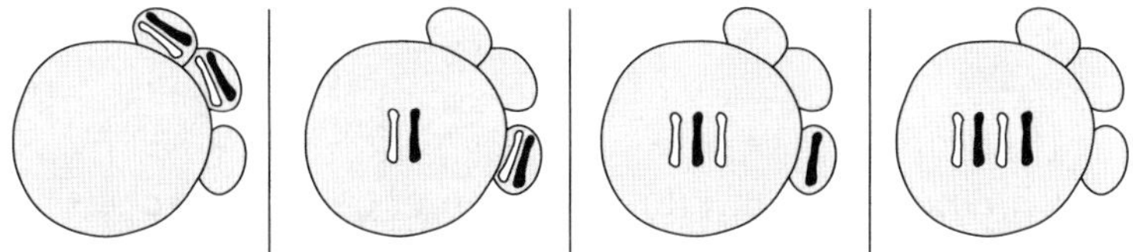

Spermium	0	XX	XXX	XXXX
X	45, X0 *Turner*-Syndrom (1 : 2500) kleinwüchsige, unfruchtbare, normal intelligente Frauen	47, XXX *Triplo-X*-Syndrom (1 : 1000) unauffällige, fruchtbare Frauen mit geringfügig reduzierter Intelligenz	48, XXXX (seltener) mit zunehmender Zahl der X-Chromosomen zunehmend körperlich und geistig behinderte meist unfruchtbare Frauen	49, XXXXX
Y	45, Y0 letal	47, XXY *Klinefelter*-Syndrom (1 : 1000) hoch gewachsene unfruchtbare Männer mit geringfügig reduzierter Intelligenz	48, XXXY (seltener) mit zunehmender Zahl der X-Chromosomen zunehmend körperlich und geistig behinderte unfruchtbare Männer	49, XXXXY

Abb. 33.1 Gonosomale Monosomien und Polysomien

Dass Individuen mit einer beträchtlichen Überzahl an X-Chromosomen überhaupt lebensfähig sind, hängt damit zusammen, dass stets alle X-Chromosomen außer einem in der zweiten Woche nach der Befruchtung genetisch weitgehend inaktiviert werden. Die Aussage wird durch den Befund gestützt, dass ein weibliches Wesen mit z. B. fünf X-Chromosomen in den Interphasekernen vier Barrkörperchen aufweist, ein Individuum mit z. B. vier X- und einem Y-Chromosom drei Barrkörperchen. Dass z. B. der Karyotyp XXXXY immer noch zu einem männlichen Phänotyp führt, zeigt eindrücklich, dass beim Menschen, im Gegensatz z. B. zu *Drosophila*, die männliches Geschlecht determinierenden Gene im Y-Chromosom liegen.

Bei Männern können durch Nondisjunction bei der Reduktionsteilung XY- und O-Spermien, durch Nondisjunction bei der Äquationsteilung Y-, XX- und O-Spermien, bzw. X-, YY- und O-Spermien entstehen. Werden Eizellen mit YY-Spermien befruchtet, entstehen XYY-Zygoten, die zu überdurchschnittlich großen Männern führen. Im Gegensatz zu Klinefelter-Männern, deren Körperbau meist leicht weibliche Züge aufweist (breites Becken, Brustdrüsenentwicklung), sind XYY-Männer diesbezüglich unauffällig. Sie besitzen ein normales männliches Genitale und sind fruchtbar. Im geistig-psychischen Bereich ähneln sie solchen mit Klinefelter-Syndrom: Sie sind etwas weniger intelligent, labiler und kontaktschwächer als der Durchschnitt der Männer. Bei guter Betreuung in stabilem familiärem Umfeld entwickeln sie normalerweise kein auffälliges aggressives oder kriminelles Verhalten.

Aufgaben

1. Beschreiben Sie im Detail, wie es zu den in Abb. 33.1. dargestellten Eizellen mit keinem, zwei, drei oder vier X-Chromosomen kommt.
2. Eine Frau mit schwach ausgeprägten Symptomen des Turner-Syndroms hat in manchen Geweben den Karyotyp XO, in anderen XX. Suchen Sie eine Erklärung für diesen Befund.
3. Skizzieren und beschreiben Sie Möglichkeiten, wie es zur Entstehung einer Zygote des Karyotyps a) XXY, b) XYY, c) XXYY kommen kann.
4. Beurteilen Sie die Schlagzeile „Y-Chromosomen – Mörder-Chromosom" in Zusammenhang mit dem Befund, dass man bei einer Reihe von Mördern zwei Y-Chromosomen gefunden hat.

4.3 Chromosomenstruktur-Mutationen beim Menschen

Im Mikroskop sichtbare Abweichungen der Struktur einzelner Chromosomen bezeichnet man als *Struktur- oder Chromosomen-Mutationen*. Sie wurden ursprünglich beim *Mais* und bei *Drosophila* analysiert und klassifiziert. Insbesondere am Chromomeren-Bandenmuster der Riesenchromosomen von *Drosophilalarven* konnte man kleinste Strukturveränderungen entdecken und mit Merkmalsänderungen in Zusammenhang bringen. Seit man alle menschlichen Chromosomen an den Banden individuell erkennen und mit immer differenzierteren Methoden auch hier kleinste Veränderungen feststellen kann, hat man auch beim Menschen die Haupttypen von strukturellen Aberrationen gefunden. Sie entstehen durch Bruch-Fusionsereignisse(Rekombination), stellen den häufigsten Mutationstyp dar und sind mit mehr oder minder schwer wiegenden Veränderungen des Phänotyps verbunden:

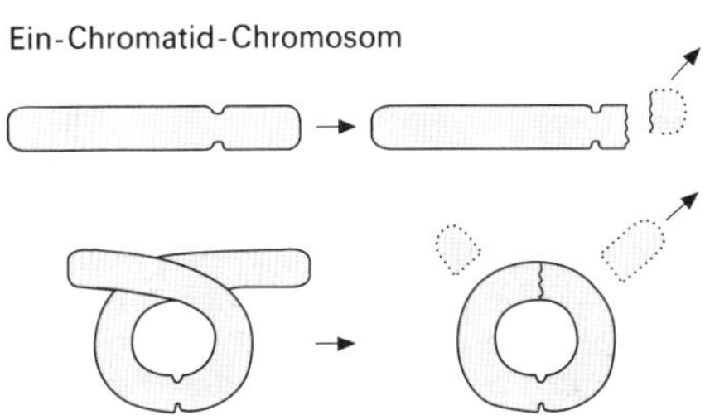

Abb. 34.1 Deletionen (führen zu partiellen Monosomien)

Ein Chromosomenstück ist verloren gegangen (z. B. am kurzen Arm von Chromosom Nr. 5; Katzenschrei-Syndrom; die in der Entwicklung zurückbleibenden Säuglinge wimmern wie verlassene, junge Katzen).

Doppelendstückverlust mit Ringbildung (z. B. am Chromosom Nr. 18; schwerer geistiger Entwicklungsrückstand).

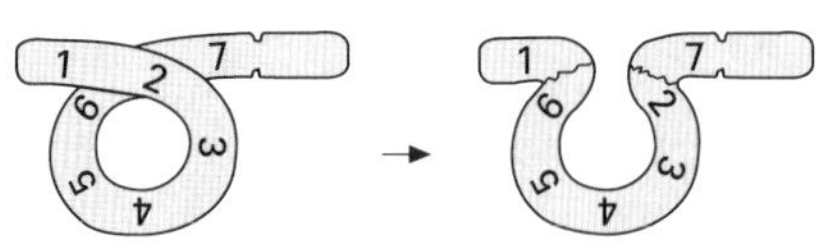

Abb. 34.2 Inversion (kann zu „Positionseffekten" führen)

Ein Chromosomenstück ist wohl infolge Schleifenbildung und Bruch umgekehrt wieder eingefügt. Dadurch kommt es an zwei Stellen im Chromosom zu einer Störung der Ordnung von Genen bzw. von Genabschnitten. (Ursache von Spontanaborten sowie von mehr oder minder schweren körperlichen und geistigen Behinderungen).

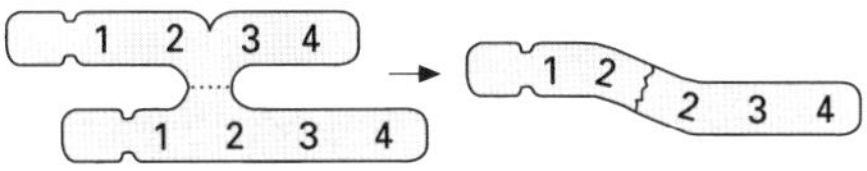

Abb. 35.1 Duplikation (führt zu partiellen Trisomien und Monsomien)

Ein Chromosomenstück ist wohl infolge eines „falschen" Chiasmas zwischen Chromatiden homologer Chromosomen verdoppelt. Dem anderen Chromosom fehlt das Stück.

Der Vorgang hat vermutlich in der Evolution bei der Vermehrung genetischen Materials eine Rolle gespielt.

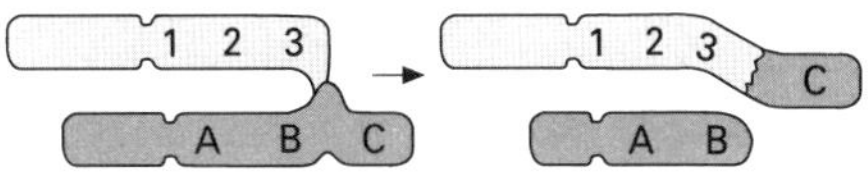

Abb. 35.2 Translokation (führt zu partiellen Trisomien und Monosomien)

Ein Chromosomenstück ist wohl infolge eines „falschen" Chiasmas zwischen Chromatiden verschiedener Chromosomen auf ein anderes Chromosom übertragen.

Translokationen von Chromosomenbruchstücken sind von allen Chromosomen des Menschen bekannt.

Handelt es sich nur um Umlagerungen von Chromosomenstücken innerhalb eines vollständigen Chromosomensatzes, spricht man von einer *balancierten Translokation*. Sie ist meist ohne Folgen für den Träger, erhöht aber dessen Risiko beträchtlich, ein Kind mit einer *unbalancierten Translokation* zu erhalten. Darunter versteht man den Zustand, dass im Chromosomensatz ein Chromosomenstück fehlt oder dreifach vorhanden ist. Der erste Fall, eine *partielle Monosomie*, entsteht, wenn bei der Befruchtung zu einem normalen Chromosom das verkürzte homologe Chromosom kommt. Der zweite Fall, eine *partielle Trisomie*, entsteht, wenn zu zwei homologen Chromosomen ein weiterer homologer Abschnitt tritt, der auf ein anderes Chromosom transloziert ist. Beide Fälle führen zu einer Störung der *Genbalance* und je nach Schwere zu frühem Abgang des Embryos, zu einer Totgeburt oder zu einem Kind mit mehr oder weniger schweren körperlichen und geistigen Behinderungen. Diese Erkentnisse spielen bei der genetischen Familienberatung eine große Rolle (S. 63ff.).

Chromosomenaberrationen der verschiedenen Typen findet man bei der Hälfte aller Spontanaborte, bei 5% der Totgeburten und bei 0,5% der Lebendgeburten. Die Häufigkeit, mit der Chromosomenaberrationen auftreten, wird durch ionisierende Strahlen, durch eine Vielzahl von Chemikalien und durch bestimmte Viren erhöht. Dosiswirkungskurven können in Lymphozyten- und anderen Zellkulturen experimentell ermittelt werden. Dies ist z. B. für die Ermittlung von Belastungsgrenzwerten am Arbeitsplatz von großer Bedeutung.

Aufgaben

1. Skizzieren und beschreiben Sie Meiosemöglichkeiten für Ureizellen, in denen ein Stück des Chromosoms Nr. 9 auf Nr. 15 transloziert ist, und stellen Sie Prognosen für mögliche Kinder. Berücksichtigen Sie dabei, dass sich die balancierte Translokation nicht äußert, partielle Trisomien aber zu Schädigungen führen.
2. Diskutieren Sie verschiedene Konsequenzen, die sich ergeben, wenn z. B. eine Strukturmutation im Zellzyklus einer 1. somatischen Zelle, 2. einer Keimbahnzelle, a) im frühen Embryonalstadium, b) im späteren Leben erfolgt.

5 Genmutationen, freie Kombinationen und Verteilung der Gene

5.1 Historisches

Es ist die überragende Leistung *Gregor Mendels*, bereits 1865, lange vor der Entdeckung der Chromosomen und der DNS, allein durch die scharfsinnige Interpretation der Ergebnisse seiner wohl geplanten Kreuzungsexperimente mit *Erbsenrassen*, das Konzept von genetischen Informationseinheiten entwickelt zu haben. Er nannte sie „*Faktoren*" und nahm an, dass sie über die Keimzellen in die nächste Generation weitergegeben werden und dort die Ausbildung bestimmter Merkmale steuern.

Die ihrer Zeit weit vorausreichenden Erkenntnisse *Mendels* blieben unbeachtet, bis sie im Jahre 1900 von drei Forschern in eigenen Experimenten unabhängig voneinander neu gewonnen wurden. Nur wenige Jahre nach der Wiederentdeckung der Mendel-Gesetze hatten *Farabee* am Beispiel der Vielfingrigkeit und *Garrod* an den Beispielen einiger Stoffwechselkrankheiten, z. B. Albinismus, aus Stammbaumuntersuchungen die Gültigkeit der Mendel-Gesetze auch für den Menschen nachgewiesen.

Das übereinstimmende Verhalten der gedanklich erschlossenen *Erbfaktoren*, die später *Erbanlagen* oder *Gene* genannt wurden, und der im Mikroskop beobachteten Chromosomen führten *Boveri* und *Sutton* 1902 zur *Chromosomentheorie der Vererbung*, d. h. zur Annahme, die Chromosomen seien die Träger der Gene. Die Chromosomentheorie der Vererbung wurde in den Untersuchungen *Morgans* und seiner Schule in den Zwanzigerjahren mit der kleinen Taufliege *Drosophila melanogaster* glänzend bestätigt (Nobelpreis 1933). Es gelang, *einzelne Gene in bestimmten Chromosomen zu lokalisieren*. Seitdem lassen sich die formalen Gesetze der Vererbung, die *Mendel* als Erster aufgestellt hatte, auf das Verhalten der Chromosomen bei Meiose und Befruchtung zurückführen und dadurch erklären.

Die Identifizierung der DNS als Gensubstanz und wesentlicher Bestandteil der Chromosomen erweiterte das Fundament der Chromosomentheorie der Vererbung in den molekularen Bereich. Trotz heutiger gentechnischer Möglichkeiten gezielter Neukombination von Genen, sind die *Mendel'schen Gesetze* nach wie vor Grundlage für das Verständnis des Vererbungsgeschehens bei Pflanzen, Tieren und Menschen.

5.2 Reinzuchtstämme und Genmutationen

Aus Pflanzen mit zwittrigen, zur Selbstbestäubung fähigen Blüten (z. B. *Erbsen*), bei denen man Fremdbestäubung durch „Einbeuteln" der Blüten verhindert, kann man im Laufe mehrerer Generationen viele Tausende von Nachkommen erhalten, die sich alle in einer Vielzahl von Merkmalen, z. B. der Form und Farbe von Blüten, Blättern, Früchten und Samen etc., völlig gleichen bzw. nur minimal variieren. Bei Tieren kann man durch fortgesetzte Inzucht „reine" Stämme erhalten (*Konstanz der Merkmale in Reinzucht-Stämmen*).

Gelegentlich treten aber unter Tausenden von Nachkommen einzelne Individuen auf, die sich in einem Merkmal von den übrigen beträchtlich unterscheiden (z. B. weißblütige Formen unter rotblütigen). Bleibt das neue Merkmal auch unter den Nachkommen solcher Individuen konstant, bezeichnet man das Ereignis als *Mutation*, die neuen Formen als *Mutanten*. Kann man bei ihnen im Mikroskop keine Veränderung an den Chromosomen feststellen, so führt man die Merkmalsänderung auf eine *sprunghafte Veränderung der genetischen Information innerhalb eines Gens* zurück und spricht von *Genmutation*.

Genmutationen können auf molekularer Ebene als Replikationsfehler in einem DNS-Abschnitt angesehen werden, der jetzt ein verändertes Protein entstehen lässt, das unmittelbar oder mittelbar für die äußerlich sichtbare Merkmalsänderung verantwortlich ist.

So gehen viele unserer Kulturpflanzen und Haustiere auf zahlreiche Mutanten zurück, die vom Menschen rein weitergezüchtet und untereinander gekreuzt wurden. Allein aus Zuchten von *Drosophila melanogaster* sind im Laufe von 70 Jahren rund 3000 Mutanten isoliert und zum Studium des Vererbungsgeschehens weitergezüchtet worden. Auch beim Menschen kannte man seit alters her auffällige Mutanten, die auf Genmutationen zurückzuführen sind, wie z. B. Menschen mit überzähligen Fingern, Zwergwuchs, weißer Haut (Albinos). Ca. 2500 Genmutationen sind heute beim Menschen bekannt.

Mutationen verraten die Existenz eines Gens und seine Bedeutung für den Normaltyp.

Durch Prüfen und Zählen der Nachkommen aus Verbindungen von Normaltyp und Mutanten erhielt man erste Einblicke in die Weitergabe und Wirken der Gene. Auch heute sind *Kreuzungsexperimente* und *Stammbaumuntersuchungen* wesentliche Grundlagen genetischer Forschung und Praxis.

5.3 Monohybrider Erbgang – Uniformitäts- und Spaltungsgesetz

Drei Beispiele – eine Erklärung

1. Bestäubt man z. B. die Narbe in Blüten einer rot blühenden *Erbsensorte*, aus denen man die Staubbeutel entfernt hat, mit Pollen einer weiß blühenden *Erbsensorte* (oder umgekehrt), so blühen Pflanzen, die aus den Samen hervorgehen, alle rot. Überlässt man diese Pflanzen der Selbstbestäubung, so gehen aus den Samen wieder rot blühende und weiß blühende hervor (*Mendel*-Beispiel, 1865).

2. Kreuzt man *Drosophila*-Wildtyp-Fliegen mit Partnern aus einem schwarzen Mutanten-Stamm, so sind alle Nachkommen wildtypfarben hellbraun. Kreuzt man diese Tiere untereinander, so treten neben hellbraunen auch wieder schwarze auf (*Morgan*-Beispiel, 1915). V 13.1 S. 149

3. Stellt man bei Familienmitgliedern z. B. die Fähigkeit oder Unfähigkeit fest, einen bestimmten Stoff (Phenylthioharnstoff, PTH) bitter zu schmecken, und stellt Stammbäume auf, so findet man Fälle, bei denen aus der Ehe von „Schmecker"- und „Nichtschmecker"-Eltern nur „Schmecker"-Kinder hervorgegangen sind. Man findet auch Fälle, bei denen aus der Ehe von „Schmecker"-Eltern sowohl „Schmecker"- als auch „Nichtschmecker"-Kinder hervorgegangen sind (*Fox*-Beispiel, 1931).

Zählt man die Nachkommen (die rot und weiß blühenden *Erbsenpflanzen*, die hellbraunen und schwarzen *Drosophila*-Fliegen, die *„Schmecker"*- und *„Nichtschmecker"*-Kinder aus Ehen desselben Typs), so *ergeben sich Anzahlen, die sich einem 3 : 1-Verhältnis umso mehr annähern, je mehr Nachkommen ausgewertet werden.*

Formulierung des 1. und 2. Mendel'schen Gesetzes

1. *Kreuzt man zwei reinerbige Individuen einer Art, die sich in einem Merkmalspaar unterscheiden, so sind alle F_1-Mischlinge bezüglich dieses Merkmals untereinander gleich (Uniformitätsgesetz). Dies gilt auch, wenn das Geschlecht der Eltern bei der Kreuzung vertauscht ist (Reziprozitätsgesetz).*
2. *Kreuzt man diese F_1-Mischlinge untereinander, so spalten bei den Nachkommen in der F_2-Generation die Merkmale in bestimmten Zahlenverhältnissen auf (Spaltungsgesetz).*

Die festgestellten Befunde lassen sich mit dem *Konzept der Lokalisation von Genen in Chromosomen* und der Kenntnis der Trennung und Kombination von Chromosomen bei der Keimzellbildung und Befruchtung wie folgt erklären:

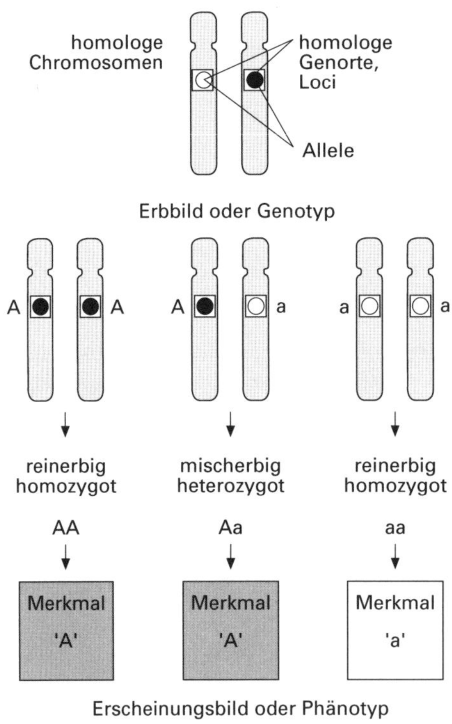

Abb. 38.1 Grundbegriffe der klassischen Genetik und der Chromosomentheorie der Vererbung

Bei der Befruchtung gelangen jeweils ein väterliches und ein mütterliches homologes Chromosom in die Zygote. Beide tragen an identischen Stellen, den sog. *Genorten* oder *Loci*, je ein *Gen* für ein Merkmal. Ein Gen kann im Normalzustand vorliegen oder in einem mutierten Zustand. *Die verschiedenen Zustände eines Gens nennt man Allele.*

Enthalten homologe Chromosomen in beiden homologen Loci dasselbe Allel, so nennt man diese Kombination *reinerbig* oder *homozygot*, enthalten sie verschiedene Allele, nennt man sie mischerbig oder *heterozygot*.

Eine Allelkombination nennt man *Erbbild* oder *Genotyp*. Das entsprechende Merkmal bezeichnet man als *Erscheinungsbild* oder *Phänotyp*.

Überdeckt bei einem heterozygoten Genotyp die Wirkung eines Allels die des anderen, so bezeichnet man das dominierende, den Phänotyp bestimmende Allel, als *dominant* und schreibt es mit Großbuchstaben (A), das andere als *rezessiv* und schreibt es mit Kleinbuchstaben (a).

Erbgänge, bei denen jeweils *ein Merkmalspaar auf ein Allelpaar* zurückgeführt werden kann, nennt man *monohybrid*, monogen oder monomer.

Die drei Beispiele lassen sich nach *einem* Schema darstellen und erklären:

A = dominantes Allel für:
rote Blütenfarbe bei Erbsen
Wildtypkörperfarbe bei Drosophila
PTH-Schmeckfähigkeit beim Menschen

a = rezessives Allel für:
weiße Blütenfarbe bei Erbsen
schwarze Körperfarbe bei Drosophila
PTH-Geschmacksblindheit beim Menschen

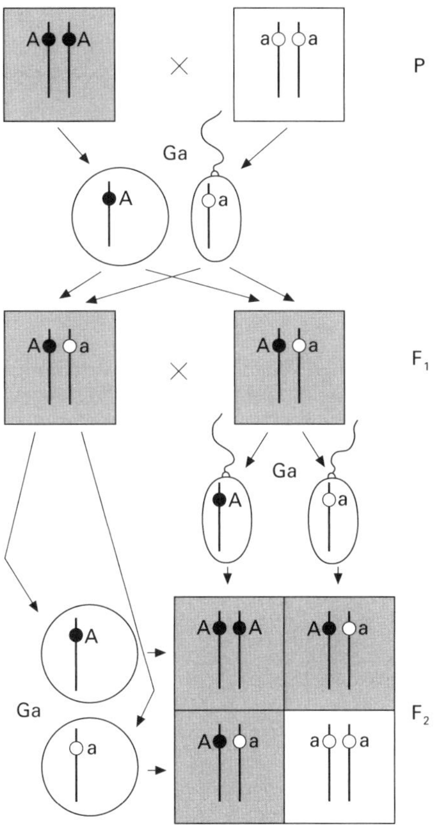

P = *Parental* oder *Elterngeneration*
Genotypen: AA und aa
Phänotypen: 'A' und 'a'

Ga = Gameten = Keimzellen
Eizellen: Allel A
Spermien: Allel a

F_1 = *1. Filial-* oder *Tochtergeneration*
Genotypen: alle gleich Aa
Phänotypen: alle gleich 'A'
1. Mendel-Gesetz,
Uniformitäts-Gesetz

Ga = Gameten der F_1-Individuen
Spermien: Allel A oder Allel a
Eizellen: Allel A oder Allel a

F_2 = *2. Filial- oder Tochtergeneration*
Freie Kombination der Gameten liefert;
Genotypen AA und Aa: Phänotyp 'A'
Genotyp aa: Phänotyp 'a'
Phänotypenverhältnis: 'A' : 'a' = 3 : 1
2. Mendel-Gesetz,
Spaltungs-Gesetz

Abb. 39.1 Allgemeine Darstellung eines monohybriden, dominant-rezessiven Erbganges und Erklärung nach der Chromosomentheorie der Vererbung

Ob ein Phänotyp 'A' vom Genotyp her reinerbig AA oder mischerbig Aa ist, kann bei Pflanzen und Tieren einfach durch eine *Test-* oder *Rückkreuzung* entschieden werden. Als Kreuzungspartner verwendet man dazu ein Individuum mit dem Phänotyp 'a', dem sicher der Genotyp aa zugrunde liegt. Im ersten Fall sind alle Nachkommen uniform 'A' (Aa), im zweiten Fall erfolgt eine Aufspaltung 'A' (Aa) : 'a' = (aa) = 1 : 1.

Von *unvollkommener Dominanz* spricht man, wenn der Phänotyp der Heterozygoten in seiner Ausprägung in etwa zwischen den Phänotypen der Homozygoten liegt. Klassisches Beispiel dafür ist der Erbgang der Blütenfarbe bei der Wunderblume *Mirabilis jalapa*: Aus der Kreuzung rotblütiger mit weißblütigen Pflanzen gehen rosablütige Bastarde hervor.

In der Humangenetik ist es üblich, Erbgänge mit folgenden Symbolen darzustellen:

V 9
S. 144

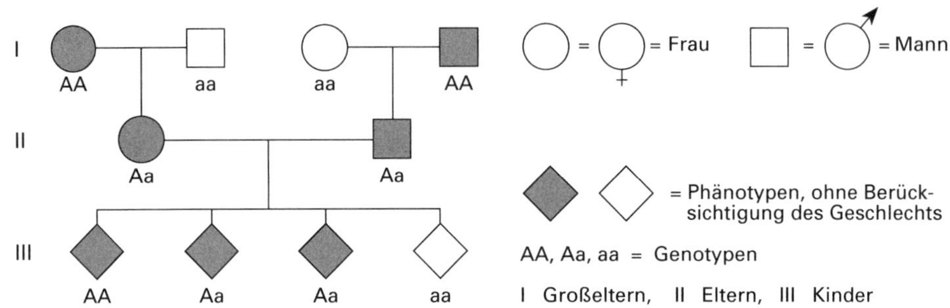

Abb. 40.1 Modellstammbaum eines monogenen, dominant-rezessiven Erbganges

Aufgaben

1. Stellen Sie das Erbgangschema für die Kreuzung: rotblütige Wunderblumen × weißblütige Wunderblumen und für die Kreuzung der F_1-Pflanzen untereinander auf. Welche Phänotypen sind in der F_2-Generationen zu erwarten, in welchem Verhältnis?
2. F_1-Rinder mit schwarzem Fell, die aus der Kreuzung einer Rasse mit schwarzem Fell und einer Rasse mit rotem Fell hervorgegangen sind, werden mit Rindern mit rotem Fell gekreuzt (Rück- oder Testkreuzung). Formulieren Sie die Kreuzung mit Erbformeln, beschreiben und interpretieren Sie eine bestimmte Erwartung für das Ergebnis.
3. Zeichnen Sie den nachstehenden Modellstammbaum über das Auftreten von PTH-Schmeckfähigkeit (schraffiert) und PTH-Geschmacksblindheit ab.
   a) Tragen Sie bei den einzelnen Phänotypen die möglichen bzw. sicheren Genotypen ein.

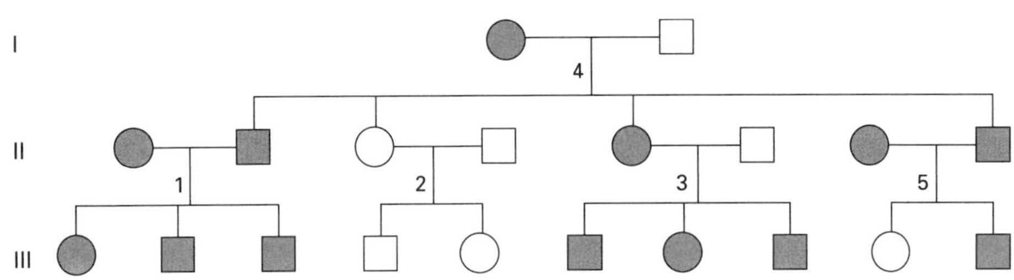

Abb. 40.2 Modellstammbaum zum Erbgang der PTH-Schmeckfähigkeit bzw. der PTH-Geschmacksblindheit

   b) Von welchen Phänotypen-Kombinationen der Eltern kann man eindeutig die Genotypen der Kinder erschließen?
   c) Von welchen Phänotypen-Kombinationen der Kinder kann man den Phänotypen der Eltern eindeutige Genotypen zuordnen?

5.4 Statistische Überlegungen, Häufigkeit und Wahrscheinlichkeit

Das F_2-Kombinationsquadrat in Abb. 39.1 stützt sich auf die Voraussetzungen gleicher Anzahlen von Gameten mit den Allelen A und a, zufälliger Kombination der Gameten bei der Zygotenbildung und gleicher Entwicklungsfähigkeit der Zygoten. Unter diesen Voraussetzungen ist bei einem dominant-rezessiven Erbgang ein F_2-Phänotypenverhältnis von 3 : 1 zu erwarten.
Wie falsch es wäre, daraus zu schließen, dass z. B. in einer Familie heterozygoter PTH-Schmecker-Eltern mit vier Kindern, wie im Modellstammbaum Abb. 40.1 gezeichnet, 3 Kinder „Schmecker" und 1 Kind „Nichtschmecker" sein müssen, kann man sich in einem *Modellversuch* klarmachen, der *die statistische Natur der Vererbungsgesetze* veranschaulicht:

1. Münze / 2. Münze	 A (1/2)	 a (1/2)
A (1/2) 	AA (1/4) A	Aa (1/4) A
a (1/2) 	aA (1/4) A	aa (1/4) A

Abb. 41.1 Münzen-Versuch zum monohybriden, dominant-rezessiven Erbgang

Die beiden Seiten einer Münze sollen die allelen Gene A und a einer Urkeimzelle darstellen, z. B. Zahlseite A, andere Seite a.

Wirft man die Münze, so kommt A oder a oben zu liegen. Dies veranschauliche den *Zufall*, ob ein bestimmtes Spermium A oder a enthält (*Wahrscheinlichkeit* 50% = $\frac{1}{2}$).

Dasselbe gilt für eine zweite Münze, deren Wurf den Zufall verdeutlichen soll, mit dem eine bestimmte Eizelle A oder a trägt.

Schiebt man beide Münzen zur Simulation des Befruchtungsvorgangs zusammen, so kann man jeweils eine der vier möglichen Kombinationen ablesen, von denen jede dieselbe *Wahrscheinlichkeit* von $\frac{1}{4}$ besitzt.

Werden jetzt im Schülerversuch pro Tisch z. B. viermal nacheinander je zwei Münzen geworfen, so kann man die Genotypen und Phänotypen der jeweils vier „Modellkinder" ablesen und die Phänotypen 'A' oder 'a' notieren:
Die einzelnen Verhältnisse variieren stark (z. B. 2 : 2; 3 : 1; 4 : 0, 1 : 3;...). Die Zusammenfassung von z. B. 40 Daten lässt bereits eine Annäherung an das 3 : 1-Verhältnis erkennen (z. B. 28 : 12).

In der genetischen Praxis treten in diesem Zusammenhang zwei Typen von Problemstellungen auf:

1. Vergleich von realen Häufigkeitsverhältnissen mit Erwartungen aufgrund bestimmter Hypothesen

Über den Erbgang eines Merkmals, z. B. *Albinismus*, herrsche Unklarheit. Es bestehe die Hypothese, er werde durch ein homozygot-rezessives Allelpaar bestimmt.
Bei Pflanzen und Tieren würden dann Kreuzungen z. B. entsprechend Abb. 39.1 an-

gestellt und die normal pigmentierten und die Albino-Nachkommen der F_2-Generation ausgezählt. Beim Menschen würden die Kinder aus Familien des Typs II Abb. 40.1 zusammengefasst.
Dann geht es um die Frage, ob ein *gefundenes Häufigkeitsverhältnis* von z. B. 160 : 40 (4 : 1) mit der 3 : 1-*Erwartung* verträglich ist oder ihr widerspricht.
Diese Frage lässt sich durch einen *statistischen Test χ^2-Methode*, Rechenschema S. 155, und eine Vereinbarung entscheiden.
Im vorliegenden Beispiel ergibt sich, dass bei 200 ausgezählten Individuen eine solche oder größere Abweichung mit einer Wahrscheinlichkeit von 10% zufallsmäßig zu erwarten ist. Das heißt, dass auch bei einem entsprechenden Münzen-Modellversuch unter 100 Wiederholungen 10-mal so große oder größere Abweichungen zu erwarten sind. Es besteht also keine Veranlassung, die Hypothese, Albinismus werde durch ein rezessives Allelpaar bedingt, als widerlegt anzusehen.
Erst wenn der statistische Test ergeben würde, dass eine gefundene Abweichung mit nur 1 % Wahrscheinlichkeit durch Zufall zu erwarten ist, sagt man übereinkunftsgemäß, die Differenz zwischen Ergebnis und Erwartung sei „echt" (signifikant), und die zugrunde gelegte Hypothese müsse fallen gelassen oder modifiziert werden.

2. Wahrscheinlichkeitsvoraussagen im Einzelfall

Für ein bestimmtes Merkmal sei der Erbgang geklärt. Z. B. beruht die Phenylketonurie, eine schwer wiegende Stoffwechselkrankheit, auf einem homozygot-rezessiven Allelpaar.
Ein gesundes Elternpaar habe ein Phenylketonurie-Kind bekommen und frage nach der Aussicht, nach der *Wahrscheinlichkeit*, als Nächstes ein gesundes Kind zu erhalten.
Entsprechend dem Kombinationsquadrat Abb. 39.1, dem man die Wahrscheinlichkeiten für das Zustandekommen der einzelnen Genotypen ($\frac{1}{4}$ AA, $\frac{2}{4}$ Aa, $\frac{1}{4}$ aa) und Phänotypen ($\frac{3}{4}$ 'A', $\frac{1}{4}$ 'a') entnehmen kann, beträgt die Wahrscheinlichkeit für ein phänotypisch gesundes Kind in diesem Fall $\frac{3}{4} = 75\%$.
Dieselbe Grundwahrscheinlichkeit besteht auch für jedes weitere Kind aus dieser Ehe, unabhängig davon, wie viele Kinder mit dem einen oder anderen Merkmal vorangegangen sind. Der Zufall, der den Genotyp der Zygote bestimmt, hat kein Gedächtnis.
Wird dagegen gefragt, wie groß die Wahrscheinlichkeit ist, dass bei einem heterozygoten Elternpaar, das sich drei Kinder wünscht, alle drei gesund sein werden, so lautet die Antwort $\frac{3}{4} \cdot \frac{3}{4} \cdot \frac{3}{4} = \frac{27}{64}$. D. h., unter 64 Drei-Kinder-Ehen dieses Typs ist dieser Fall 27-mal zu erwarten.

Dabei gilt der *Multiplikationssatz der Wahrscheinlichkeitsrechnung:*

Die Wahrscheinlichkeit für das Zusammentreffen unabhängiger Ereignisse ist gleich dem Produkt der Wahrscheinlichkeiten der einzelnen Ereignisse.

Wird gefragt, wie wahrscheinlich es ist, dass unter den drei Kindern eines Aa × Aa Elternpaares zwei den Phänotyp 'A' haben und eines den Phänotyp 'a' hat, so müssen neben den Einzelwahrscheinlichkeiten für jedes Kind noch die verschiedenen möglichen, gleich wahrscheinlichen Geburtenfolgen berücksichtigt werden:

Geburtenfolgen: 'A', 'A' 'a' oder 'A', 'a', 'A' oder 'a', 'A', 'A'.

Wahrscheinlichkeiten: $\frac{3}{4} \cdot \frac{3}{4} \cdot \frac{1}{4} + \frac{3}{4} \cdot \frac{1}{4} \cdot \frac{3}{4} + \frac{1}{4} \cdot \frac{3}{4} \cdot \frac{3}{4} = \frac{27}{64}$.

insgesamt ergibt sich eine Wahrscheinlichkeit von $\frac{27}{64}$. Im Durchschnitt werden 27 von 64 Familien des vorliegenden Typs zwei 'A'- und ein 'a'-Kind besitzen.

Hier gilt zusätzlich der *Additionssatz der Wahrscheinlichkeitsrechnung:*

Die Wahrscheinlichkeit, dass die eine oder andere von sich wechselseitig ausschließenden Wahrscheinlichkeiten zutrifft, ist gleich der Summe dieser Wahrscheinlichkeiten.

Aufgaben

1. Bei einer Testkreuzung zwischen heterozygoten Drosophila-Wildtypfliegen und der homozygot-rezessiven Mutante sind Wildtyp- und Mutanten-Fliegen im Verhältnis 536 : 370 geschlüpft. Der Unterschied zur Erwartung ist signifikant.
   Formulieren Sie allgemein den Erbgang und ermitteln Sie die Erwartung. Entwickeln Sie eine Hypothese zur Erklärung des Unterschieds. Machen Sie einen Vorschlag, wie man die Hypothese prüfen könnte.
2. Geht aus der Ehe von PTH-Schmeckern und -Nichtschmeckern wenigstens ein Nichtschmecker-Kind hervor, sind der Genotyp des Schmecker-Elters und die Erwartung bezüglich des Phänotypenverhältnisses unter Kindern dieses Ehetyps klar (inwiefern?). Bei der Zusammenfassung der auf die genannte Weise ermittelten Familien ergibt sich eine signifikante Abweichung zugunsten der Nichtschmecker-Kinder. Suchen Sie dafür eine Erklärung.
   Als Hilfestellung: Ermitteln Sie das Geschlechter-Verhältnis unter den Geschwistern der Kursteilnehmer, indem sie a) von ihren männlichen Verwandten und Bekannten, b) von ihren weiblichen Verwandten und Bekannten ausgehen und die Ergebnisse vergleichen.
3. Wie groß ist die Wahrscheinlichkeit, a) dass ein PTH-Schmecker-Kind von heterozygoten Eltern (Aa × Aa) selbst heterozygot ist, b) dass ein heterozygotes Elternpaar ein heterozygotes Kind bekommt?
4. Wie häufig ist der Fall zu erwarten, dass ein heterozygotes Elternpaar mit zwei Kindern ein 'A'- und ein 'a'-Kind hat?
5. Bei 25% der Europäer nimmt der Urin nach Spargelgenuss einen charakteristischen Geruch an. Die betreffenden Menschen sind homozygot für dieses rezessive Merkmal. Aus einer Ehe „Ausscheider" × „Nichtausscheider" ist als erstes Kind ein „Ausscheider" hervorgegangen. Wie groß ist die Wahrscheinlichkeit, dass die beiden nächsten Kinder „Nichtausscheider" sind?
6. Bei 10% der Europäer nimmt der Urin nach Genuss von Roten Rüben eine braune Färbung an. Stammbaumuntersuchungen erwiesen dieses Merkmal als dominant. Aus der Ehe von zwei Merkmalsträgern ging ein Kind hervor, welches das Merkmal nicht zeigt. Wie groß ist die Wahrscheinlichkeit, dass das nächste Kind a) homozygoter Merkmalsträger, b) heterozygoter Merkmalsträger sein wird?

5.5 Dihybrider Erbgang – Gesetz der Neukombination von Genen

Werden bei einem Erbgang gleichzeitig zwei alternative Merkmalspaare betrachtet, nennt man den Kreuzungstyp bzw. den Erbgang *dihybrid*. Ein diesbezügliches Kreuzungsexperiment mit Drosophila und eine Stammbaumauswertung beim Menschen lieferten folgende Ergebnisse:

V 13.2 S. 149

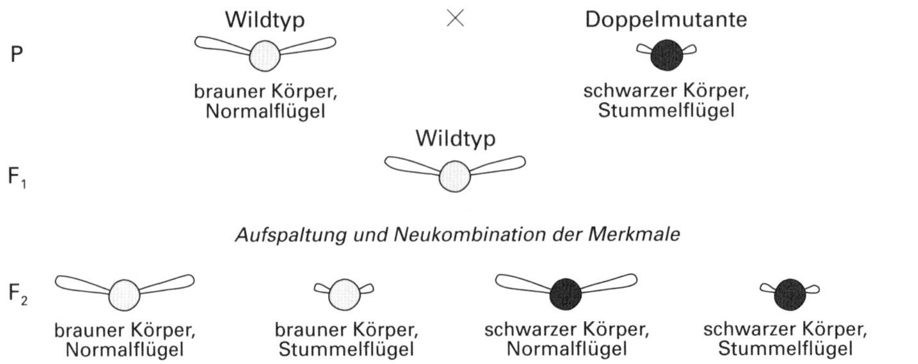

Abb. 44.1 Dihybride Drosophila-Kreuzung

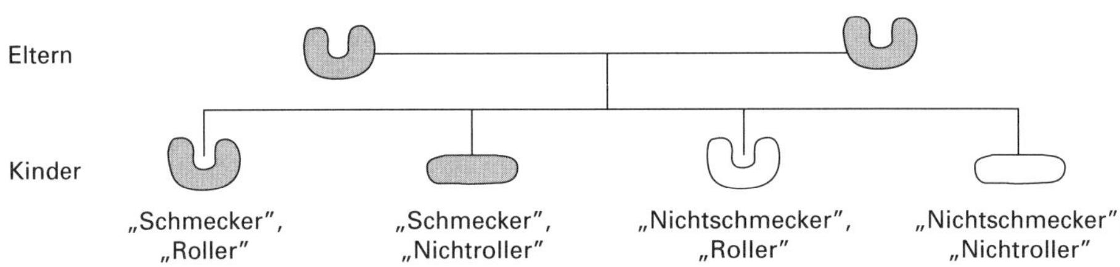

„Schmecker" = Fähigkeit, Phenylthioharnstoff bitter zu schmecken
„Roller" = Fähigkeit, die Zunge mit den seitlichen Rändern nach oben zu rollen

Abb. 44.2 Modellstammbaum für einen dihybriden Erbgang beim Menschen

Die Häufigkeiten in den vier Merkmalsklassen nähern sich dem Verhältnis von

9 : 3 : 3 : 1

Beispiel Drosophila	Beispiel Mensch
brauner Körper	„Schmecker"
schwarzer Körper	„Nichtschmecker"
Normalflügel	„Roller"
Stummelflügel	„Nichtroller"

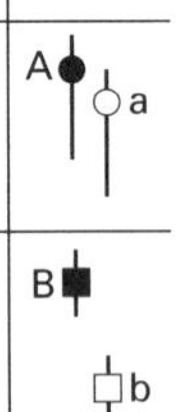

Die Gesetzmäßigkeiten der Aufspaltung und Neukombination von Merkmalen beim dihybriden Erbgang lassen sich aus den Gesetzen der Meiose ableiten, wenn man dem einen Merkmalspaar ein Chromosomenpaar mit den Allelen A, a, dem anderen Merkmalspaar ein zweites Chromosomenpaar mit den Allelen B, b zuordnet.

Reduktionsteilung bei den F_1-Individuen:

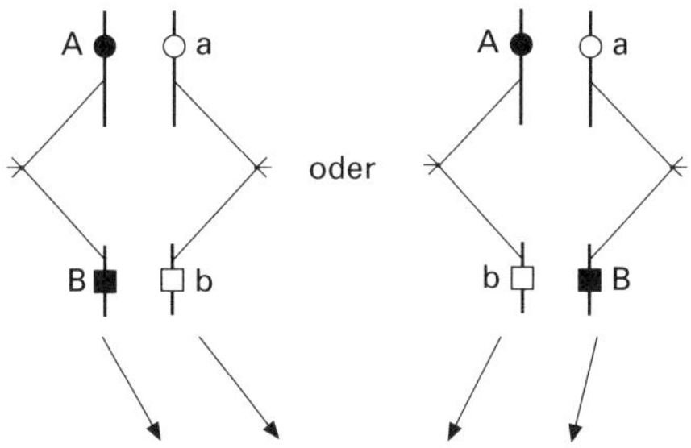

Gameten	AB	ab	Ab	aB
AB	AABB 'AB'	AaBb 'AB'	AABb 'AB'	AaBB 'AB'
ab	AaBb 'AB'	aabb 'ab'	Aabb 'Ab'	aaBb 'aB'
Ab	AABb 'AB'	Aabb 'Ab'	AAbb 'Ab'	AaBb 'AB'
aB	AaBB 'AB'	aaBb 'aB'	AaBb 'AB'	aaBB 'aB'

F_2

Abb. 45.1 Kombinationsquadrat für einen dihybriden Erbgang

Die beiden Chromosomenpaare werden zufallsmäßig und unabhängig voneinander in der Äquatorebene der Meiosespindel angeordnet, sodass bei der Reduktionsteilung *vier Genkombinationen für die Gameten* entstehen. Dies gilt für die Spermien ebenso wie für die Eizellen: AB, ab, Ab, aB.
Bei der Kreuzung, F_1 inter se, bzw. bei der Ehe zweier heterozygoter Eltern, sind dann 16 *Gametenkombinationen* bei der Zygotenbildung möglich, die *neunerlei Genotypen* ergeben. Berücksichtigt man die dominante Wirkung der mit Großbuchstaben geschriebenen Allele, ergeben sich in der F_2-Generation *viererlei Phänotypen*:

'AB' 'Ab' 'aB' 'ab'

Sie treten mit den *Wahrscheinlichkeiten* oder *Erwartungen* auf von

$\frac{9}{16}$ $\frac{3}{16}$ $\frac{3}{16}$ $\frac{1}{16}$

entsprechend einem Verhältnis von

9 : 3 : 3 : 1

3. Mendel'sches Gesetz: Die Allele verschiedener Genpaare (A,a; B,b) können bei der Keimzellbildung und der Befruchtung unabhängig voneinander neu kombiniert werden (Gesetz von der Unabhängigkeit und Neukombination der Gene).

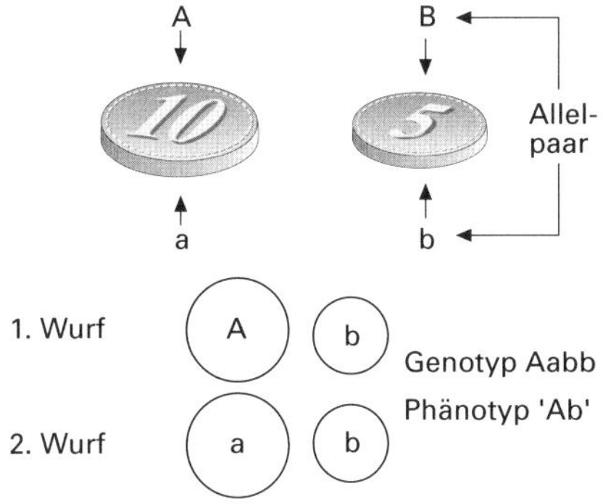

Abb. 45.2 Münzenversuch zum dihybriden, dominant-rezessiven Erbgang

Wie ein angenähertes 9 : 3 : 3 : 1-Verhältnis durch das Spiel des Zufalls zustande kommt, kann man sich durch Erweiterung des Münzen-*Modellversuchs* von Abb. 41.1 klarmachen:
Eine Münze stelle mit ihren beiden Seiten das Allelpaar A, a dar, eine zweite Münze das Allelpaar B, b.
Ein Wurf beider Münzen liefert eine der vier Genkombinationen einer Keimzelle. Die Kombination von zwei Würfen liefert eine der 16 Genkombinationen einer Zygote. Berücksichtigt man die Dominanz von A über a und von B über b, kann man nach jedem Doppelwurf den Phänotyp ablesen und notieren: z. B.

		'AB'	'Ab'	'aB'	'ab'
Ergebnis:	$n = 64$	44	7	11	2
Erwartung		36	12	12	4

Die Prüfung der Verträglichkeit des Ergebnisses mit der Erwartung nach der χ^2-Methode (Rechenschema S. 155) ergibt, dass eine so große oder größere Abweichung bei 64 Doppelwürfen pro Versuch in 20% der Versuche zu erwarten ist. Das Ergebnis ist mit der Erwartung verträglich.

Die Gesetzmäßigkeiten der Neukombination von Genen in der Meiose und bei der Befruchtung machen verständlich, weshalb jedes Kind zu einem *einmaligen genetischen Individuum* wird (abgesehen von eineiigen Zwilligen):

Bei einem Allelpaar A,a, gibt es drei verschiedene Genotypen AA, Aa, aa; bei zwei Allelpaaren A,a; B,b sind bereits neun verschiedene Genotypen möglich (Abb. 45.1), bei drei Allelpaaren sind es $27 = 3^3$, bei *n* Allelpaaren 3^n. Wären somit Eltern auf jedem der 23 Chromosomenpaare an einem Genort heterozygot, so gäbe es bereits 3^{23} = ca. 100 Milliarden verschiedene Möglichkeiten für den Genotyp eines Kindes. Die Wahrscheinlichkeit, dass zwei Geschwister dieselbe Allelkombination von den Eltern erhalten, ist mit $1 : 3^{23} \cdot 3^{23}$ = ca. $1 : 10^{22}$ so gut wie nicht vorhanden.

Die Neukombination von Genen führt bei der geschlechtlichen Fortpflanzung der Lebewesen von Generation zu Generation zu einer gewaltigen Vielfalt von Phänotypen, an denen die natürliche Selektion angreift und Evolution bewirkt. Auch in der Pflanzen- und Tierzucht spielen die Gesetzmäßigkeiten der Rekombination eine wichtige Rolle bei dem Bemühen, günstige Merkmale verschiedener Stämme zu vereinen und in einem neuen Hybridstamm zu erhalten.
Hinzu kommen somatische Mutationen und Rekombinationen während der Individualentwicklung, die selbst bei eineiigen Zwillingen oder bei Pflanzen mit vegetativer Vermehrung zu genetischen Unterschieden führen.

Aufgaben

1. Zeichnen Sie die Abb. 44.1 und 44.2 ab, und tragen Sie bei jedem Phänotyp den Genotyp (bzw. die Genotypen) als Erbformeln ein.
2. Entnehmen Sie dem Kombinationsquadrat, Abb. 45.1,
   a) die doppelt homozygoten F_2-Genotypen. Welche davon sind Neukombinationen im Vergleich zur homozygoten Parentalgeneration?
   b) identische Genotypen,
   c) die verschiedenen Genotypen identischer Phänotypen.
3. Bei Mendels Kreuzungsversuchen ergab sich, dass bei Erbsen die Samenmerkmale rund und gelb über die Merkmale kantig und grün dominieren.
   a) Ordnen Sie den Merkmalen Gensymbole zu.
   b) Formulieren Sie den Genotypen, die für eine Erbsenpflanze mit runden, gelben Samen infrage kommen.
   c) Formulieren Sie für jeden dieser Genotypen eine Rück- oder Testkreuzung mit einer Pflanze, die aus kantigen, grünen Samen hervorgegangen ist, und geben Sie die Phänotypen und die Erwartungen für die Zahlenverhältnisse an.
4. Begründen Sie, inwiefern man aus den Ergebnissen von Testkreuzungen auf den unbekannten Genotyp des einen Kreuzungspartners schließen kann.
5. Begründen Sie, inwiefern ein angenähertes 1 : 1-Verhältns der Phänotypen aus einer Testkreuzung ein Beweis für die Annahme ist, dass Gameten mit dem einen oder anderen Allel in gleicher Anzahl entstehen.
6. Bei einer Drosophila-Kreuzung ‚Wildtyp' × ‚Stummelflügel' traten normal flüglige Tiere mit braunem und mit schwarzem Körper etwa im Verhältnis 3 : 1 auf. Formulieren Sie die Genotypen der Kreuzungspartner und der Nachkommen.
7. Welche Phänotypen gehen aus Aa Bb × Aa bb mit einer Wahrscheinlichkeit von je $\frac{3}{8}$ hervor? Werten Sie das entsprechende Kombinationsquadrat aus.

6 Genkoppelung, Genaustausch und Genlokalisation

6.1 X-chromosomaler Erbgang

Bei manchen Merkmalen ist es nicht gleichgültig für die Vererbung, ob der männliche oder weibliche Elternteil Merkmalsträger ist. Das *Mendel'sche Reziprozitätsgesetz* hat *Einschränkungen*, wie z. B. aus folgender *Drosophila-Kreuzung* hervorgeht:

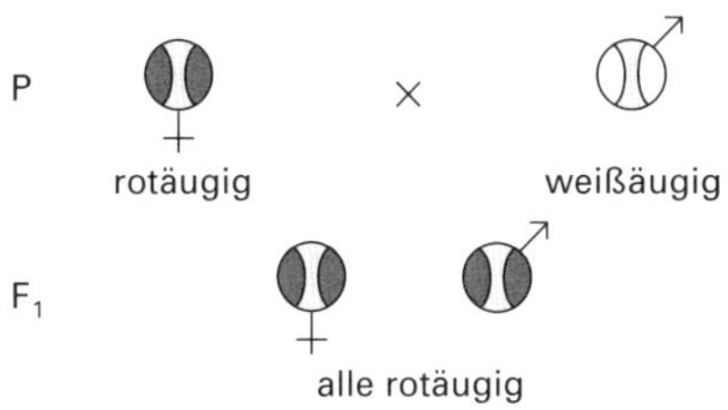

Abb. 47.1 Drosophila-Kreuzung

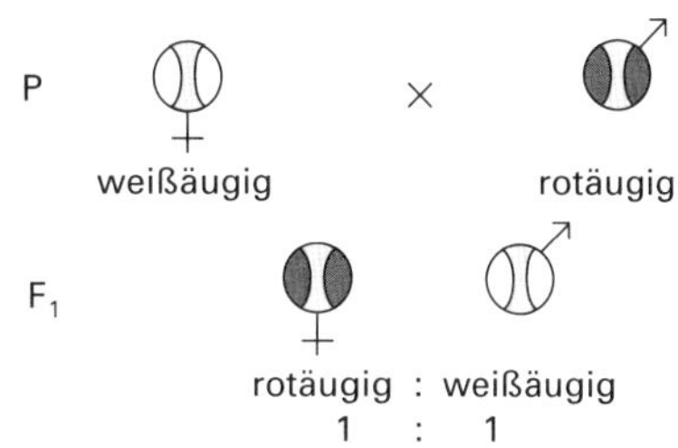

Abb. 47.2 Reziproke Drosophila-Kreuzung

V 13.3
S. 149

Seit 1820 kennt man den besonderen Erbgang der Rot-Grün-Blindheit beim Menschen.

V 10
S. 145

Abb. 47.3 Modellstammbäume zum Erbgang von Rot-Grün-Blindheit

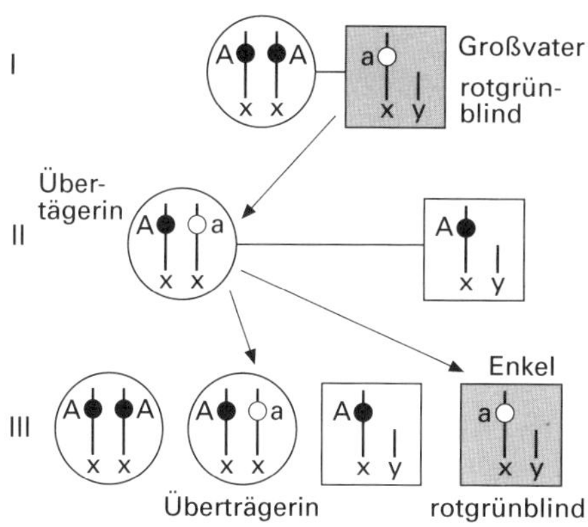

Abb. 47.4 Erklärung des geschlechtsgekoppelten Erbganges: Das mutierte Gen liegt im X-Chromosom

Die Erklärung der Befunde ist einfach: Das *Gen* für Weißäugigkeit bei Drosophila, für Rot-Grün-Blindheit beim Menschen liegt im jeweiligen *X-Chromosom*. Es ist *rezessiv* (a) gegenüber dem Normalallel (A). Da im männlichen Geschlecht dem Allel a im X-Chromosom kein homologes Allel im Y-Chromosom gegenübersteht, wirkt es sich in diesem *hemizygot* genannten Zustand auf den Phänotyp aus. Von einem Großvater, dessen Töchter alle heterozygote Überträgerinnen sind, erhält die Hälfte der Enkelkinder das X-Chromosom mit dem defekten Allel a. Enkelsöhne mit dem Allel a sind wieder rotgrünblind.

Die *Bluterkrankheit (Hämophilie)*, bekannt durch ihr Vorkommen im englischen Königshaus, folgt ebenfalls dem X-chromosomal rezessiven Erbgang.

V 11 S. 145 Ausgetretenes Blut eines gesunden Menschen gerinnt nach fünf bis neun Minuten. Als Bluter bezeichnet man Menschen mit einer Gerinnungszeit von mehr als 15 Minuten. Die verlängerte Gerinnungszeit führt dazu, dass es selbst bei leichten Prellungen zu ausgedehnten Blutergüssen (Hämatomen) im Gewebe kommt. Äußerliche Verletzungen führen zu einem starken Blutverlust, der bei größeren Wunden zum Tode führen kann. Kleinere Blutungen kommen zum Stillstand, indem sich die verletzten Gefäße und Gewebe kontrahieren. Derselbe Mechanismus führt bei gesunden Frauen normalerweise zum Versiegen der Monatsblutung und zum Wundverschluss in der Gebärmutter nach einer Geburt. Auch bei Bluterinnen funktioniert dieser Mechanismus. So ist es verständlich, dass auch bluterkranke Frauen erwachsen werden und sogar die Geburt eines Kindes überstehen können.

Ursache der Blutgerinnungsstörung ist die Fehlbildung eines Eiweißstoffes, der zur Aktivierung der Abfolge von Vorgängen nötig ist, die letztlich zur Umwandlung des Fibrinogens in das fädige Fibrin führen. Bei der *Hämophilie* A (Häufigkeit ♂ $1:10^4$, ♀ $1:10^8$) ist das *antihämophile Globulin*, der Faktor VIII, betroffen, bei der *Hämophilie B* (Häufigkeit ♂ $1:10^5$), ein anderer Eiweißstoff, der Faktor IX. Jedem Eiweißfaktor im Blutserum, der für die Blutgerinnung nötig ist, liegt ein eigenes Gen zugrunde. Damit eine normale Blutgerinnung zustande kommt, müssen sich demnach die Genprodukte einer Reihe von Genen ergänzen.

Wenn primäre Produkte von mehreren Genen zusammenwirken müssen, damit ein bestimmtes Merkmal ausgeprägt wird, so spricht man von *komplementärer Polygenie*.

Das antihämophile Globulin kann heute mit den Methoden der Gentechnik in Hefezellen nach Anweisung des zugrunde liegenden menschlichen Gens als lebensrettendes Medikament für Bluter hergestellt werden.

Aufgaben

1. Erklären Sie die Ergebnisse der Drosophila-Kreuzungen Abb. 47.1 und 2, indem Sie zu den Phänotypen die Genotypen mit Chromosomen- und Gensymbolen ähnlich Abb. 47.4 angeben.
2. Erklären Sie die Sippentafeln Abb. 47.3 durch Angabe der Genotypen.
3. Eine Frau hat normalsichtige Eltern und einen rotgrünblinden Bruder. Skizzieren Sie einen Stammbaum zu diesem Fall. Kalkulieren Sie die Wahrscheinlichkeit, mit der die Frau Überträgerin ist und mit der ihr erster Sohn farbenblind sein wird.
4. In einer Reihe von Stammbäumen weisen farbenblinde Väter farbenblinde Söhne auf. Wie ist das zu erklären?
5. Ein rotgrünblindes Turner-Mädchen (X0, S. 33) hatte farbentüchtige Eltern. Skizzieren Sie den Fall und überlegen Sie, wie er zustande gekommen sein könnte.
6. Ein Mann sei mit seinem X-chromosomal dominanten Merkmal behaftet. Welche Konsequenzen ergeben sich daraus für seine Kinder und Enkelkinder?
7. Eine bluterkranke Frau hat ein Mädchen geboren. Welche Genotypen haben die Eltern der Frau, sie selbst und ihre Tochter? (Vater gesund.)

6.2 Genkoppelung im X-Chromosom

Da für Rotgrünblindheit und für Bluterkrankheit ein *X-chromosomaler Erbgang* nachgewiesen ist, liegen die Genorte für beide Merkmale in den X-Chromosomen.

Gene, die im selben Chromosom lokalisiert sind, bilden eine Koppelungsgruppe.

Für die Lage der beiden mutierten Allele (z. B. a für Rot-Grün-Blindheit und b für Bluterkrankheit) gibt es bei einer Überträgerin *zwei Möglichkeiten*:

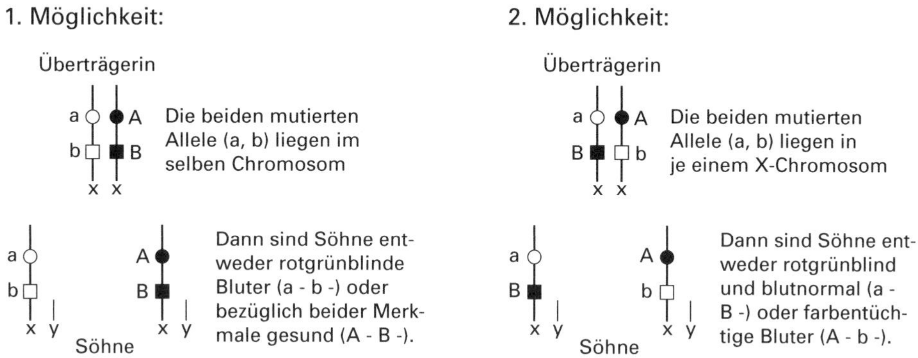

Abb. 49.1 Zwei Möglichkeiten der Lokalisation gekoppelter Gene

Von den vier Kombinationsmöglichkeiten (rotgrünblind und Bluter, farbentüchtig und blutnormal, rotgrünblind und blutnormal, farbentüchtig und Bluter) sind somit in jeder Familie nur zwei verwirklicht.

Genkoppelung führt zur *Einschränkung der freien Kombinierbarkeit der Gene* in einer Familie. In der Bevölkerung treten alle Kombinationen gekoppelter Gene auf.

Die Einschränkung der freien Kombinierbarkeit der Gene bei Kreuzungen ist erstmals von *Morgan* an *Drosophila* untersucht worden. Er konnte die damals bekannten Gene von *Drosophila vier Koppelungsgruppen* zuordnen, die den *vier Chromosomenpaaren* entsprechen.

Beim Menschen war das X-Chromosom das erste Chromosom, dem man aufgrund des geschlechtsgekoppelten Erbganges bestimmter Merkmale die zugrunde liegenden Gene zuordnen konnte. Neben *Rot-Grün-Blindheit* und *Bluterkrankheit* waren dies z. B. ein Typ von *Muskeldystrophie* (fortschreitender, zu frühem Tod führender Muskelschwund) oder die *Fischschuppenkrankheit* (schuppige Hautverhornung) sowie eine Reihe seltener Stoffwechselstörungen.

Aufgabe

Begründen Sie, weshalb auch gekoppelte Gene in der Bevölkerung in freier Kombination auftreten.

6.3 Genaustausch in Koppelungsgruppen

Gelegentlich treten in einer Familie, in der die gekoppelten Gene für Rot-Grün-Blindheit und Bluterkrankheit vorhanden sind, unter den Söhnen einer Überträgerin mehr als zwei Kombinationsmöglichkeiten der Merkmale auf. Daraus muss man schließen, dass die Koppelung von Genen durchbrochen werden kann.
Morgan und seine Schüler hatten in Kreuzungsexperimenten mit *Drosophila* den Austausch gekoppelter Gene untersucht und durch „*crossing over*" erklärt.

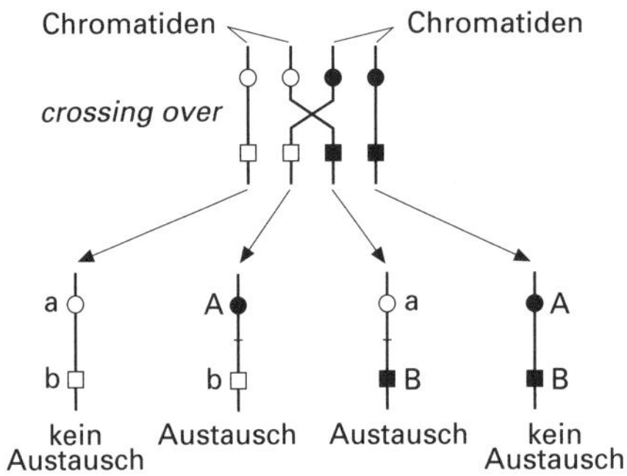

Abb. 50.1 Genaustausch in Koppelungsgruppen durch crossing over zwischen Nicht-Schwesterchromatiden

Während der Prophase der Meiose brechen zwei Chromatiden gepaarter, homologer Chromosomen an homologer Stelle auseinander und verheilen darauf so, dass es zu einem *wechselseitigen Austausch von Teilstücken der Chromatiden* kommt. *Dadurch werden gekoppelte Gene getrennt und neu kombiniert oder rekombiniert* (s. S. 25).

Die im Mikroskop sichtbaren Verklebungs- oder Überkreuzungsstellen der Chromatiden nennt man *Chiasmen*.

Den Prozentsatz von Nachkommen mit Genaustausch bezogen auf die Gesamtzahl untersuchter Nachkommen bezeichnet man als *Austauschwert*. Als Ergebnis zahlreicher Kreuzungsexperimente stellte sich heraus, dass die Austauschwerte zwischen je zwei gekoppelten Genen im Rahmen der statistischen Streuung in spezifischer Größe konstant blieben. Unter der Voraussetzung, dass Crossing-over-Ereignisse längs eines Chromosoms an allen Stellen mit gleicher Wahrscheinlichkeit, also zufällig, auftreten, zog *Morgan* folgenden Schluss:

Austauschwerte zwischen zwei Genen können als relative Maßzahlen für den Abstand dieser Gene im Chromosom angesehen werden.

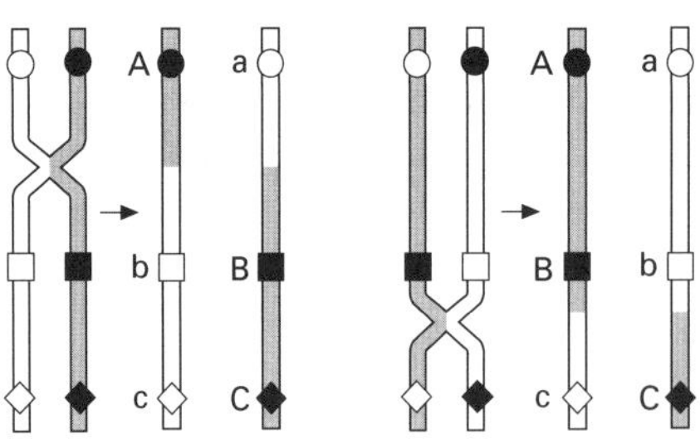

Abb. 50.2 Häufigkeit des Genaustausches in Abhängigkeit vom Genabstand

Je weiter nämlich zwei Gene auf einem Chromosom entfernt sind, umso größer ist die Wahrscheinlichkeit, dass sie durch crossing over voneinander getrennt werden. A und C im nebenstehenden Schema werden durch die beiden eingezeichneten Crossovers getrennt, A und B nur durch das erste.
Höhere Austauschwerte sind allgemein ein Indiz für größeren Abstand der Gene, niedere, ein Indiz für kleineren Abstand.

6.4 Genkarten

In einem *Drosophila-Kreuzungsexperiment* sind als Austauschwerte der Gene a gegen b 31,2%, der Gene b gegen c 22,4% ermittelt worden. Daraus kann geschlossen werden, dass b und c näher beisammen liegen als a und b. Die *Reihenfolge* der Gene kann daraus noch nicht erschlossen werden. Zwei Möglichkeiten sind denkbar:

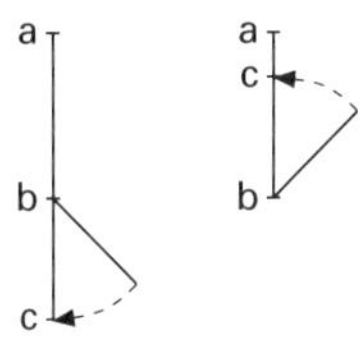

Abb. 51.1 Zwei Möglichkeiten für die Reihenfolge von drei Genen

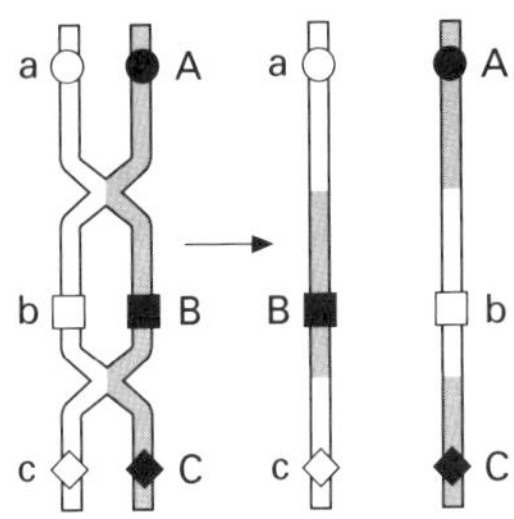

Abb. 51.2 Doppelcrossover

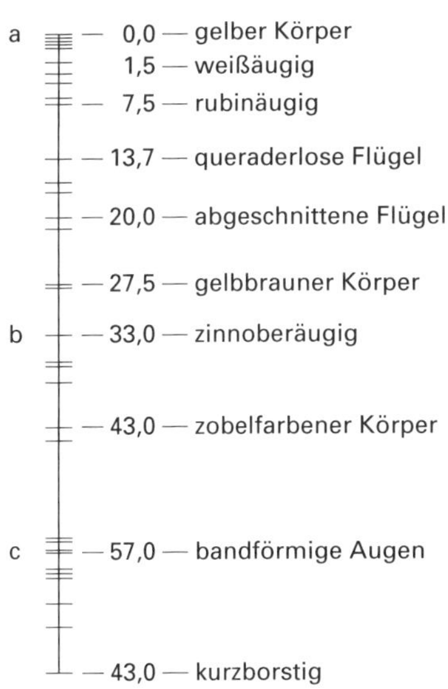

Abb. 51.3 Genkartenanschnitt der Koppelungsgruppe I von Drosophila melanogaster

Welche zutrifft, entscheidet der Austauschwert zwischen a und c. Das Experiment ergab 48,7%. Dies entspricht der Summe weit mehr als der Differenz der einzelnen Austauschwerte. Damit ist die Reihenfolge abc bestätigt. Es bleibt zu klären, weshalb der Wert a gegen c (48,7%) *kleiner* als die Summe der Einzelwerte (53,6%) ist.
Zwei Crossing-over-Ereignisse zwischen a und c tauschen zwar a gegen b und b gegen c, nicht aber a gegen c aus. So wird verständlich, weshalb die Austauschwerte entfernterer Gene kleiner ausfallen als die Summe von Austauschwerten dazwischenliegender Gene.

Bei *Drosophila* sind von ca. 3000 Genen die Reihenfolgen und relativen Abstände in den vier Koppelungsgruppen bestimmt worden. Derartige Aufstellungen nennt man *Genkarten.* Die Möglichkeit der widerspruchsfreien Konstruktion linearer Genkarten war historisch der erste Beweis für das *Gesetz der linearen Anordnung der Gene.*
Die Zahlen in den Karten sind die Summen der jeweils kleinsten aufeinander folgenden Austauschwerte. Man bezeichnet sie als *Genkartenabstände.*

Beim *Menschen* konnte in den Dreißigerjahren eine erste Genkarte für einige Gene des X-Chromosoms erstellt werden. Sie stützte sich auf Austauschwerte aus Stammbaumuntersuchungen von Familien mit zwei oder mehr X-chromosomalen Defekten.

6.5 Lokalisation von Genen in Chromosomen

Bei *Drosophila* konnten die Orte bestimmter Gene in bestimmten Chromosomen erstmals auf folgende Weise lokalisiert werden:

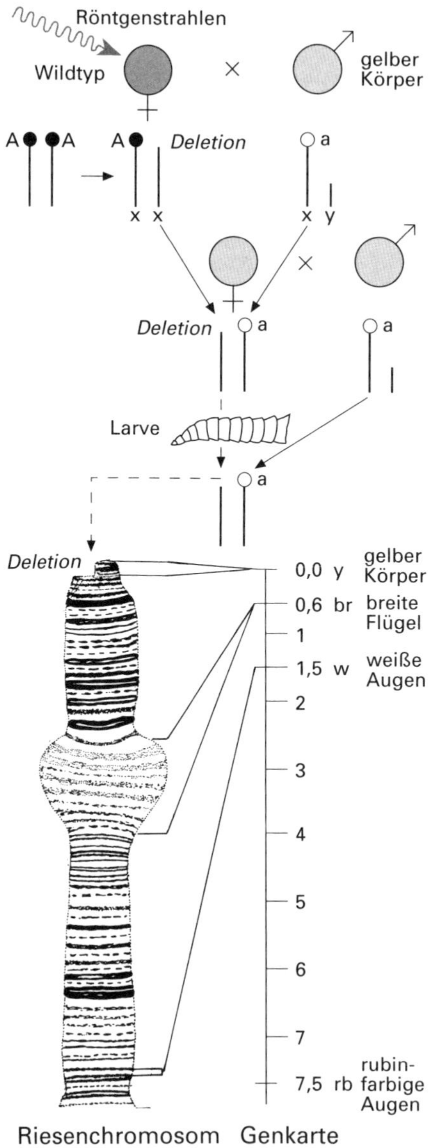

Abb. 52.1 Prinzip der Genlokalisation bei Drosophila
(X-Chromosom – Koppelungsgruppe I)

Um z. B. das X-chromosomal rezessive Gen a für gelben Körper zu lokalisieren, werden Wildtyp-Weibchen mit brauner Körperfarbe (AA) Röntgenstrahlen ausgesetzt. Dadurch werden Deletionen von Chromosomenabschnitten ausgelöst. Eizellen enthalten jetzt Chromosomen mit Stückverlusten. Ein X-Chromosom kann zufällig das Stück mit dem Gen A verloren haben.

So behandelte Weibchen werden mit gelben Männchen (hemizygot a–) gekreuzt. Daraus können vereinzelte gelbe Weibchen hervorgehen. Diese haben ein väterliches X-Chromosom mit a erhalten und ein mütterliches, bei dem der Genort des dominanten Allels A verloren gegangen ist.

Kreuzt man diese gelben Weibchen mit gelben Männchen, so findet man in den daraus hervorgehenden Larven Riesenchromosomen, denen ein halbes Endstück fehlt. Die vorhandene, vom Vater stammende Endstückhälfte muss das Gen a enthalten.

Aus dem Vergleich der Chromomeren- und der Genkartenabstände erkennt man, dass zwar die Reihenfolge, nicht aber die absoluten Abstände der Gene im Chromosom mit der Genkarte übereinstimmen. Für die Rekombinationswerte, auf die sich die Genkarte stützt, sind offensichtlich nicht nur die Genabstände, sondern auch die verschiedene Bruchfestigkeit einzelner Chromosomenabschnitte verantwortlich.

Aufgaben

Als Ergebnis einer trihybriden Rückkreuzung *Drosophila* Wildtyp × Dreifachmutante 'abc' ergaben sich Austauschwerte a gegen b: 17%, b gegen c: 13% und a gegen c: 5%.

1. Ermitteln Sie Reihenfolge und relativen Abstand der drei Gene.
2. Formulieren Sie die Genotypen und Phänotypen der acht Sorten von Nachkommen und ordnen Sie die Werte zu.
3. Entwickeln Sie einen Versuchsplan zur Lokalisierung des autosomalen Gens b.

Beim *Menschen* gelang die Zuordnung bestimmter autosomaler Gene zu bestimmten Chromosomen zunächst nur durch die Auswertung von *Zufallsbefunden* bei Stammbaumanalysen. Gelegentlich kommt es nämlich vor, dass in einer Sippe ein Chromosom mit einer strukturellen Besonderheit von Generation zu Generation zu verfolgen ist. Wenn mit der Vererbung dieses Chromosoms der Erbgang eines monogenen Erbmerkmals korreliert, ist es sehr wahrscheinlich, dass das betreffende Gen in diesem Chromosom liegt.

Ein Fortschritt wurde durch die Technik der *Zellhybridisierung* erzielt. Dazu lässt man Zellen von Mensch und Maus in einer Kulturlösung durch ein Virus oder eine Chemikalie zu Hybridzellen verschmelzen. Von Zellteilung zu Zellteilung stoßen diese Hybridzellen menschliche Chromosomen aus. So entstehen schließlich Zellen, die neben den 40 Mäusechromosomen nur noch ein menschliches Chromosom enthalten. Fehlt den Mauszellen aufgrund einer Genmutation die Fähigkeit, ein bestimmtes Enzym herzustellen, das aber in der Kultur der Hybridzellen mit dem menschlichen Chromosom gebildet wird, dann weiß man, dass das Gen für dieses Enzym in dem betreffenden Chromosom liegt.

Genorte in menschlichen Chromosomen zu lokalisieren, gelang erstmals durch den Nachweis eines parallelen Erbgangs einer im Bandenmuster eines Chromosoms erkennbaren *Mikrodeletion* mit einem monogen bedingten Erbmerkmal: wenn heterozygote Genträger Aa das rezessive Merkmal "a" zeigen, muss das Allel A mit der Deletion verloren gegangen sein. Experimentell lassen sich Deletionen durch Bestrahlung der Zellkulturen von Mensch-Maus-Hybridzellen wie bei Drosophila erzeugen. Durch den parallelen Verlust einer Chromosomenbande und einer Enzymfunktion konnten viele Gene von Enzymen des Grundstoffwechsels lokalisiert werden.

Der Durchbruch in der Lokalisation menschlicher Gene wurde in den letzten zwei Jahrzehnten durch die Anwendung *molekulargenetischer Methoden* erzielt, insbesondere durch die elegante *In-situ-DNS-Hybridisierungs-Technik:* Dazu benötigt man von dem Gen oder von einem Teil von ihm eine einsträngige DNS-Kopie, eine sog. *Gensonde,* in großer Anzahl. Die Gewinnung solcher Sonden ist mühsam (S. 106), ihre Anwendung ist einfach:

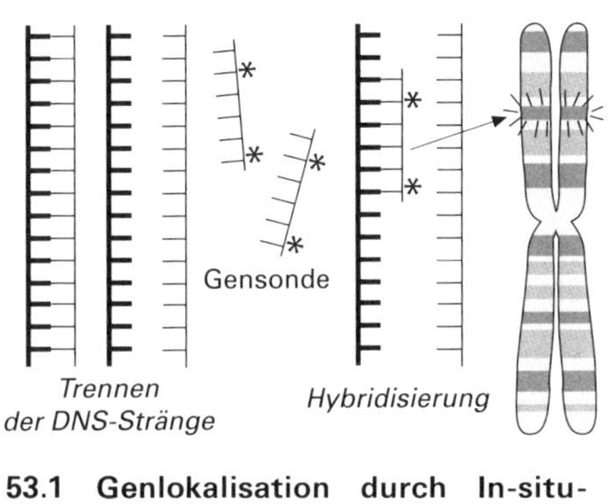

53.1 Genlokalisation durch In-situ-Hybridisierung

Man erhitzt ein Objektträgerpräparat ausgebreiteter Chromosomen. Dabei weichen die beiden Einzelstränge eines jeden Chromatid-DNS-Fadens ein wenig voneinander. Gibt man jetzt einen Tropfen Sondenlösung dazu, so bindet die Sonden-DNS mit ihrer spezifischen Basenfolge an den komplementären Abschnitt einsträngiger DNS in den beiden Chromatiden eines bestimmten Chromosoms. Wenn die Sonden-DNS z. B. mit einem fluoreszierenden Farbstoff markiert wurde, so leuchtet der gesuchte Genort im anschließend normal gefärbten Chromosomenpräparat im ultravioletten Licht punktförmig auf.

7 Monogene Merkmale und Abstammungsnachweis

7.1 AB0-System

V 12 S. 146 Durch den sog. *Agglutinationstest* kann man aus einigen Tropfen Blut mit Testseren, die Zugehörigkeit eines Menschen zu einer bestimmten Blutgruppe ermitteln.

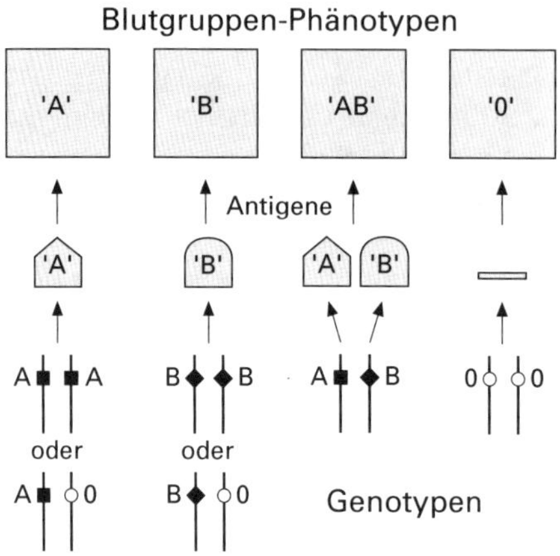

Abb. 54.1 Blutgruppen-Phänotypen und -Genotypen des AB0-Systems

Die vier *Blutgruppen* 'A', 'B', 'AB' und '0' des klassischen AB0-Systems beruhen auf der Verteilung von zwei charakteristischen Stoffen auf der Oberfläche der roten Blutkörperchen, den sog. *Antigenen* 'A' und 'B'. Die Menschen der Gruppe 'A' haben das Antigen 'A', diejenigen der Gruppe 'B' das Antigen 'B' und diejenigen der Gruppe 'AB' beide Antigene; Menschen der Gruppe '0' haben keines von beiden.

Die Bildung der Antigene bzw. ihr Fehlen wird von *einem Genort* aus gesteuert, an dem entweder das Allel A oder das Allel B oder das Allel 0 liegen kann. Jeder *Genotyp* enthält zwei davon.

Da sich das Allel A ebenso wie das Allel B gegenüber dem Allel 0 voll *dominant* verhält, kann man im Agglutinationstest homozygote und heterozygote Angehörige der Gruppe 'A' oder 'B' nicht unterscheiden. Die Allele A und B bilden dagegen beide Antigenmerkmale nebeneinander aus, was zur Blutgruppe 'AB' führt. Die Gruppe '0' geht auf den homozygot-*rezessiven* Genotyp 00 zurück.

Gibt es, wie im Fall der AB0-Blutgruppen, mehr als zwei Allele an einem Genort, spricht man von multiplen Allelen. Bringen zwei verschiedene Allele, wie die Allele A und B, unabhängig voneinander ihre Merkmale nebeneinander zur Ausprägung, spricht man von kodominantem Verhalten der Allele.

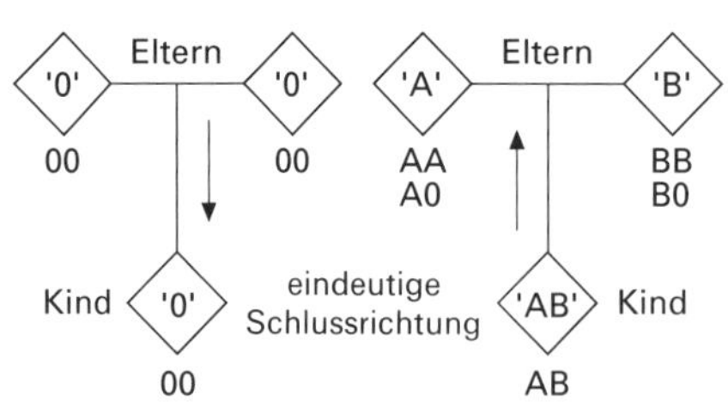

Abb. 54.2 Genetik des AB0-Systems

Aus der Genetik des AB0-Systems folgt, dass Eltern mit der Gruppe '0' nur Kinder mit der Gruppe '0' haben können. Andererseits kann ein Kind mit der Gruppe 'AB', dessen Mutter die Gruppe A hat, nur von einem Vater mit der Gruppe 'B' (bzw. 'AB') stammen. Auf Überlegungen dieser Art beruht die Möglichkeit von *Vaterschaftsausschlüssen im AB0-System.*

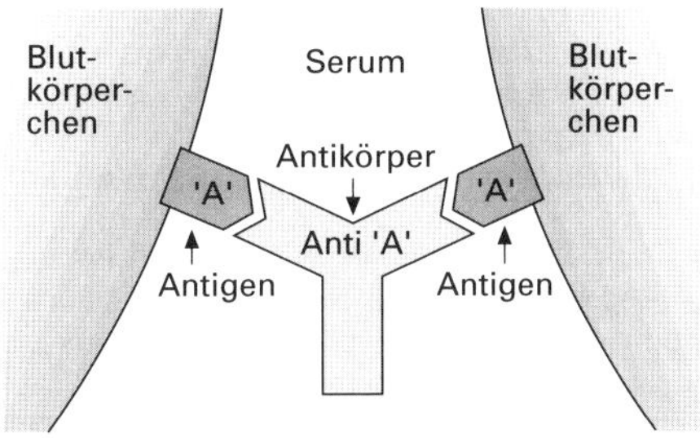

Abb. 55.1 Prinzip der Antigen-Antikörper-Agglutinationsreaktion

Die sog. *Antikörper*, welche im Agglutinationstest durch die spezifische Antigen-Antikörper-Reaktion die Zusammenballung der Blutkörperchen bewirken, *sind natürlicherweise im Blutserum enthalten*, und zwar:

Anti-'A' im Serum der Gruppe 'B',

Anti-'B' im Serum der Gruppe 'A',

Anti-'A' u. Anti-'B' im Serum der Gruppe '0'.

Weder Anti-'A' noch Anti-'B' im Serum der Gruppe 'AB'.

Deshalb kann eine Blutgruppenbestimmung auch aus einigen Tropfen Serum eines Menschen mittels einer Aufschwemmung gereinigter Testblutkörperchen durchgeführt werden.
Während die Blutgruppen-*Antigene* auf den Blutkörperchen schon bei Neugeborenen vorhanden sind, treten die Blutgruppen-*Antikörper* erst im dritten bis sechsten Monat nach der Geburt auf. Zu dieser Zeit erfolgt die Besiedlung des Darms mit Coli-Bakterien, die auf ihrer Zellwand aus unbekanntem Grund ebenfalls die Antigene A und B tragen.
So kann man vermuten, dass die *Bildung der Antikörper* Anti-'A' und Anti-'B' von den Coli-Antigenen 'A' und 'B' ausgelöst wird: Menschen der Blutgruppe '0', für die beide Antigene 'A' und 'B' fremd sind, bilden die Antikörper Anti-'A' und Anti-'B'. Menschen der Blutgruppe 'A', für die das 'A'-Antigen ja nicht fremd ist, bilden nur Anti-'B', Menschen der Blutgruppe 'B', für die das 'B'-Antigen nicht fremd ist, bilden Anti-'A'. Bei Menschen der Gruppe 'AB' besteht keine Veranlassung, Antikörper gegen 'A' oder 'B' herzustellen.
Die Antigene 'A' und 'B' sind nicht auf die roten Blutkörperchen beschränkt. Sie sind auch auf anderen Körperzellen vorhanden. Bei 80% der Menschen treten sie auch frei in Körperflüssigkeiten, z. B. im Speichel, auf. Dieses „Ausscheider"-Merkmal folgt einem dominanten Erbgang. Es spielt eine gewisse Rolle in der Kriminalistik. So hat man schon Erpresser am Speichel identifiziert, mit dem sie einen Brief verschlossen hatten.

7.2 Rhesus-System

Etwa 85% der Europäer haben zusätzlich zu Antigenen des AB0-Systems ein Antigen auf ihren Blutkörperchen, das auch bei Rhesusaffen vorkommt. Man nennt sie *„rhesuspositiv"* und bezeichnet das Antigen mit 'D'. Menschen ohne das Antigen 'D' sind *„rhesusnegativ"*. Diesem Merkmalspaar liegt ein Allelpaar D,d zugrunde. Infolge der dominanten Wirkung von D sind *rhesuspositive Menschen* entweder *homozygot DD oder heterozygot Dd; rhesusnegative* sind stets *homozygot dd.*

Rhesus-Antikörper Anti-'D' werden durch Immunisierung gebildet, wenn Blutkörperchen mit dem Antigen 'D' in die Blutbahn eines rhesusnegativen Menschen gelangen. Derartige Bluttransfusionen führt man zur Gewinnung des Anti-'D'-Testserums bei Männern durch, die sich dafür zur Verfügung stellen.
Bei rhesusnegativen Müttern kann bei der Geburt eines rhesuspositiven Kindes etwas kindliches Blut in den mütterlichen Kreislauf übertreten und die Bildung von Anti-'D'-Antikörpern auslösen. Während einer zweiten Schwangerschaft gelangen diese Antikörper durch die Plazenta in den Kreislauf des Kindes und zerstören Blutkörperchen mit dem Antigen 'D'. Je nach dem Grad der Blutzerstörung kommt es zur Geburt eines Kindes mit mehr oder minder schwerer Gelbsucht und Schädigung des Gehirns (*Rhesus-Unverträglichkeit*).

Heute kann man bereits die *Bildung von Rhesus-Antikörpern* bei einer rhesusnegativen Mutter *vermeiden*, die ein erstes rhesuspositives Kind geboren hat. Dazu spritzt man der Mutter nach der Geburt des Kindes Anti-D-Antikörper, welche übergetretene Blutkörperchen des Kindes zerstören, ehe der mütterliche Organismus selbst die Antikörper produzieren kann.
Als Vorbereitung zu dieser Maßnahme wird bei jeder schwangeren Frau die Rhesus-Blutgruppe festgestellt. Ist sie positiv, kann auf weitere Maßnahmen verzichtet werden. Ist sie negativ, muss sie auch beim Neugeborenen bestimmt werden. Wenn der Vater heterozygot Dd ist, besteht eine Wahrscheinlichkeit von 50%, dass das Neugeborene negativ ist. Nur wenn es sich als positiv erweist, wird die Mutter mit Anti-D behandelt.
Für Bluttransfusionen und für Vaterschaftsgutachten sind auch die weiteren Antigene des Rhesus-Systems 'C', 'c', 'E', 'e' von Bedeutung, die durch entsprechende Antiseren nachgewiesen werden können. Die drei Genorte des Rhesussystems mit den Allelen D,d, C,c, E,e sind so eng gekoppelt, dass eine bestimmte Genkombination z. B. D, c, E oder d, C, E auf einem Chromosom stets gemeinsam vererbt wird.
Neben dem AB0-System, einschließlich der Untergruppen 'A_1' und 'A_2' (Allel A_1 dominant über Allel A_2), und dem Rhesus-System kennt man noch ca. 50 weitere Blutgruppensysteme, die auf Blutkörperchen-Antigenen beruhen und einfachen Erbgängen folgen.

7.3 Blutserum-Gruppen

V 16 Auch im Blutserum finden sich einfach mendelnde Merkmale. Es sind Varianten von
S. 153 bestimmten Proteinen. Ihre Auftrennung erfolgt durch *Elektrophorese*.

Dazu lässt man einen Tropfen Serum in eine puffergetränkte poröse Folie einsaugen und legt eine Gleichspannung an. Je nach Ladung und Molekülgröße wandern verschiedene Proteine verschieden schnell und trennen sich dabei.

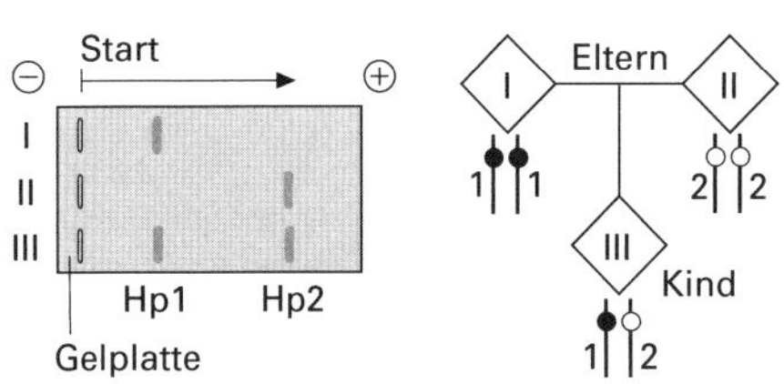

Abb. 56.1 Elektrophorese erblicher Serum-Proteinvarianten

In einer gallertartigen Trägerschicht, einem sog. *Gel*, lassen sich spezielle Proteinvarianten trennen und anfärben wie z. B. die *Haptoglobintypen 1 und 2*, denen die Allele 1 und 2 zugrunde liegen. Bei homozygoten Personen zeigt sich stets nur die eine oder die andere Proteinbande; beide Banden kennzeichnen Heterozygote.

7.4 Serologischer Vaterschaftstest und genetischer „Fingerabdruck"

Blut- und Serumgruppen spielten als klar mendelnde Erbmerkmale lange Zeit die entscheidende Rolle bei der Klärung strittiger Vaterschaftsverhältnisse. Sie gestatteten in der Regel einen eindeutigen *Vaterschaftsausschluss* (s. Aufgaben). Ein *positiver Vaterschaftsnachweis* war aber nur mit einer gewissen Wahrscheinlichkeit zu führen, wenn Vater und Kind z. B. eine in der Bevölkerung seltene Blutgruppe aufwiesen. Gleiches gilt in der *Kriminalistik*, wenn es darum geht, aufgrund von Blut- oder Spermaspuren Verdächtige auszuschließen bzw. zu überführen.

Die direkte Untersuchung von DNS aus Blut-, Gewebe- oder Spermaproben ermöglicht es heute, nicht nur unsichere Väter, sondern auch Verbrecher zu identifizieren.

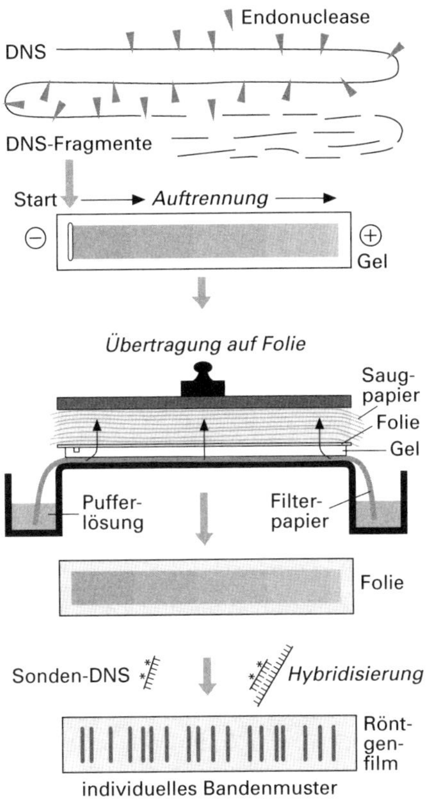

Abb. 57.1 „Genetischer Fingerabdruck"

DNS aus wenigen Zellen wird freigesetzt und gereinigt. Mittels einer Nuclease, welche den DNS-Strang an Stellen mit einer bestimmten Basenfolge zerschneidet (*Restriktionsendonuclease* S. 84), wird dieser in Millionen unterschiedlich lange *DNS-Fragmente* zerlegt.

Im Gleichspannungsfeld einer *Gelelektrophorese* wandern die DNS-Fragmente von der Startgrube aus in einem Streifen der Länge nach sortiert auseinander, die kürzesten am schnellsten voran. V 15 S. 153

Die Gelschicht wird abgehoben, mit einer feinporigen Folie bedeckt und auf puffergetränktes Filterpapier gelegt. Darüber gestapeltes Fließpapier saugt die Pufferlösung nach oben. Dabei werden die *DNS-Fragmente vom Gel auf die Folie übertragen*, wo sie festgehalten und anschließend durch Erwärmen in Einzelstränge zerlegt" werden (Abb. 53.1).

Die Folie wird nun mit einer radioaktiv markierten, einsträngigen *Sonden-DNS* behandelt, die so beschaffen ist, dass sie mit häufigen DNS-Sequenzen, die sich in einer Reihe von DNS-Fragmenten befinden, *hybridisieren* kann.

Durch Auflegen eines Röntgenfilmes auf die Folie werden die hybridisierten Fragmente autoradiografisch als *Bandenmuster* sichtbar.

Da keine zwei Menschen DNS mit identischer Basenfolge besitzen, erweist sich ein *DNS-Fragmentlängen-Bandenmuster* als unverwechselbarer *genetischer Fingerabdruck* eines Menschen.

Aufgaben

1. Eine Frau mit den Blutgruppenmerkmalen 'A', 'Rh$^+$', hat ein 'B', 'Rh$^+$'-Kind. Ihr Mann hat die Blutgruppen 'A', 'Rh$^-$' und beschuldigt einen gewissen Mann, Vater des Kindes zu sein. Dieser hat die Gruppen 'B' und 'Rh$^-$'. Begründen Sie, wer als Vater ausgeschlossen werden kann.
2. Ein Kind hat die Blutgruppe 'A_2', die Mutter '0'. Der Ehemann mit der Blutgruppe 'A_1' beschuldigt einen Mann, Vater des Kindes zu sein, der ebenfalls die Blutgruppe 'A_1' hat. Eine Entscheidung ist möglich durch den Befund, dass die Mutter des Ehemanns 'A_1', die Mutter des Beschuldigten B hatte. Begründen Sie die Entscheidung.
3. Ein mit Gelbsucht infolge Rhesusunverträglichkeit geborenes Mädchen ist infolge einer Austauschtransfusion gesund geblieben und hat das heiratsfähige Alter erreicht. Weshalb besteht bei ihren Kindern keine Gefahr einer Rhesusunverträglichkeitsreaktion?

8 Polygene Merkmale und Umwelteinflüsse

Die meisten Merkmale von Lebewesen variieren kontinuierlich; beim Menschen etwa Größen- und Gestaltmerkmale, aber auch geistig-seelische Merkmale wie Intelligenz oder Charakter. An der Ausbildung dieser Merkmale sind die Erbinformationen zahlreicher Gene beteiligt, aber auch Umwelteinflüsse in Form von Baustoffen, Energie und Entwicklungsreizen, welche die Merkmalsausprägung modifizieren. Das Zusammenspiel von Erb- und Umweltfaktoren ist im Einzelnen aber so komplex, dass es bisher nur bruchstückweise erfasst werden konnte. Was man einfach erklären kann, ist die Frage, zu welchem Anteil die *phänotypische Variabilität*, d.h. die Variabilität einer Merkmalsgröße bei Individuen einer Population, auf *genetischer* bzw. auf *umweltbedingter Variabilität* beruht. Anders ausgedrückt geht es pauschal um die Frage nach dem Spielraum der genetisch abgesteckten *Reaktionsnorm* eines Merkmals für Umwelteinflüsse. Ist er eng, spricht man von *Umweltstabilität*, ist er weit, von *Umweltlabilität* eines Merkmals.

8.1 Erblichkeitsuntersuchungen bei Kulturpflanzen und Nutztieren

Als *Erblichkeit* oder *Heritabilität* bezeichnet man den prozentualen *Anteil der genetischen Variabilität* an der *phänotypischen Variabilität*.

Um die Erblichkeit eines quantitativ variablen Merkmals einer Pflanzensorte oder Tierrasse unter bestimmten Umweltbedingungen abzuschätzen, wählt man aus einer Ausgangspopulation mit dem Merkmalsmittelwert M für die Zucht Individuen mit weit überdurchschnittlicher Ausprägung des erwünschten Merkmals aus. Der Mittelwert in dieser ausgewählten Parentalpopulation sei P. Der Mittelwert der Merkmalsgröße in der daraus hervorgehenden Filialpopulation sei F.

Drei verschiedene Typen von Ergebnissen sind zu erwarten:

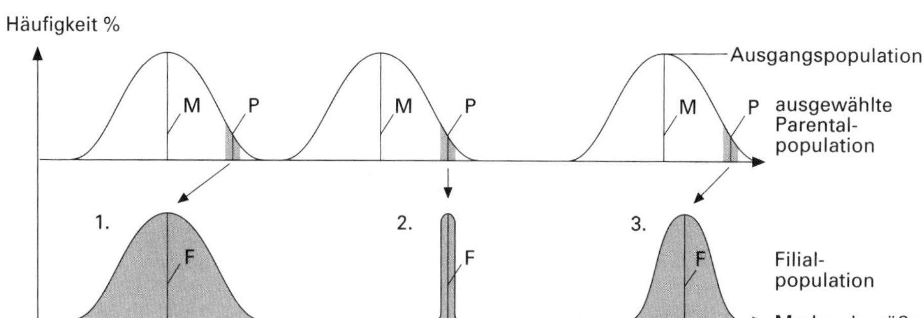

Abb. 58.1 Drei mögliche Zusammenhänge zwischen der Merkmalsgröße einer ausgewählten Elterngeneration und der Verteilung der Merkmalsgröße bei den Nachkommen

Im ersten Fall beruht die phänotypische Variabilität ausschließlich auf umweltbedingter, *modifikatorischer Variabilität*. Alle Individuen, große wie kleine, besitzen offensichtlich dieselben Gene für das betreffende Merkmal. Die *Erblichkeit* der Merkmalsunterschiede ist in dieser *reinen Linie* 0%.

Im zweiten Fall beruhen die individuellen Unterschiede der Merkmalsgröße ausschließlich auf *genetischer Variabilität*. Die *Erblichkeit* der Merkmalsunterschiede wäre hier 100%.

Im dritten, dem häufigsten, Fall beruht die phänotypische Variabilität sowohl auf *genetischer* als auch auf *modifikatorischer Variabilität*. Aus der Verschiebung der Mittelwerte der Merkmalsgröße von der Parentalgeneration (P) zur Filialgereration (F) ergab sich die *Erblichkeit* H = F – M/P – M z. B. beim Mais für die Kolbenlänge zu 17%, für die Pflanzenhöhe zu 70% und z. B. beim Rind für die Milchproduktion zu 30%, für das Endgewicht zu 85%.

Die populationsgenetisch-statistisch definierte *Erblichkeit* der Unterschiede eines bestimmten metrischen Merkmals ist keine Naturkonstante. Sie ist vielmehr abhängig von der Genotypenzusammensetzung der untersuchten Population und der Vielfalt der Umweltbedingungen. Würden die Umweltbedingungen für die Individuen einer Population so gleichartig, dass sie keinen Beitrag mehr zur phänotypischen Variabilität lieferten, dann würden alle weiterhin beobachteten Unterschiede nur noch genetisch bedingt sein. Umgekehrt würden bei einer genetisch homogenen Population alle Unterschiede ausschließlich umweltbedingt sein.

8.2 Erblichkeit von Körpermerkmalen beim Menschen

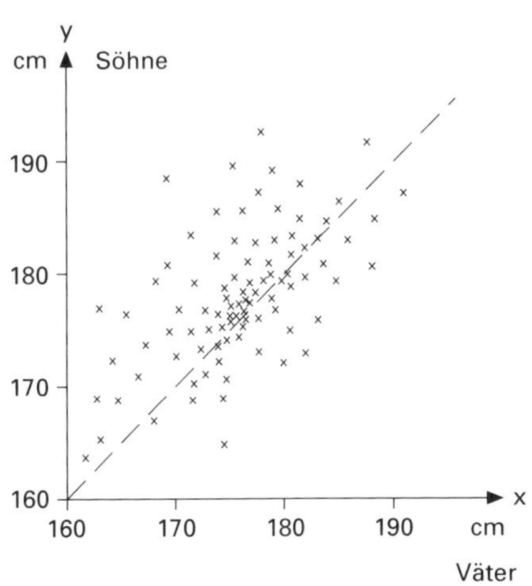

Abb. 59.1 Korrelation der Körperhöhe zwischen Vätern und Söhnen

Trägt man z. B. die Körperhöhen von Vater-Sohn-Paaren in ein Koordinatensystem so ein, dass die Vatergrößen auf der X-Achse, die zugehörigen Sohngrößen auf der Y-Achse abgetragen werden (Abb. 59.1), so sieht man auf einen Blick, dass die Werte nicht zufällig, sondern in der Diagonalrichtung gehäuft auftreten. Dies drückt die allgemeine Beobachtung aus, dass kleinere Eltern häufiger kleinere Kinder und größere Eltern häufiger größere Kinder haben.

Legt man eine Diagonale durch den Ursprung des Koordinatensystems, so sieht man mehr Werte über als unter ihr liegen. Das heißt, dass die Söhne durchschnittlich größer als ihre Väter geworden sind (Gleiches gilt auch für Mütter und Töchter). Diese als *Akzeleration* bezeichnete Erscheinung führt man unter anderem auf bessere Säuglingspflege und Ernährung zurück.

Korrelationsbestimmungen quantitativ variabler Größen körperlicher Merkmale zwischen Eltern und Kindern geben Einblicke in den Grad der Erblichkeit dieser Merkmale, da familienspezifische Umwelteinflüsse für Übereinstimmungen kaum in Betracht kommen. Für Ähnlichkeiten zwischen Eltern und Kindern bei geistig-seelischen Merkmalen haben aber familienspezifische Erziehungseinflüsse sicher einen Anteil. Wie groß dieser Anteil ist, darüber wurde von jeher heftig diskutiert.

8.3 Erblichkeit der Intelligenz – Zwillingsbefunde

Zunächst geht es dabei um das Problem der Messung und Definition von Merkmalen wie *Intelligenz, Ausdauer, Motivation, Ausgeglichenheit, Erregbarkeit, kriminelles* Verhalten.

Wie man trotz des Mangels einer allgemein gültigen Theorie dennoch zu auswertbaren Messergebnissen gelangt, sei am Beispiel der *Intelligenz* kurz dargestellt:

Ein sog. *allgemeiner Intelligenztest* enthält eine Reihe von Aufgaben verschiedenen Inhalts, verschiedener geistiger Anforderungen und verschiedenen Schwierigkeitsgrades.

Setzen Sie das Wort ein, das in der Klammer fehlt:

WIEDERGABE(AGIL)STILIST

HALBAFFE(   )RÄTSEL

Setzen Sie die beiden fehlenden Zahlen ein:

6   9   18   21   42   45   . .   . .

Streichen Sie die Figur an, die nicht zu den anderen passt

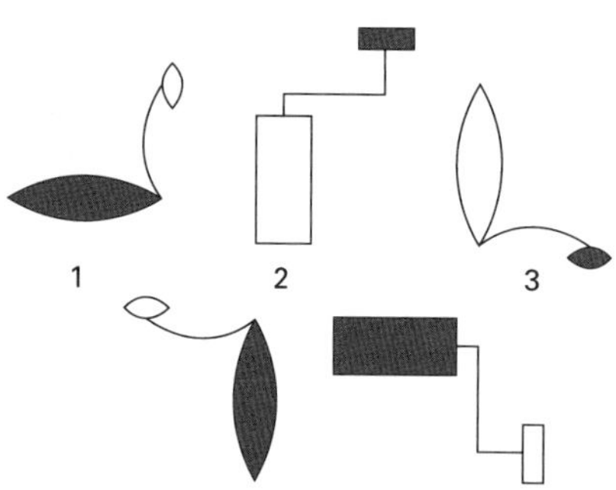

Abb. 60.1 Beispiele von Testaufgaben

Inhaltlich spielen Wörter und Buchstaben, Zahlen und Figuren eine Rolle. An diesen Inhalten sind dann z. B. Gleichartigkeiten und Unterschiede festzustellen, Beziehungen zu entdecken, Wechselbeziehungen abzuleiten und erkannte Prinzipien anzuwenden.

Menschen, die in einer vorgegebenen Zeit mehr und damit auch schwierigere derartige Aufgaben lösen, bezeichnet man als intelligenter als Menschen, die weniger derartige Aufgaben lösen.

Die Maßskala des sog. *Intelligenzquotienten* (*IQ-Werte*) wurde ursprünglich für Kinder abgeleitet:

$$\text{IQ} = \frac{\text{Intelligenzalter} \cdot 100}{\text{Lebensalter}}$$

Ein Kind von acht Jahren, das alle Aufgaben löst, die durchschnittlich von Achtjährigen gelöst werden, hat demnach einen IQ von 100. Ein achtjähriges Kind, das den Test für Zehnjährige löst, hat dann eine IQ von:

$$\frac{10}{8} \cdot 100 = 125.$$

Da die Entwicklung der Intelligenz im Durchschnitt bei Fünfzehnjährigen den Höhepunkt erreicht hat, geht man bei Intelligenztests für Personen über diesem Alter davon aus, dass der Intelligenzquotient (wie z. B. die Körpergröße) in einer Population normalverteilt ist und misst das Testergebnis des Einzelnen an der Durchschnittsleistung Vieler. Der Durchschnittsleistung wird der IQ 100 zugeordnet, und die Skala wird so bemessen, dass 50% der Personen IQ-Werte von 90–110 erreichen, 17% der Personen 110–120, 7% 120–130, 2% 130–140 und 0,4% mehr als 140. Entsprechend ist die Skala nach niedrigeren IQ-Werten gestaffelt in Übereinstimmung mit der Normalverteilung.
Ein mittlerer IQ bei einem allgemeinen IQ-Test kann auf durchschnittlichen Leistungen bei den verbalen, numerischen und figürlichen Aufgaben beruhen. Er kann aber auch z. B. auf überdurchschnittlichen Leistungen bei numerischen und unterdurchschnittlichen Leistungen bei den anderen beiden Aufgabentypen beruhen etc. Derartige Unterschiede weisen auf Spezialbegabungen hin, die durch spezielle Eignungstests noch deutlicher erfasst werden können.

Die *Zwillingsmethode* als „Prüfstein der Kräfte von Anlage und Umwelt" wurde bereits 1875 von *F. Galton* begründet. Sie wurde aussagekräftig, als man *eineiige Zwillinge* (EZ) von *zweieiigen Zwillingen* (ZZ) eindeutig unterscheiden konnte.
EZ entstehen aus einer einzigen befruchteten Eizelle, die sich in der frühen Entwicklung in zwei selbstständige Keime spaltete. Wenn sie aus gemeinsamen Embryonalhüllen geboren werden, ist der Nachweis der Eineiigkeit bereits erbracht. Später vermitteln die großen Ähnlichkeiten in körperlichen Merkmalen (*polysymptomatischer Ähnlichkeitsvergleich*) bzw. die Übereinstimmung im DNS-Bandenmuster (*genetischer Fingerabdruck*, S. 56 ff.) Sicherheit darüber, dass sie gleiche chromosomale Erbanlagen besitzen. Unterschiede in der Ausprägung von Merkmalen sind bei ihnen deshalb im Wesentlichen auf die Wirkung von Umweltfaktoren zurückzuführen.
ZZ sind dagegen aus zwei verschiedenen Eizellen entstanden, die von zwei verschiedenen Spermien befruchtet wurden. Sie stimmen folglich wie normale Geschwister im statistischen Mittel in der Hälfte ihres Erbgutes überein. Unterschiede in der Ausprägung von Merkmalen sind bei ihnen deshalb auf die Wirkung unterschiedlicher Erb- und Umweltfaktoren zurückzuführen.

In der Tabelle sind die Ergebnisse von 111 Untersuchungen zur Erblichkeit des *Intelligenzquotienten* aus über 10 000 Paarvergleichen zusammengefasst. Der Grad der Übereinstimmung der IQ-Punkte der Paarlinge ist darin durch den *Korrelationskoeffizienten r* angegeben (nach *Bouchard* und *McGue*, 1981):

EZ, gemeinsam aufgewachsen	0,86
EZ, getrennt aufgewachsen	0,72
ZZ, gemeinsam aufgewachsen	0,60
Geschwister gemeinsam aufgewachsen	0,47
Geschwister getrennt aufgewachsen	0,24
Leibliche Eltern-Kind-Paare	0,42
Pflegeeltern-Kind-Paare	0,19

$r = 1$ würde völlige Übereinstimmung der IQ-Punkte zwischen den Paarlingen bedeuten,
$r = 0{,}0$ würde rein zufällige Verteilung der IQ-Punkte bei den Paarlingen bedeuten.

Aus der Tabelle ist ersichtlich, wie die Ähnlichkeit der IQ-Werte bei den Paarlingen mit abnehmendem Verwandtschaftsgrad abnimmt, ein eindrucksvoller Beweis für die hohe Erblichkeit der Intelligenz. Man schätzt aufgrund der Daten, dass ca. 80% der der phänotypischen Variabilität der IQ-Werte in den untersuchten Bevölkerungen auf genetischer Variabilität und ca. 20% auf umweltbedingter Variabilität beruhen.

Die Wirkung unterschiedlicher Umwelteinflüsse auf den IQ wird besonders deutlich beim Vergleich gemeinsam aufgewachsener Paarlinge mit getrennt aufgewachsenen Paarlingen. Intensive Betreuung und Förderung der Kinder insbesondere in den ersten drei Lebensjahren fördert bekanntermaßen die Entwicklung der Intelligenz und weiterer Eigenschaften wie Motivation, Fleiß, Ausdauer, Gewissenhaftigkeit und Anpassungsfähigkeit, die später neben der Intelligenz für den *Schulerfolg* eine wichtige Rolle spielen. So ist es nicht allzu verwunderlich, dass sich die diesbezüglichen Korrelationskoeffizienten bei gemeinsam erzogenen EZ und ZZ (0,95 und 0,87) nur wenig unterscheiden.

Bei komplexen, schwer quantifizierbaren Merkmalen, über deren Erblichkeit man Auskunft haben möchte, wendet man folgende Variante der Zwillingsmethode an: Man stellt vergröbernd fest, ob das Merkmal innerhalb einer gewissen Schwankungsbreite bei beiden Zwillingen oder nur bei einem Zwillingspartner vorhanden ist. Im ersten Fall spricht man von *konkordantem*, im zweiten Fall von *diskordantem* Auftreten des Merkmals. Angenommen ein Merkmal sei bei 100 untersuchten Zwillingspaaren 80-mal konkordant und 20-mal diskordant gefunden worden, dann sagt man, die *Konkordanzrate* betrage 80%. Nachstehend sind Konkordanzraten ausgewählter Merkmale von EZ und ZZ zur kritischen Beurteilung aufgeführt:

Konkordanzraten %	Eineiige Zwillinge	Zweieiige Zwillinge
Zahl der Fingerbeerenlinien	96	49
Augenfarbe	99	28
Rechts-Links-Händigkeit	79	77
Masern	95	87
Zuckerkrankheit	65	18
Schizophrenie	80	13

Aufgaben

1. Nach einer Modellvorstellung zur Erklärung genetisch bedingter, kontinuierlicher Variabilität eines Merkmals gelte die Voraussetzung, dass der Genotyp a_1a_1, b_1b_1, c_1c_1 zu einer Körperhöhe von 170 cm führe und durch jedes Allel a_2, b_2 oder c_2 5 cm Höhenzunahme bedingt werde (*additive Polygenie*). Geben Sie alle Genotypen an, die zu einer Körperhöhe von 185 cm führen würden.
2. In welcher Weise würde gerichtete Partnerwahl bezüglich eines quantitativen Merkmals den Korrelationskoeffizienten dieses Merkmals bei EZ und ZZ verändern?
3. Diskutieren Sie mögliche Ursachen für die unterschiedlichen Konkordanz- und Diskordanzraten bei den in obiger Tabelle angegebenen Merkmalen bei EZ und ZZ.
4. Welche Ursachen könnten einer gelegentlich zu beobachtenden unterschiedlichen Intelligenzentwicklung bei gemeinsam aufwachsenden EZ zugrunde liegen?
5. Inwiefern könnten die Umweltbedingungen für gemeinsam aufwachsende EZ doch etwas ähnlicher sein als für gemeinsam aufwachsende gleichgeschlechtige ZZ?
6. Ein Merkmal weise bei ZZ eine Konkordanzrate von 60% auf. a) Welche Schlussfolgerung lässt sich daraus bezüglich der Erblichkeit dieses Merkmals ziehen? b) Welche Schlussfolgerung lässt sich ziehen, wenn zusätzlich bekannt ist, dass die Konkordanzrate bezüglich dieses Merkmals bei EZ 93% beträgt?

9 Erbkrankheiten und genetische Beratung

Infektionskrankheiten, von denen fast jeder schon befallen war, werden von Erregern verursacht, die von außen in den Organismus kommen. Dennoch können Unterschiede in der Anfälligkeit genetisch bedingt sein. Bei *multifaktoriellen Krankheiten*, wie Zuckerkrankheit oder Schizophrenie, wird neben Umweltfaktoren das Gewicht von Erbfaktoren schon deutlicher, wie die Zwillingsbefunde (S. 62) gezeigt haben. Bei seltenen *Erbkrankheiten*, die bei Verwandten nach den Mendel'schen Regeln auftreten, liegt die Ursache in einem einzigen defekten Gen.

9.1 Autosomal-dominant erbliche Krankheiten

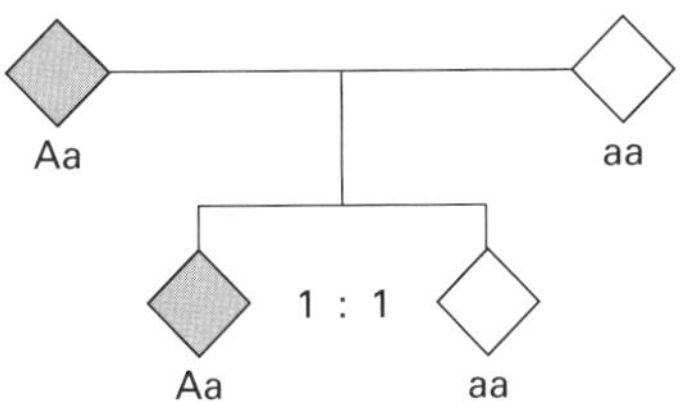

Abb. 63.1 Erbgang bei autosomal-dominanten Leiden. Merkmalsträger grau

Bewirkt *ein* mutiertes Allel neben einem Normalallel die Ausbildung der Krankheitsmerkmale, nennt man das Allel (A) und die Krankheit *dominant. Merkmalsträger sind heterozygot (Aa), da Homozygote mit zwei mutierten Allelen* (AA) *in der Regel nicht lebensfähig sind. Aus Ehen von Merkmalsträgern (Aa) mit gesunden Partnern (aa) gehen befallene und gesunde Kinder etwa im Verhältnis 1 : 1 hervor.*

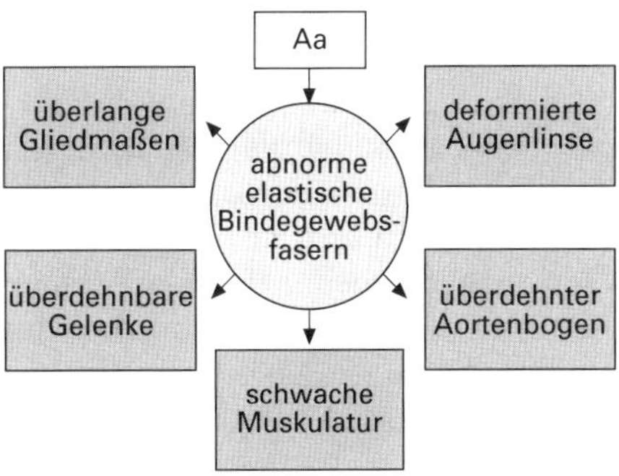

Abb. 63.2 Wirkungsschema des dominanten Allels beim Marfan-Syndrom

Das *Marfan-Syndrom* ist ein Beispiel für ein *dominantes Erbleiden*. Als Ursache wird ein von dem mutierten Gen A fehlgebildetes Protein angesehen, das am Aufbau der elastischen Bindegewebsfasern beteiligt ist und deren mechanische Eigenschaften verändert. Die veränderten Fasern werden an verschiedenen Stellen im Körper eingebaut und bewirken die genannten Mängel. *Beeinflusst ein Gen mehrere Merkmale, spricht man von Polyphänie oder Pleiotropie.*

Die Symptome des Marfan-Syndroms können bei verschiedenen Personen unterschiedlich stark ausgeprägt sein. Man spricht in solchen Fällen von *variabler Genexpression*. Gelegentlich kommt es sogar vor, dass ein Träger des dominanten Allels symptomfrei bleibt, die Krankheit sich aber in der nächsten Generation wieder *manifestiert*. Dies bezeichnet man als unvollständige *Penetranz* des Gens, ohne die Ursache dafür im Einzelnen zu kennen.

Als weitere Beispiele schwerer autosomal-dominanter Erbleiden seien genannt:

Erblicher Zwergwuchs (Achondroplasie). Er beruht auf einer zu frühen Verknöcherung der knorpeligen Wachstumszonen in den Röhrenknochen der Extremitäten. Die Mutation ist auch im Tierreich als „Dackelbeinigkeit" bekannt. Häufigkeit 1 : 30000
Erbliche Knochenbrüchigkeit (Osteogenesis imperfecta). Sie führt bereits bei der Geburt zu ersten Knochenbrüchen und fesselt Träger früh an den Rollstuhl. Häufigkeit 1 : 25000
Huntington'sche Krankheit. Diese Erkrankung des Nervensystems manifestiert sich erst im mittleren Lebensalter. Sie führt zu unkontrollierten Muskelzuckungen, zu Grimassieren, Sprachstörungen und Gedächtnisschwund. Lähmungen der Atemmuskulatur führen in schweren Fällen zu vorzeitigem Tod. Häufigkeit 1 : 2000

Inzwischen sind die Gene für die genannten dominanten Erbleiden in bestimmten Chromosomen lokalisiert worden. Auch können sie molekulargenetisch diagnostiziert werden (S. 73, 133). Da man dabei ist, auch die defekten Genprodukte zu erfassen, keimen Hoffnungen auf künftige Therapiemöglichkeiten.

Harmlose Anomalien mit autosomal-dominantem Erbgang wie *Vielfingrigkeit (Polydactylie)* oder *Schieffingrigkeit (Klinodactylie)* werden seit langem schon im Säuglingsalter operativ korrigiert.

9.2 Autosomal-rezessiv erbliche Krankheiten

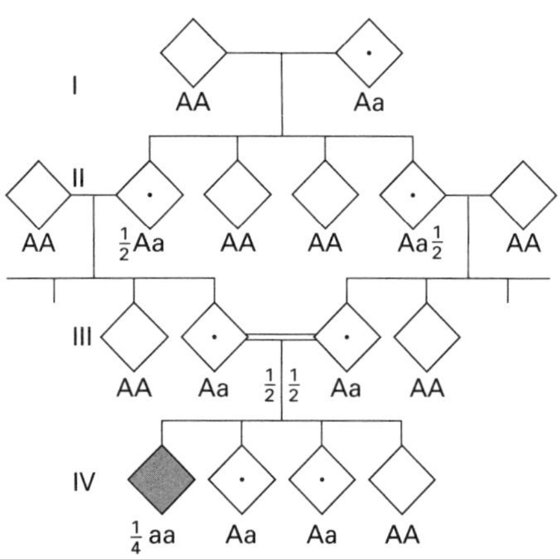

Abb. 64.1 Erbgang bei autosomal-rezessiven Leiden. Merkmalsträger grau

Bewirkt ein mutiertes Allel neben dem Normalallel *keine* deutlichen Krankheitssymptome, nennt man das Allel (a) und die Krankheit *rezessiv. Das Normalallel ist hier dominant* (A). *Heterozygote* (Aa) *sind demnach gesund. Nur die Homozygoten mit zwei mutierten Allelen* (aa) *sind krank. Kranke Merkmalsträger stammen überwiegend von gesunden heterozygoten Eltern ab.*
Die Wahrscheinlichkeit für ein krankes Kind beträgt demnach beim Ehetyp Aa × Aa = $\frac{1}{4}$ = 25%. Zwei von drei gesunden Kindern solcher Eltern sind im Durchschnitt wieder Träger des mutierten Allels.

Der *Nachweis eines autosomal-rezessiven Erbganges* für eine Krankheit ist schwieriger als der Nachweis eines dominanten Erbganges, weil das mutierte Allel über Generationen unbemerkt weitergegeben werden kann. Als Indiz für den rezessiven Erbgang kann das häufigere Auftreten der Krankheit bei Kindern aus *Verwandten-Ehen* gewertet werden. In Abb. 64.1 kennzeichnet die Doppellinie eine Vetter-Base-Ehe. Die Wahrscheinlichkeit für den Weg des mutierten Allels vom Großvater zu den Eltern des kranken Kindes sind bei den gesunden heterozygoten Allelträgern angegeben. Durch Multiplikation ergibt sich die Gesamtwahrscheinlichkeit für das Auftreten des großväterlichen, mutierten Allels bei Vetter *und* Base ($\frac{1}{2} \cdot \frac{1}{2} \cdot \frac{1}{2} \cdot \frac{1}{2} = \frac{1}{16}$).
Die Wahrscheinlichkeit, dass zwei nicht verwandte Personen für ein sehr seltenes, rezessives Allel heterozygot sind, ist dagegen wesentlich kleiner.

Phenylketonurie ist eine *Stoffwechselkrankheit*, die auf ein Paar mutierter rezessiver Allele (aa) zurückgeht. Unbehandelt führt sie zu geistiger Behinderung.

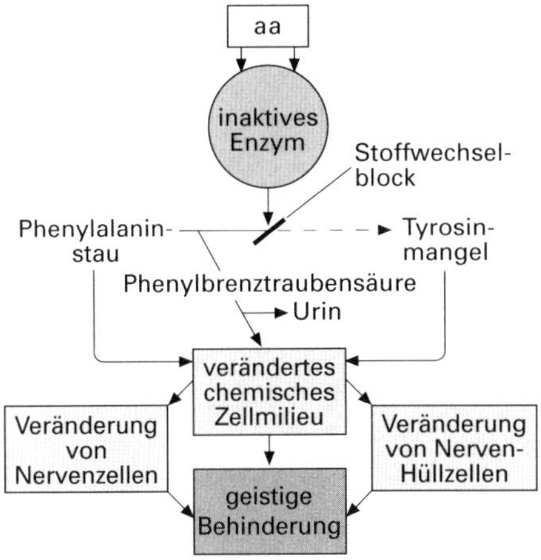

Abb. 65.1 Wirkungsschema der rezessiven Allele bei der Phenylketonurie

Das Fehlen des aktiven Enzyms *Phenylalanin-Hydroxylase* blockiert den Stoffwechselschritt von der Aminosäure Phenylalanin zur Aminosäure Tyrosin, sodass sich Phenylalanin im Blut und in der Spinalflüssigkeit ansammelt. Ein Teil wird über einen Nebenweg des Stoffwechsels zu Phenylbrenztraubensäure umgewandelt und teilweise im Urin ausgeschieden.

Der erhöhte Spiegel an Phenylalanin und Phenylbrenztraubensäure bewirkt zusammen mit dem Tyrosinmangel eine chemische Veränderung des Zellmilieus. Diese wird als Ursache für strukturelle und funktionelle Veränderungen der Nervenzellen im Gehirn angesehen, die sich als geistige Behinderung äußern.

Während der Schwangerschaft ist ein Kind mit dem Enzymmangel durch die Enzyme der Mutter geschützt. Erst nach der Geburt, wenn die erste Milchnahrung verdaut worden ist, führt der Enzymmangel zu einem Anstieg des Phenylalaninspiegels. Dieser kann aus einem Tropfen Blut mit mikrobiologischen und spektroskopischen Methoden gemessen werden. Stellt man bei einem Neugeborenen eine Erhöhung fest, so führt man seit rund 45 Jahren eine bemerkenswerte *Therapie* durch: Die betroffenen Säuglinge werden mit einer phenylalaninarmen, tyrosinreichen *Diät* ernährt, welche die Folgen des Enzymmangels kompensiert. Sie entwickeln sich körperlich und geistig normal, obwohl sie homozygote Genträger sind. Ursprünglich wurde die Diät nach 10 Jahren abgesetzt. Heute wird empfohlen, sie bis zum Ende des fortpflanzungsfähigen Alters fortzusetzen, da bei Schwangeren die nicht weiter behandelte Stoffwechselstörung die Gehirnentwicklung des Embryos beeinträchtigt.

Das Beispiel der Phenylketonurie ist in mehrfacher Hinsicht von Bedeutung:

1. In *allgemein genetischer Hinsicht* zeigte es, dass die *Ein-Gen-ein-Enzym-Hypothese*, die zunächst aus Versuchen mit dem Schimmelpilz Neurospora entwickelt wurde (Beadle und Tatum, Nobelpreis 1958), auch auf den Menschen anwendbar ist.
2. Im Hinblick auf die *Erbgut-Umwelt-Diskussion* zeigt es, dass selbst bei rein genetisch bedingten Leiden Umweltfaktoren bei der Realisierung der Symptome eine wichtige Rolle spielen.
3. Mit der Vermeidbarkeit der geistigen Behinderung durch Frühdiagnose und Diät zeigte es erstmals die Möglichkeit der *Therapie der Symptome einer Erbkrankheit*.
4. Populationsgenetische Berechnungen erweisen Befürchtungen als unbegründet, die Häufigkeit homozygoter Genträger würde durch deren Fortpflanzungsmöglichkeit rasch zunehmen. Selbst wenn sie im Durchschnitt gleich viele Kinder hätten wie Gesunde, würde es 41 Generationen dauern, bis sich ihre Häufigkeit von derzeit 1 : 10000 auf 2 : 10000 erhöht hätte! Die Steigerung der Mutationsrate durch radioaktive Strahlen und mutagene Chemikalien ist zweifellos bedenklicher.

Aus der Aminosäure Tyrosin, die normalerweise sowohl aus Phenylalanin gebildet als auch bei der Eiweißverdauung freigesetzt wird, entstehen in einer Reihe weiterer Umwandlungsschritte einerseits das braune Pigment Melanin als auch das Schilddrüsenhormon Thyroxin. Überschüssiges Tyrosin wird über Zwischenstufen, z.B. Homogentisinsäure, zu Kohlenstoffdioxid und Wasser abgebaut. Jeder Umwandlungsschritt wird von einem spezifischen Enzym katalysiert, dem ein bestimmtes Gen zugrunde liegt. Diesen Zusammenhang bezeichnet man als *Genwirkkette*. Sie kann an jeder Stelle durch mutierte Gene unterbrochen werden, wenn diese homozygot vorliegen:

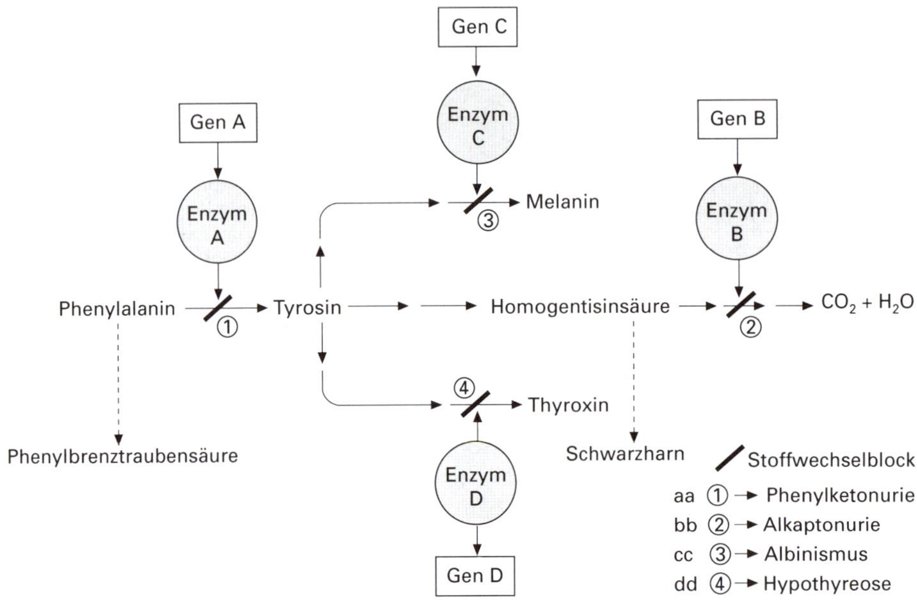

Abb. 66.1 Gene steuern über Enzyme aufeinander folgende Stoffwechselschritte. Zwei mutierte rezessive Allele führen über ein inaktives Enzym zu einem Stoffwechselblock.

Der Stoffwechselblock ① führt, wie beschrieben, zur *Phenylketonurie*, der Block ② zur *Alkaptonurie*. Bei diesem harmlosen Leiden färbt sich der Harn an der Luft schwarz. Im Falle von Block ① und ② ist es die Ansammlung eines Stoffes, die zum „Überlaufen" in einen „falschen" Stoffwechsel-Weg führt. Im Falle von Block ③ und ④ ist es dagegen das fehlende Endprodukt, Melanin, bzw. Thyroxin, welches die Symptome des *Albinismus*, der *Hypothyreose* bzw. des erblichen *Kretinismus* mit Kropf, bewirkt.

Als weitere Beispiele autosomal-rezessiver Erbleiden seien genannt:

Galactosämie. Der mit der Muttermilch zugeführte Milchzuckerbestandteil Galactose kann infolge eines Enzymmangels nicht in Glucose umgewandelt werden. Galactose schädigt Leber und Gehirn. Frühdiagnose und Spezialdiät führen auch hier zu normaler Entwicklung. Häufigkeit 1 : 50000

Mucoviscidose. Ein Protein, das den Durchtritt von Cl^--Ionen durch die Membran von Drüsenzellen regelt, ist verändert. Zäher Schleim verstopft Bauchspeicheldrüse und Lunge. Hoher Salzverlust im Schweiß. Lebenserwartung von < 5 Jahre durch verbesserte Therapie auf 25 Jahre gestiegen. Häufigkeit 1 : 2000

Die Gendefekte der besprochenen dominanten und rezessiven Erbleiden sind in den letzten Jahren in den verschiedenen Chromosomen lokalisiert worden und können heute mit gentechnischen Methoden aus DNS-Proben diagnostiziert werden (S. 132).

Aufgaben

1. Eine normale Frau hat einen Vater und drei Geschwister mit einem überzähligen Finger (Polydactylie). Begründen Sie ihren Schluss bezüglich der Art des Erbganges dieses Merkmals, und geben Sie die Genotypen der einzelnen Individuen an.
2. Woraus kann man schließen, dass eine bestimmte Merkmalskombination auf die Mutation eines einzigen Gens zurückgeht? Wie kann man diese Erscheinung erklären?
3. Begründen Sie, weshalb Stoffwechselkrankheiten in der Regel einem rezessiven Erbgang folgen.
4. Wie groß ist die Wahrscheinlichkeit, dass aus einer Vettern-Basen-Ehe a) ein homozygot gesundes Kind, b) ein heterozygot gesundes Kind, c) ein mit einem rezessiven Erbleiden behaftetes Kind hervorgeht, wenn der Großvater heterozygoter Träger des betreffenden rezessiven Gens war?
5. Stellen Sie von der Phenylketonurie zusammen: a) die äußeren Symptome, b) die biochemischen Ursachen, c) eine Methode zur Früherkennung des Defekts bei Säuglingen, d) eine Therapiemöglichkeit.
6. Stellen Sie unter Zuhilfenahme eines Chemiebuches die Stoffwechselschritte 1, 2 und 4 (Abb. 66.1) formelmäßig dar.
7. Ein Ehepaar mit normalen Vorfahren hat zwei normale Kinder und ein infolge nicht erkannter Phenylketonurie geistig behindertes Kind. Die Schwester des Mannes möchte den Bruder der Frau heiraten. a) Zeichnen Sie den Stammbaum, und tragen Sie die Genotypen ein. Mit welcher Wahrscheinlichkeit wäre ihr erstes Kind mit der Stoffwechselstörung behaftet?
8. Erläutern Sie, weshalb man annehmen könnte, dass ein phenylketonurie-krankes Kind gleichzeitig an Thyroxinmangel leidet. Begründen Sie, weshalb kein spürbarer Thyroxinmangel auftritt.
9. Es ist vorgekommen, dass zwei Albino-Eltern ein normalpigmentiertes Kind hatten. Erklären Sie diesen Befund, wobei Sie berücksichtigen, dass an der Umwandlung von Tyrosin in Melanin nacheinander mehrere Enzyme beteiligt sind.
10. Bei drei Geschwistern, von denen eines mit einer Erbkrankheit behaftet ist, wird ein biochemischer Test durchgeführt. Das Diagramm zeigt die Tyrosinkonzentration im Blutplasma nach Zufuhr der Aminosäure Phenylalanin im Laufe von 8 Stunden.

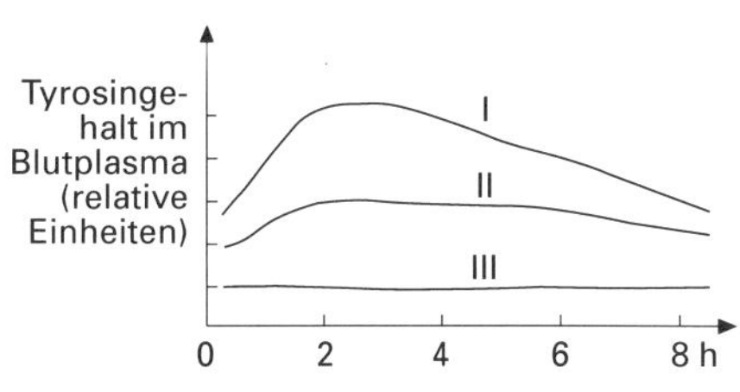

a) Diskutieren Sie kurz den Verlauf der drei Kurven, und begründen Sie, welche Kurve von dem kranken Kind stammt und um welche Krankheit es sich handelt.
b) Begründen Sie, welche Kurve für die Eltern zutreffen würde, indem Sie die Sippentafel mit den Genotypen für die fünf Personen aufstellen.

9.3 Sichelzellanämie und ihre molekulare Ursache

Die Sichelzellanämie ist die erste Erbkrankheit des Menschen, die bis zur molekularen Basis hin analysiert werden konnte. Die Analyse führte dabei zu grundlegenden Einsichten in die primäre Wirkung der Gene.

Symptome: Bei etwa 8% der amerikanischen Schwarzen, bei denen die Krankheit entdeckt wurde, werden die roten Blutkörperchen in sauerstoffarmem Blut sichelförmig. Die veränderten Blutkörperchen verstopfen Kapillaren insbesondere in der Milz. Dort werden sie in verstärktem Maße abgebaut. Es kommt zu Blutarmut (Anämie), Milzvergrößerung und schließlich zu einem Riss der Milz.

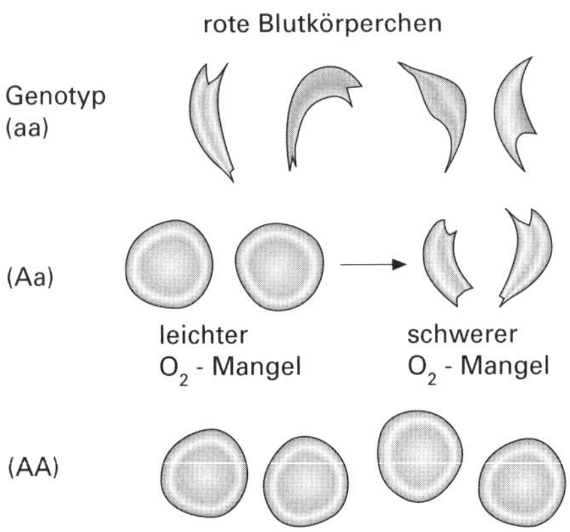

Abb. 68.1 Rote Blutkörperchen unter O_2-Mangel bei Sichelzellpatienten (aa), Heterozygot-Gesunden (Aa), Homozygot-Gesunden (AA)

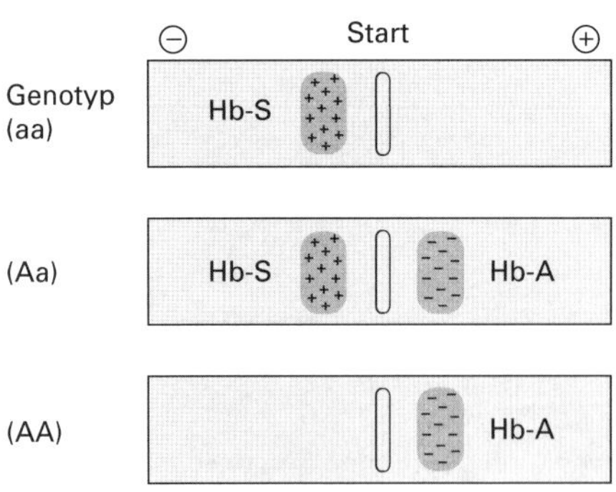

V 15
S. 153

Abb. 68.2 Wanderung des Hämoglobins im elektrischen Feld

Homozygote Träger des Sichelzellgens (aa) sterben vor Erreichen des fortpflanzungsfähigen Alters. Die Heterozygoten (Aa) haben normale Blutkörperchen. Unter starkem Sauerstoffmangel, z. B. in einem abgeschlossenen Präparat, werden auch sie sichelförmig. Daran kann man die phänotypisch gesunden Heterozygoten erkennen.

In Malariagebieten haben diese einen Vorteil gegenüber Homozygot-Gesunden (AA), da ihr Blut für die Malaria-Erreger weniger anfällig ist. So erklärt sich das gehäufte Vorkommen des Sichelzellgens in Bevölkerungen aus derzeitigen oder ehemaligen Malariagebieten.

Mittels *Elektrophorese* (Versuch 16) entdeckte *L. Pauling* 1949, dass Sichelzell-Blut einen veränderten Blutfarbstoff (*Hämoglobin*) enthält. Gibt man einen Tropfen Hämoglobinlösung auf einen mit Salzlösung getränkten Folienstreifen und legt eine Gleichspannung an, so wandert das Hämoglobin von Sichelzellpatienten (Hb-S) zum Minus-Pol, das von gesunden, adulten Personen (Hb-A) zum Plus-Pol. Das Hämoglobin von Heterozygoten trennt sich in eine Hb-S- und eine Hb-A-Bande.

Damit war ein Ladungsunterschied zwischen Hb-S und Hb-A nachgewiesen sowie ein kodominantes Verhalten der Allele: A lässt Hb-A, a lässt Hb-S entstehen. Hb-A und Hb-S unterscheiden sich außerdem in ihrer Löslichkeit: Hb-S bildet bei O_2-Mangel Kristalle, welche die roten Blutkörperchen deformieren. Hb-A bleibt löslich.

Das Hämoglobinmolekül ist aus vier Untereinheiten zusammengesetzt. Jede Untereinheit besteht aus einem Ring mit einem Fe-Atom und einer Polypeptidkette (Globin). Je zwei Ketten sind identisch. Sie werden mit α und β bezeichnet.

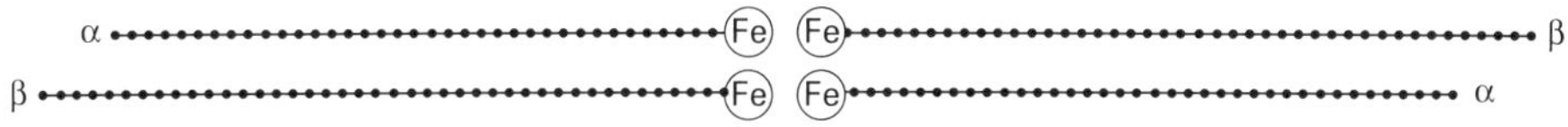

Abb. 69.1 Bauteile des Hämoglobinmoleküls

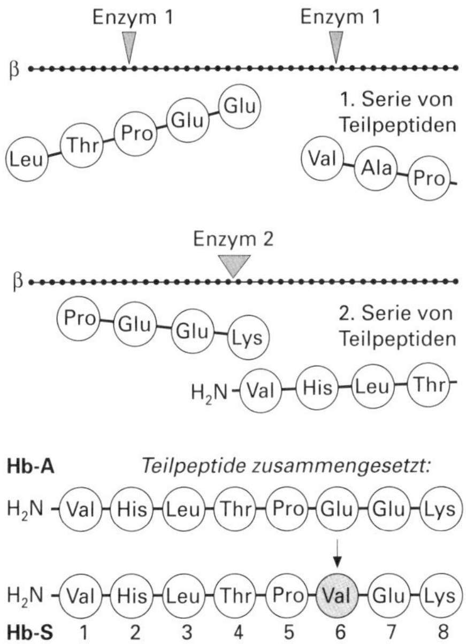

Abb. 69.2 Hb-A und Hb-S unterscheiden sich durch den Austausch einer einzigen Aminosäure

Die Reihenfolge der einzelnen Aminosäuren in jeder Kette wurde durch *Sequenzanalyse* ermittelt:

Dabei wurde eine Peptidkette enzymatisch durch Trypsin in mehrere Teilstücke zerlegt. Die Teilstücke wurden durch Elektrophorese und Papierchromatographie getrennt. Von den getrennten Teilstücken wurde von einem Ende her Aminosäure für Aminosäure abgespalten und chromatographisch identifiziert. Um die richtige Aufeinanderfolge der Teilstücke zu erfahren, wurde das Peptid mit einem anderen Enzym, dem Pepsin, in eine andere Serie von Teilstücken zerlegt. Aus den sich überlappenden Sequenzen der Teilstücke aus beiden Serien ließ sich schließlich die Aminosäuresequenz des gesamten Peptids zusammenstellen (Ingram 1957).

Die Sequenzanalyse der Peptidketten von Hb-A und Hb-S ergab als Unterschied den *Austausch einer einzigen Aminosäure in der β-Kette!* Glutaminsäure in Hb-A ist durch Valin in Hb-S ersetzt. Dieser Unterschied entscheidet über Leben und Tod!

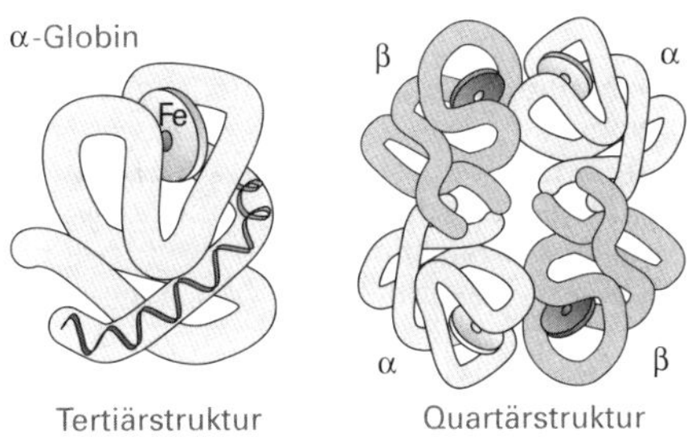

Abb. 69.3 Räumliche Struktur des Hämoglobinmoleküls

Die räumliche Struktur wurde durch die *Röntgenstrukturanalyse* ermittelt. Dabei wird ein Röntgenstrahl durch einen Hämoglobinkristall geschickt. Aus den Beugungsbildern des Strahls bei verschiedenen Kristallstellungen wird mithilfe des Computers die Lage der Atome im Molekül errechnet (*Perutz* 1963, Nobelpreis 1965).

Die Röntgenstrukturanalyse zeigte die *Quartärstruktur* des Hämoglobins. Im Bereich des β-Globins bewirkt der Aminosäureaustausch eine minimale Strukturänderung.

In der Lunge werden an den vier Hämgruppen vier O_2-Moleküle gebunden. Im Gewebe wird der Sauerstoff wieder leicht abgegeben. Für die richtige reversible Sauerstoffbindung ist die richtige räumliche Struktur des Gesamtmoleküls verantwortlich. Beim Sichelzellhämoglobin bewirkt der Austausch der Aminosäure Glutaminsäure durch Valin, dass sich die Einzelmoleküle bei O_2-Mangel im venösen Blut zu Kristallen zusammenlagern, was die O_2-Transportfunktion mindert.

Neben dem Sichelzellhämoglobin kennt man heute über 300 verschiedene Hämoglobinvarianten beim Menschen, bei denen jeweils bestimmte Aminosäuren durch andere ausgetauscht sind. Nicht jeder Austausch führt dabei zu einer schwer wiegenden Krankheit. Manche Aminosäureaustausche bleiben ohne Folgen. Daraus kann man schließen, dass nicht alle Aminosäuren eines Proteins in gleicher Weise für die Struktur des Moleküls und damit für seine biologische Funktionstüchtigkeit bedeutsam sind. Wichtig erscheinen vor allem jene Aminosäuren, die an Stellen liegen, wo ein α-Helix-Abschnitt in eine andere Struktur übergeht und die Peptidschraube sich im Raum krümmt (Abb. 69.3).

Ein im Hinblick auf die Evolution der Organismen interessantes Ergebnis hat der *Vergleich von Aminosäuresequenzen* in den Peptidketten des Hämoglobins und in Enzymen bei verschiedenen Lebewesen gebracht:

Je näher zwei Organismen miteinander verwandt sind, umso größer sind die Übereinstimmungen der Aminosäure-Sequenz in homologen Proteinen.

Z. B. wurden in der β-Kette des Hämoglobins zwischen Mensch und Schimpanse kein Austausch, zwischen Mensch und Gorilla ein Austausch, zwischen Mensch und Pferd 18 Austausche und zwischen Mensch und Karpfen 68 Austausche gefunden.

Das der α-Kette zugrunde liegende Gen wurde im Chromosom Nr. 16, das der β-Kette zugrunde liegende Gen im Chromosom Nr. 11 lokalisiert. Das β-Ketten-Gen enstand offenbar durch eine Duplikation des α-Ketten-Gens, das schließlich von Chromosom Nr. 16 auf Nr. 11 transloziert und durch Mutationen im Gen verändert wurde. Die Analyse der Basensequenz der den Aufbau der α- und β-Ketten steuernden Gene hat zu neuen Einsichten in den Aufbau von Genen bei höheren Lebewesen geführt (S. 110).

Aufgaben

1. Beschreiben Sie die Symptome der Sichelzellanämie, und erklären Sie die ungleiche Häufigkeit dieses Erbleidens in verschiedenen Populationen.
2. Erklären Sie die Ursachen der Sichelzellanämie von der Ebene der DNS bis zur Ebene der Symptome. Begründen Sie, auf welcher Untersuchungsebene das Leiden als rezessiv, auf welcher als intermediär und auf welcher als kodominant bezeichnet werden kann.
3. Beschreiben Sie Methoden, die zur Ursachenanalyse der Sichelzellanämie beigetragen haben.
4. Beschreiben Sie die Technik, wie mittels eines kleinen DNS-Abschnitts aus dem β-Ketten-Gen des Hämoglobins dessen Lage im Chromosom Nr. 11 festgestellt werden konnte (S. 53).

9.4 Genetische Beratung und pränatale Diagnose

Normalerweise kann man davon ausgehen, dass ein Neugeborenes sich gesund entwickeln wird. Zwei bis drei von 100 Neugeborenen weisen allerdings Fehlbildungen und häufig auch Gehirnschäden auf, welche eine normale Entwicklung behindern oder die gar zum vorzeitigen Tod führen.

Bei weitem nicht alle dieser angeborenen Behinderungen sind Erbkrankheiten. So ist z. B. Sauerstoffmangel während der Geburt die häufigste Ursache einer Gehirnschädigung. Auch Umwelteinflüsse, denen der Embryo während der Schwangerschaft ausgesetzt war, können zu Schäden führen. Dazu zählen z. B. eine Infektion der werdenden Mutter mit Rötelnviren oder die Einnahme bestimmter Medikamente, aber auch Alkohol- und Drogenmissbrauch einer Schwangeren. Wenn Rat Suchende sich an eine genetische Beratungsstelle wenden, muss deshalb als Erstes geklärt werden, ob es sich um einen Fall umweltbedingter oder erbbedingter Behinderung handelt.

Der Schwerpunkt *genetischer* Beratung liegt bei genetisch bedingten Behinderungen auf zwei *Zielrichtungen:* Zum einen geht es darum, *erbkranken Menschen die bestmögliche Betreuung und – soweit vorhanden – Heilbehandlung zukommen zu lassen.* Zum anderen zielt genetische Beratung darauf, *Rat Suchende über das Risiko aufzuklären, in ihrer speziellen Situation ein (weiteres) Kind mit einem bestimmten genetischen Defekt zu erhalten.* Genetische Beratung ist freiwillig und wird als ärztliche Vorsorgemaßnahme von Krankenkassen finanziert. Die Entscheidung, ob nach Feststellung einer genetischen Störung bei einem Embryo die Schwangerschaft abgebrochen werden soll, liegt nach genetischer und sozialer Beratung bei der betroffenen Frau. In die Entscheidung gehen die Schwere des zu erwartenden Leidens, Behandlungsmöglichkeiten, die Familiensituation und eigene Werthaltungen ein. Genetische Beratung dient der Linderung und Vermeidung persönlichen Leides. Sie dient *nicht* der „Verbesserung des Erbgutes eines Volkes". Ein derartiges *eugenisches* Ziel lag den Gesetzen der *Rassenhygiene* des Dritten Reiches zugrunde. Dabei wurden Genetik und Medizin in menschenverachtender Weise politisch missbraucht.

Genetische Beratung wird in folgenden Fällen in Anspruch genommen:

1. *Gesunde Eltern haben ein erbkrankes Kind* und fragen nach Behandlungsmöglichkeiten und dem Wiederholungsrisiko bei erneuter Schwangerschaft. Handelt es sich z. B. um ein rezessives Erbleiden, weiß man aufgrund der 2. Mendel'schen Regel, dass beide Eltern bezüglich des defekten Gens heterozygot sind und ein Wiederholungsrisiko von 25% besteht. Liegt das rezessive Allel auf dem X-Chromosom der Mutter, so besteht bei Knaben sogar ein Wiederholungsrisiko von 50%. In Fällen, in denen mehrere defekte Gene an einem Erbleiden beteiligt sind, wie z. B. bei Lippen-, Kiefer-, Gaumenspalten, bei Klumpfuß oder bei zu flachen Hüftgelenkpfannen, kann man für das Wiederholungsrisiko nur Erfahrungswerte angeben. Manche dieser Fehlbildungen lassen sich am Ultraschallbild des Fetus erkennen.

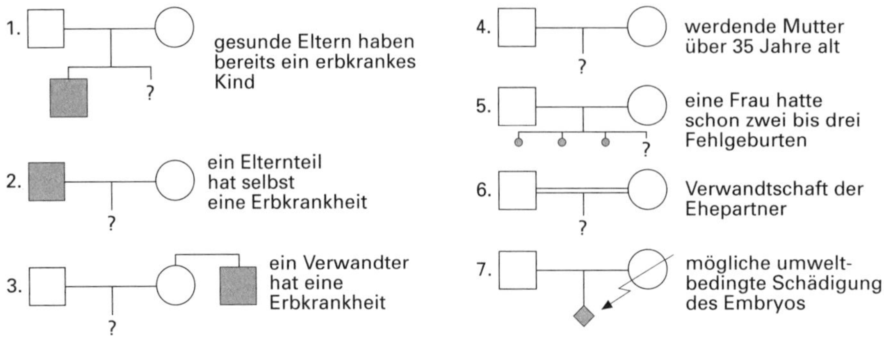

Abb. 72.1 Anlässe (Indikatoren) für eine genetische Beratung

2. *Ein Rat Suchender hat selbst eine Erbkrankheit* und fragt nach dem Risiko bei Kinderwunsch. Je nachdem, ob das Leiden von einem dominanten Allel, von rezessiven Allelen oder von verschiedenen zusammenwirkenden Genen verursacht wird, ist das Risiko ganz unterschiedlich.
3. *Ein Verwandter der Rat Suchenden hat eine Erbkrankheit.* Folgt der Erbgang des betreffenden Leidens den Mendel'schen Regeln, so kann aufgrund des Familienstammbaumes und des Verwandtschaftsgrades zum Krankheitsträger die Wahrscheinlichkeit errechnet werden, mit der der Rat Suchende Träger des defekten Allels ist. Daraus leitet sich die Höhe des Risikos für das Kind ab. Bei einer Reihe von Erbkrankheiten kann mit einer molekulargenetischen Untersuchung Sicherheit über den Genotyp des Rat Suchenden (S. 132) gewonnen werden.
4. *Eine werdende Mutter ist älter als 35 Jahre.* Mit zunehmendem Alter kommt es häufiger zu fehlerhaften Reifeteilungen. Dadurch steigt die Wahrscheinlichkeit, dass Eizellen mit einer Chromosomenstörung zur Befruchtung gelangen. Hinzu kommt vielleicht, dass das Immunsystem fehlerhafte Keime nicht mehr mit gleicher Sicherheit erkennt und ausschaltet, wie in jüngeren Jahren.
5. *Eine Frau erleidet hintereinander mehrere Fehlgeburten ohne offensichtliche Ursache.* In solchen Fällen besteht der Verdacht auf eine erbliche Chromosomenstörung bei der Frau oder ihrem Mann. Durch eine Chromosomenuntersuchung kann der Verdacht erhärtet oder ausgeräumt werden.
6. *Miteinander verwandte Personen haben einen Kinderwunsch.* Bei ihnen liegt das Risiko, ein erbkrankes Kind zu bekommen, höher als bei Nichtverwandten. Wie hoch es ist, muss für den Einzelfall geklärt werden.
7. *Eine Schwangere ist z. B. mit Rötelnviren infiziert, oder sie hat z. B. Zytostatika gegen Krebs erhalten oder hohe Dosen Vitamin A genommen.* Das Risiko einer dadurch bedingten Schädigung des Embryos kann aufgrund von Erfahrungswerten abgeschätzt werden.

Eine vorgeburtliche Untersuchung des Chromosomenbestandes oder eines bestimmten Gens bei einem Embryo erfolgt nach einer genetischen Beratung, wenn der Verdacht auf eine Störung begründet ist und wenn die werdende Mutter es wünscht.

Für eine *pränatale Diagnose* können ab dem Ende des 2. Schwangerschaftsmonats mit einer Spritze einige *Chorionzotten* des Embryos, den man im Ultraschallbild sieht, abgesaugt und untersucht werden. Gegen Ende des dritten Monats kann man Fruchtwasser mit Zellen des Embryos entnehmen (*Amniozentese*) und mit verschiedenen Methoden untersuchen.

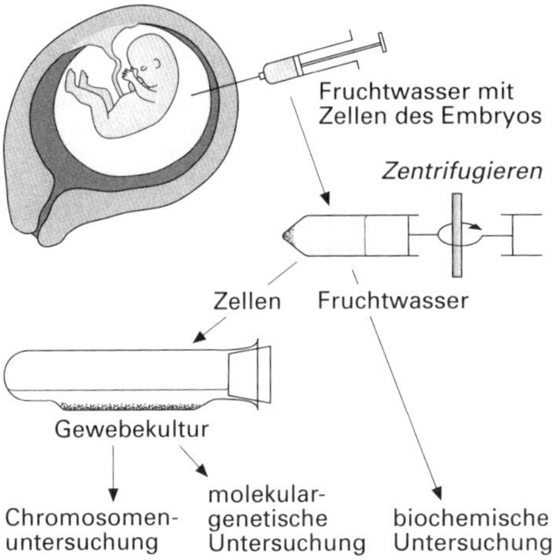

Abb. 73.1 Pränatale Diagnose genetischer Defekte

Die Lage des Embryos im Mutterleib wird durch Ultraschall geortet.

Dann entnimmt man mittels einer Spritze durch die lokal anästhesierte Bauchdecke einige cm^3 Fruchtwasser. Die darin enthaltenen Zellen des Embryos werden durch Zentrifugieren angereichert und in Gewebekultur genommen.

Daraus können Chromosomenpräparate hergestellt werden (S. 19) und *Chromosomenaberrationen* diagnostiziert werden.

Aus dem Fruchtwasser-Überstand und aus der Zellkultur lassen sich mit biochemischen Methoden *Stoffwechseldefekte* diagnostizieren.

Schließlich können aus DNS-Proben der Zellen mit molekulargenetischen Methoden defekte Gene diagnostiziert werden (S. 132).

Die Wahrscheinlichkeit für eine spontane Fehlgeburt beträgt bei jeder Schwangerschaft ca. 10%. Das Risiko einer durch den Eingriff ausgelösten Fehlgeburt liegt bei der Amniozentese bei 0,5–1 %, bei der Chorionzottenbiopsie bei 2–3%.

Aufgaben

1. Die Braut eines jungen Mannes erscheint selbst gesund, ihr Vater und ihr Bruder sind aber von dem schweren Erbleiden der Knochenbrüchigkeit (Osteogenesis imperfecta) befallen. Skizzieren Sie den Stammbaum. Begründen Sie ihre Prognose für die Wahrscheinlichkeit gesunder oder kranker Kinder.
2. Der Verlobte eines gesunden Mädchens wurde als Kleinkind an einem Auge wegen des dominant erblichen Augenkrebses (Retinoblastom) operiert und sieht nur mit dem intakten Auge. Dasselbe gilt für eine Schwester, dagegen haben zwei weitere Geschwister normale Augen. Die Verlobten wünschen sich zwei Kinder. Wie groß ist die Wahrscheinlichkeit, dass beide gesund werden?
3. Ein gesundes Ehepaar hat ein Kind mit Phenylketonurie und fragt nach den Chancen für ein weiteres gesundes Kind. Wie groß ist diese Chance?
   Angenommen das zweite Kind erweist sich als gesund. Wie groß ist die Wahrscheinlichkeit, dass es homozygot-gesund ist? Wie könnte man Sicherheit darüber erhalten?
4. Der Vetter eines Mannes ist mit der rezessiven Stoffwechselstörung der Galactosämie behaftet und geistig behindert. Skizzieren Sie das Verwandtschaftsverhältnis und kalkulieren Sie die Wahrscheinlichkeit, dass der Mann heterozygoter Genträger ist.
5. Taubstummheit wird rezessiv vererbt. Taubstumme Eltern bekommen gelegentlich gesunde Kinder. Versuchen Sie diesen Befund zu erklären.
6. Diskutieren Sie Probleme, die mit der Vermeidung erbkranken Nachwuchses durch pränatale Diagnose und Schwangerschaftsabbruch verbunden sein können.

10 Genmutationen und Genaustausch bei Bakterien und Viren

10.1 Bakterien und Viren als Objekte genetischer Grundlagenforschung

Mitte der Vierzigerjahre wurden Bakterien und Viren in die genetische Grundlagenforschung eingeführt. Man hatte entdeckt, dass auch bei ihnen die Grunderscheigen von Vererbung, *Genmutationen und Genaustausch (Rekombination)* vorkommen. Da sie im Vergleich zu höheren Organismen einfacher aufgebaut und leicht zu kultivieren sind, chemisch genau definierte Wachstumsansprüche haben und in kurzer Zeit gewaltige Mengen von Nachkommen hervorbringen, aus denen sehr seltene Mutanten und Rekombinanten leicht ausgelesen werden können, sind sie zu den wichtigsten Objekten molekulargenetischer Grundlagenforschung geworden. An Bakterien und Viren wurden die Methoden der *Gentechnik* entwickelt, die heute Pharmaindustrie und Landwirtschaft revolutionieren, Gendiagnostik und Gentherapie beim Menschen ermöglichen und neue Wege der Infektionsabwehr und Krebsbekämpfung eröffnen.

Hauptobjekt der *Bakteriengenetik* ist das harmlose Darmbakterium *Escherichia coli*.

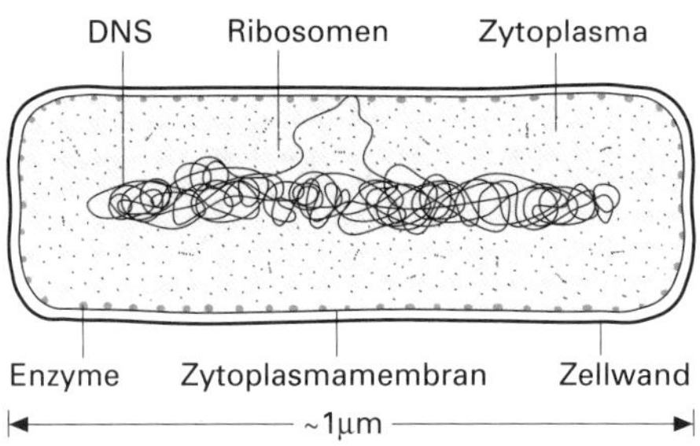

Abb. 74.1 Escherichia coli-Bakterium elektronenmikroskopisch vergrößert

Es ist ein einzelliger Organismus von ca. $\frac{1}{1000}$ mm Länge ohne abgegrenzten Zellkern (*Prokaryont*). Die Zelle enthält einen ca. 1 mm langen, ringförmig geschlossenen DNS-Faden, das sog. Bakterienchromosom. Endoplasmatisches Reticulum und Mitochondrien, Strukturen, die für Zellen mit Zellkern (*Eukaryonten*) typisch sind, fehlen. Stattdessen befinden sich die Ribosomen frei im Zytoplasma und die Atmungsenzyme an der Plasmamembran. Diese liegt einer derben Zellwand an.

V 14.1
S. 150

V 14.2
S. 151

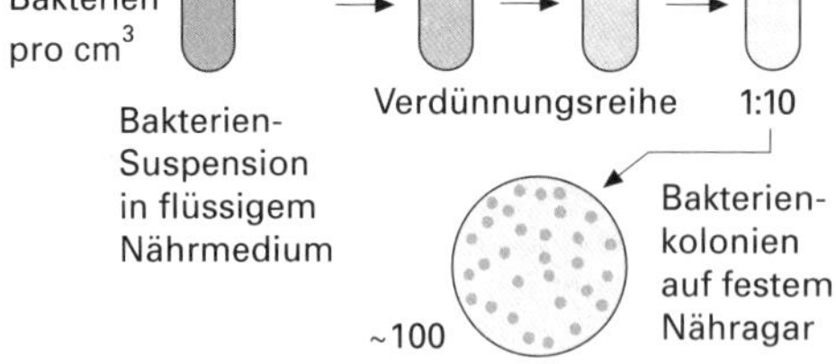

Abb. 74.2 Bakterien-Kolonie-Zähltest

Escherichia coli-Bakterien kann man leicht z. B. aus roher Milch gewinnen und in einem flüssigen Nährmedium über Nacht vermehren. Streicht man verdünnte Proben der „Übernachtkultur" auf feste Agar-Nährböden in Petrischalen und bebrütet bei 37 °C, so wächst jedes Bakterium durch viele Teilungen zu einer Kolonie heran. Über die Anzahl der Kolonien und die Verdünnung kann man die Zahl der Bakterien pro cm^3 (*Titer*) der Übernachtkultur bestimmen (*Kolonie-Zähltest*). Sie beträgt ca. $2 \cdot 10^9$ (Erdbevölkerung $5{,}3 \cdot 10^9$)!

Überträgt man eine Probe einer Bakterien-Übernachtkultur in frisches Medium, so dauert es ein bis zwei Stunden, bis sich die Zellen erholt haben (Anlauf- oder *lag-Phase*). Dann setzt das exponentielle Wachstum (logarithmische oder *log-Phase*) ein: $2^0 \rightarrow 2^1 \rightarrow 2^2 \rightarrow 2^3 \rightarrow 2^4 \rightarrow 2^n$.

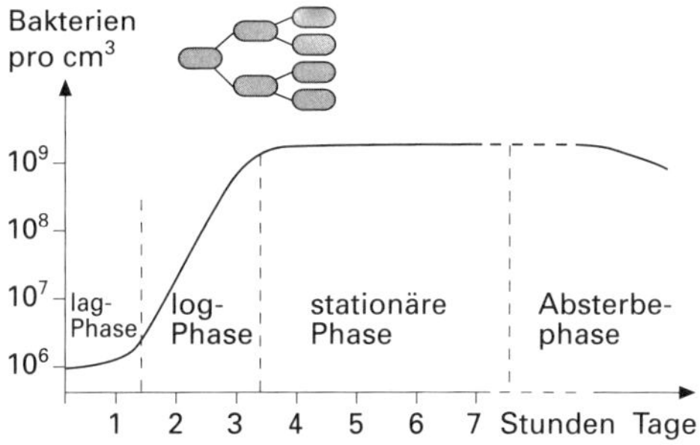

Abb. 75.1 Bakterien-Vermehrungskurve

Aus dem Anstieg der *Vermehrungskurve* in der Zeit kann man entnehmen, dass sich Escherichia coli-Bakterien in der log-Phase alle 30 Minuten teilen. Bei einem Titer von $2 \cdot 10^9$ Bakterien pro cm^3 kommt die Vermehrung infolge Nahrungsmangel und Vergiftung durch Stoffwechselprodukte zum Stillstand (*stationäre Phase*). Einige Tage nach Erreichen der stationären Phase sterben zunehmend mehr Bakterien ab (*Absterbephase*).

Viren (lat. *virus*, Gift) sind noch wesentlich kleiner und einfacher gebaut als Bakterien.

Es sind Teilchen, die ausschließlich aus *Nucleinsäure* und *Protein* bestehen. Deshalb waren sie für das Studium des Zusammenhanges zwischen diesen genetisch so bedeutsamen Stoffgruppen besonders geeignet. Viren sind keine Organismen. Sie sind Teile lebender Zellen, die vorübergehend außerhalb von Zellen überdauern können. Sie werden nur in lebenden Zellen vermehrt, die sie dabei in der Regel zerstören.

Viren treten als Krankheitserreger bei Pflanzen (z. B. *Tabak-Mosaikkrankheit, Vergilbungskrankheiten, Blattrollkrankheiten*), Tieren (z. B. *Maul- und Klauenseuche, Tollwut, Schweinepest*), dem Menschen (z. B. *Grippe, Masern, Kinderlähmung, Aids*) und auch bei Bakterien auf.

Viren sind so klein, dass sie Bakterienfilter passieren, in gewöhnlichen Zentrifugen nicht sedimentieren und im Lichtmikroskop unsichtbar sind. Sie können aber durch ultrafeine Filter zurückgehalten, durch Ultrazentrifugation sedimentiert und im Elektronenmikroskop sichtbar gemacht werden.

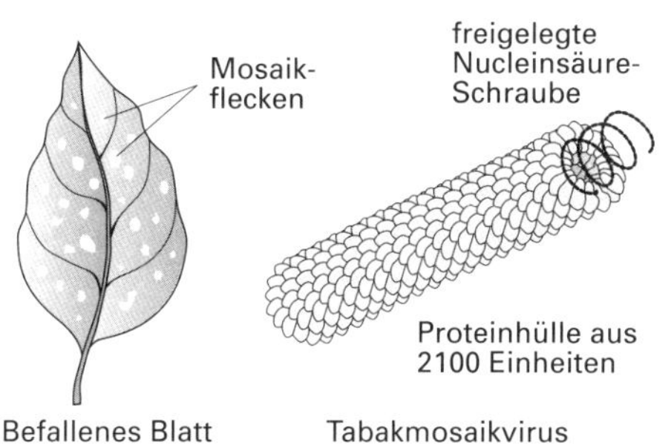

Abb. 75.2 Tabakmosaikvirus

Tabakmosaikviren gewinnt man aus dem Presssaft befallener Tabakblätter.

Am *Tabakmosaikvirus* (TMV) sind wesentliche Erkenntnisse über den Zusammenhang zwischen Nucleinsäuren und Proteinen gewonnen worden. Es ist ein Stäbchen von 280 nm Länge und 15 nm Dicke (1 nm = 1 Millionstel Millimeter!). Um einen schraubig gewundenen Nucleinsäurefaden sind 2100 gleiche Proteineinheiten regelmäßig gelagert. Jede Proteineinheit besteht aus 158 Aminosäuren bekannter Reihenfolge.

Bringt man die reine TMV-Nucleinsäure auf eine Blattoberfläche, deren Haare abgeschabt sind, dringt sie in die Zellen ein und löst die vielfache Bildung vollständiger, neuer Tabakmosaikviren aus; eindrucksvoller Beweis dafür, dass in der Nucleinsäure die Information für die Synthese des Proteins liegt.

Viren, die Bakterien befallen, nennt man *Bakteriophagen* (gr. phagein, fressen).

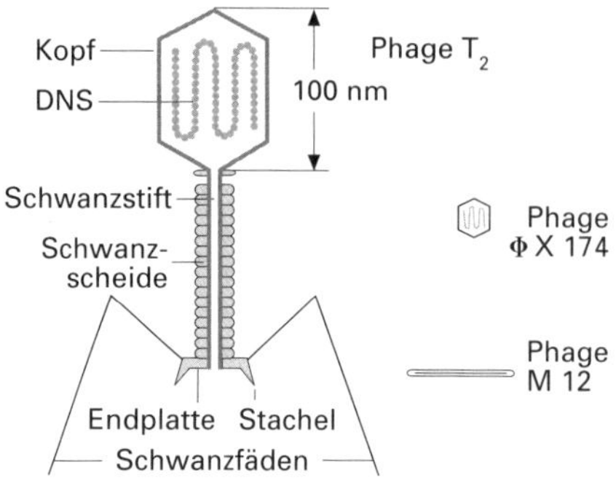

Abb. 76.1 Verschiedene Bakteriophagen

Ein sog. *T-Phage* besteht aus einem Kopf von ca. 100 nm Länge, an dem ein etwa gleich langer Schwanz sitzt. Der hexagonale Kopf besteht aus einer Hülle von Proteinuntereinheiten und enthält die DNS. Der Schwanz besteht aus einem hohlen Stift, der von einer kontraktilen Scheide aus gleichartigen Proteineinheiten umgeben ist. Am Ende trägt er eine Platte mit Stacheln und Schwanzfäden.
Einfacher gebaut und kleiner ist der schwanzlose Phage *ΦX 174*.
Zu den kleinsten Phagen gehören die fadenförmigen *M- und f-Phagen* mit ca. 100 nm Länge.

Bakteriophagen kann man durch den sog. *Loch-Test* zählen.

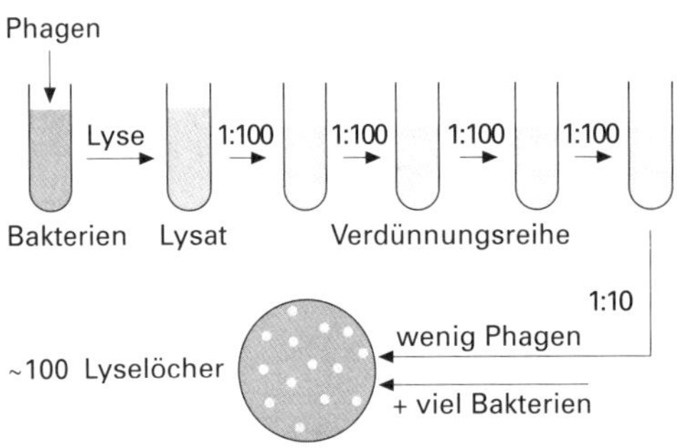

Abb. 76.2 Phagen-Zähltest

Fügt man einen Tropfen Phagensuspension zu einer E. coli-Kultur in der log-Phase, so klart sich die Bakteriensuspension nach einigen Stunden auf. Die Bakterien sind aufgelöst oder *lysiert* worden. Den Vorgang der Auflösung bezeichnet man als *Lyse*, das Ergebnis *Lysat*. Verdünnt man das Lysat um den Faktor 10^8, mischt 0,1 cm^3 davon mit einigen Tropfen einer Bakteriensuspension, streicht das Gemisch auf Agarplatten aus und bebrütet bei 37 °C, so wächst über Nacht ein geschlossener Bakterienrasen, in dem sich z. B. ca. 100 Löcher befinden. Jedes Loch geht auf einen Phagen zurück. Seine Nachkommen haben immer weitere Bakterien befallen und aufgelöst.

Aus der Zahl der Lyselöcher und dem Verdünnungsfaktor kann man den ursprünglichen Phagentiter bestimmen. Der Phagentiter des Lysats beträgt 10^{11} Phagen/cm^3.

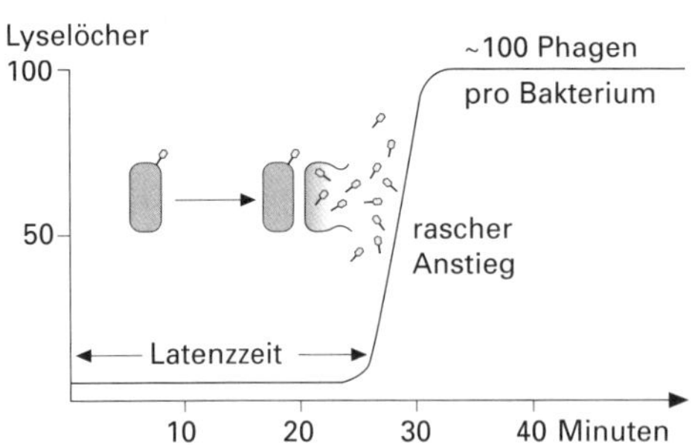

Abb. 76.3 Phagen-Vermehrungskurve

Bestimmt man ähnlich wie bei Abb. 75.1 die *Phagen-Vermehrungskurve*, findet man *kein* exponentielles Wachstum, das auf Vermehrung durch Zweiteilung schließen ließe. Vielmehr bleibt der Phagentiter nach der Infektion einer Bakteriensuspension ca. 25 Minuten lang konstant, steigt dann innerhalb von 10 Minuten auf den 50–100fachen Wert und bleibt erneut bis zum nächsten Vermehrungsschub konstant.

Die Erklärung hierfür liegt in der besonderen Art des *Phagen-Vermehrungszyklus*:

Die Begegnung eines Phagen mit einem Bakterium erfolgt zufällig durch *Brown'sche Molekularbewegung*. Dann spielen sich folgende Vorgänge ab:

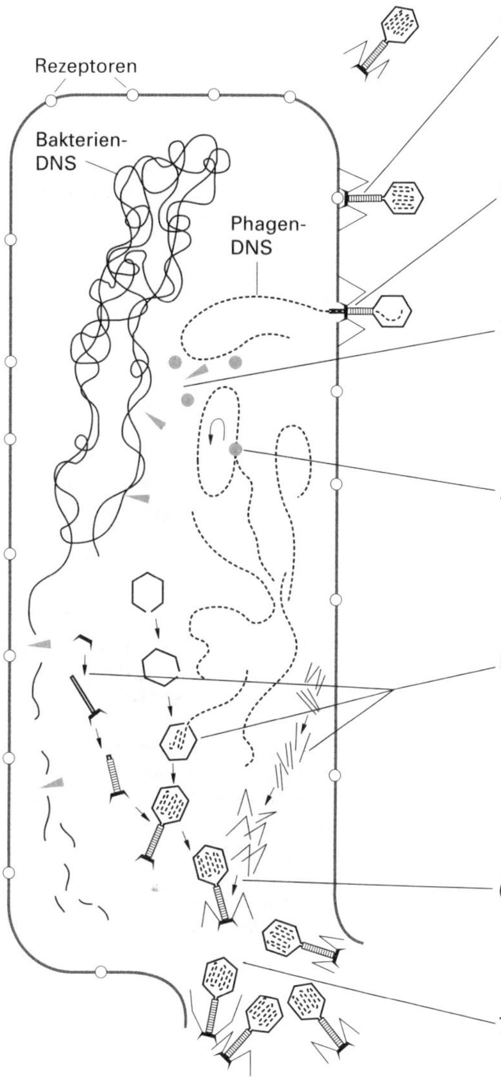

Abb. 77.1 Lytischer Vermehrungszyklus von T_2-Phagen in einem Escherichia coli-Bakterium

1. *Adsorption:* Mit Strukturen der Endplatte des Schwanzes rastet der Phage auf einem der Rezeptoren in der Bakterienzellwand ein, die für ihn spezifisch sind.
2. *Injektion:* Der Schwanzschaft kontrahiert, der Schwanzstift durchdringt die Zellwand, die Phagen-DNS gelangt ins Innere der Bakterienzelle.
3. *Enzymsynthese:* Die Phagen-DNS steuert die Synthese von Enzymen, die zum Abbau der Bakterien-DNS und zu ihrer eigenen Replikation dienen.
4. *DNS-Replikation:* Die Phagen-DNS schließt sich zum Ring und wird in vielen Replikationszyklen aus Nucleotiden des Bakteriums vielfach vermehrt.
5. *Proteinsynthese:* Durch eine Reihe von Genen in der Phagen-DNS werden die Proteine für Phagenköpfe, -schwänze und -schwanzfasern auf drei „Fließbändern" (Genwirkketten) mittels des Proteinbiosyntheseapparates der Bakterienzelle hergestellt.
6. *Zusammenbau:* Je ein Phagen-DNS-Molekül schlüpft in eine Kopfhülle. Die Bauteile werden zu kompletten Phagen zusammengesetzt.
7. *Lyse:* Das Bakterium hat auf Anweisung der Phagen-DNS große Mengen des Enzyms Lysozym hergestellt, welches die Zellwand auflöst. 50–100 neue Phagen treten aus.

Man kann den Phagen-Vermehrungszyklus auch mit chemisch isolierter, reiner Phagen-DNS in Gang setzen, wenn man die Bakterienzellwand weglöst, ohne die Zytoplasmamembran zu zerstören. Alle Informationen zur Phagenneubildung liegen somit in der Phagen-DNS, alles Material und alle Produktionseinrichtungen stammen von der Bakterienzelle.

Aufgaben

1. a) In frisches Nährmedium werden zum Zeitpunkt 0 100 Bakterien pipettiert, die sich in der Phase des logarithmischen Wachstums mit einer Generationszeit von 30 Minuten befinden.
   b) In eine Bakteriensuspension von 10^6 Bakterien, die sich in der logarithmischen Wachstumsphase befinden, werden zum Zeitpunkt 0 100 Phagen pipettiert.
   Kalkulieren Sie, wie viel Bakterien nach zwei Stunden im Ansatz a) vorhanden sind, bzw., wie viel Phagen nach zwei Stunden im Ansatz b) vorhanden sind.
2. *Hershey* und *Chase* hatten 1952 schwefelhaltige Aminosäuren mit ^{31}S und Nucleotide mit ^{32}P radioaktiv markiert. Die β-Strahlen der beiden Isotope kann man aufgrund unterschiedlicher Reichweite mit einem geeigneten Zählgerät unterscheiden. An Bakterien adsorbierte Phagen lassen sich mit einem Mixer abschütteln. Bakterien kann man mit einer gewöhnlichen Zentrifuge sedimentieren, die Phagen bleiben im Überstand. Entwickeln Sie mit diesen Angaben einen Versuchsplan zum Nachweis, dass nur die Phagen-DNS und nicht das Protein in die Bakterienzelle eindringt.

10.2 Nachweis und Selektion von Mutanten bei Bakterien

Die Tatsache, dass Bakterien zur Antibiotika-Resistenz mutieren können, kennt man als Ursache für das Nachlassen der Wirkung von Antibiotika im Kampf gegen Bakterieninfektionen. Im Labor kann man *Antibiotika-Resistenzmutanten* wie folgt nachweisen:

V 14.4
S. 152

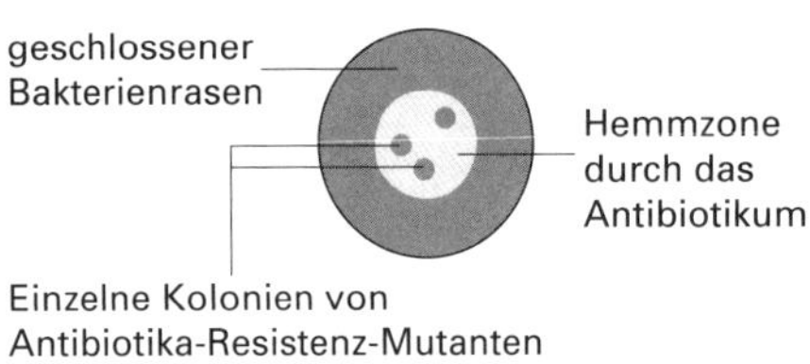

Abb. 78.1 Selektion von Resistenz-Mutanten

Man lässt z. B. in der Mitte eines Agar-Nährbodens einen Tropfen Antibiotika-Lösung einsaugen. Streicht man dann eine dichte Bakteriensuspension darüber und bebrütet, so wächst nur in der antibiotikafreien Randzone ein geschlossener Bakterienrasen. In der Mitte hat das Antibiotikum die Bakterien abgetötet. Einzelne Bakterien haben aber überlebt und sind zu Kolonien antibiotikaresistenter Bakterien herangewachsen.

Dass ein Antibiotikum die Entstehung einer Resistenzmutante nicht verursacht, sondern lediglich schon vorher *zufällig* und *ungerichtet* entstandene *Resistenzmutanten* ausliest, ist durch den sog. *Fluktuationstest* (*Luria* und *Delbrück* 1943) nachgewiesen worden:

Viele Kulturröhrchen mit Nährlösung wurden mit jeweils nur wenigen Bakterien beimpft. Nach Vermehrung auf ca. 10^7 Bakterien/ml wurde in alle Röhrchen *Streptomycin* gegeben. Nach dem Ausplattieren gleicher Proben aus den Röhrchen auf Nähragar in Petrischalen zeigte der Koloniezähltest (S. 74) in vielen Schalen keine Resistenzkolonie, in etlichen einige und in wenigen Schalen viele Resistenzkolonien, je nachdem, ob und wann *vor* der Streptomycinzugabe jeweils ein Bakterium zur Streptomycin-Resistenz mutierte und wie lange es sich vermehren konnte.

Eine große Rolle bei der Aufklärung der molekularen Vorgänge des Vererbungsgeschehens spielten *Aminosäure-Mangelmutanten* von Escherichia coli:
Wildtypbakterien benötigen zum Wachstum lediglich eine Lösung von Zucker und stickstoffhaltigen Salzen. Daraus können sie mittels einer großen Zahl von Enzymen

alle Aminosäuren für die Eiweißsynthese herstellen. Mutanten, die infolge eines Enzymdefekts die eine oder andere Aminosäure nicht mehr herstellen können, bezeichnet man als *Aminosäure-Mangelmutanten*. Diese wachsen nicht mehr auf sog. *Minimalagar*, der nur Zucker und Salze enthält. Bietet man ihnen aber die Aminosäure, die sie nicht mehr herstellen können, im Nährboden an, so vermehren sie sich wieder.

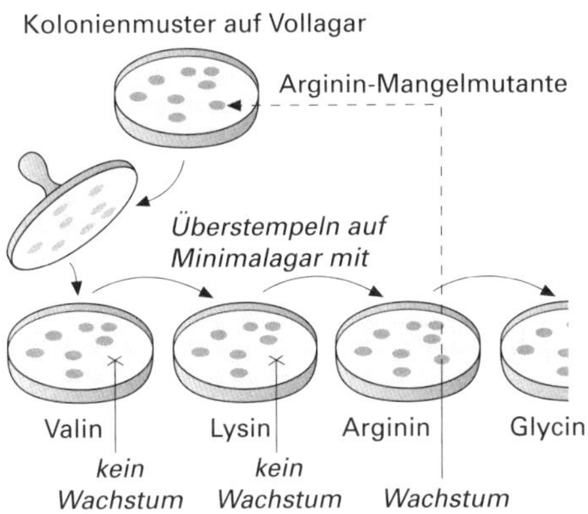

Abb. 79.1 Selektion von Mangelmutanten

Aufgrund dieser Tatsache kann man Aminosäuremangelmutanten wie folgt identifizieren:

Auf einer sog. *Vollagar*platte, die alle Aminosäuren enthält, wächst unter vielen Wildtypkolonien auch die eine oder andere Aminosäure-Mangelmutante, z. B. eine Arginin-Mangelmutante.

Überträgt man das Koloniemuster mit einem sterilen Samtstempel auf 20 Minimalagarplatten, von denen jede nur eine der 20 verschiedenen Aminosäuren enthält, so fällt eine Kolonie jeweils auf 19 Platten aus, wächst aber auf einer Platte. Diese enthält die Aminosäure, die die Mutante nicht mehr herstellen kann.

Bakterien können auch zur *Phagenresistenz* mutieren. Dabei verändern sich z. B. die Rezeptoren auf der Bakterienwand. Andererseits können auch Phagen mutieren und dabei z. B. zufällig Strukturen ihrer Landevorrichtung verändern. Dies führt mitunter dazu, dass sie das veränderte Bakterium wieder befallen können.

Die *Häufigkeit einer spontanen Mutationen eines bestimmten Genorts* liegt bei Bakterien und Viren in der Größenordnung $1:10^6$ pro Generation. D. h. wenn z. B. eine halbe Million Wildtyp-Bakterien sich in einem Generationsschritt auf eine Million vermehrt haben, so ist im Durchschnitt eines darunter, das an einem bestimmten Genort mutiert ist. Rückmutationen zur Wildtypfunktion des Gens sind seltener, da die genaue Wiederherstellung einer Funktion schwieriger ist als ihre Störung. Die Mutationsrate kann insbesondere durch bestimmte chemische Stoffe experimentell erhöht werden (Mechanismen, S. 85). Dadurch wird die Ausbeute an Mutanten gesteigert.

Aufgaben

1. Gegeben sind eine Übernachtkultur von E. coli, gewöhnliche Agarplatten und Agarplatten mit dem Antibiotikum Streptomycin. Wie könnten Sie mit der Stempeltechnik (Abb. 79.1) beweisen, dass die Mutationen zur Streptomycinresistenz unabhängig von der Gegenwart des Streptomycins erfolgen? Beschreiben Sie die Versuchsdurchführung und das erwartete Ergebnis.
2. Von drei unabhängig voneinander entstandenen Arginin-Mangelmutanten arg_1, arg_2 und arg_3 wachsen alle auf Minimalagar mit Arginin. arg_2 und arg_3 wachsen auch auf Minimalagar mit Citrullin, der unmittelbaren Vorstufe des Arginins, und arg_3 wächst zusätzlich auf Minimalagar mit Ornithin, der Vorstufe des Citrullins. Stellen Sie die Befunde grafisch dar. Erläutern Sie anhand der Befunde die Ein-Gen-ein-Enzym-Hypothese und den Begriff der Genwirkkette (S. 65, 66).

10.3 Genübertragung und Genaustausch

Bei höheren Lebewesen mit zahlreichen Chromosomen sorgen Sexualvorgänge mit Meiose und Vereinigung von Keimzellen für Genübertragung und Genaustausch von Generation zu Generation. Bei Bakterien gibt es andere Vorgänge der Genübertragung. Man nennt sie *parasexuell*. In der Regel werden dabei nur einzelne Gene übertragen und ausgetauscht. Deshalb stellen die Parasexualvorgänge bei Bakterien interessante Modelle für die Einschleusung einzelner Gene in Zellen dar.

Man kennt mehrere Typen von Parasexualvorgängen:

Bei der *Transformation* werden Stücke nackter DNS aus Spender-Bakterien von Empfänger-Bakterien aufgenommen und mit einer gewissen Wahrscheinlichkeit in deren DNS eingebaut. Dass so etwas möglich ist, wurde 1944 von *Avery* nachgewiesen, indem er die Experimente mit *Pneumokokken von Griffith* aus den Zwanzigerjahren verfeinert und chemisch analysiert hatte (S. 11). Inzwischen kennt man aus zahlreichen Experimenten mit E. coli und anderen Bakterienarten Einzelheiten des Transformationsvorganges:

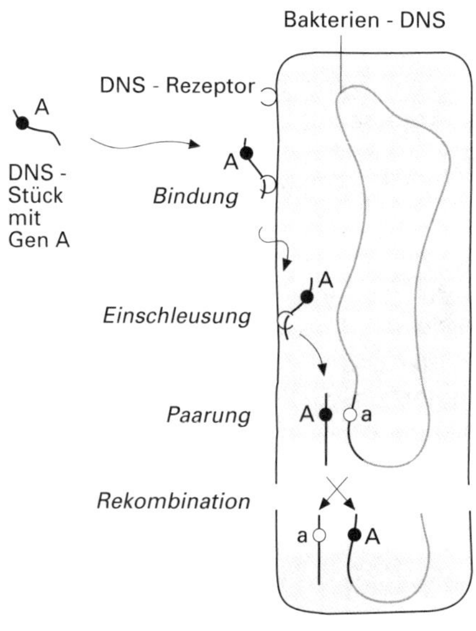

Abb. 80.1 Genübertragung durch Transformation

Bestimmte Rezeptorproteine der Zellwand müssen zur Erkennung und Bindung eines blanken DNS-Stückes aktiviert werden. Dazu erwiesen sich Ca^{2+}-Ionen als besonders geeignet. Auf die Bindung erfolgt die aktive Aufnahme des DNS-Stückes in die Zelle und der Transport zur Bakterien-DNS.

In der Zelle kann es zur Paarung des DNS-Stückes mit einem wenigstens zum Teil homologen Abschnitt der Bakterien-DNS und durch Rekombinationsvorgänge vom Typ des *Crossing over* zum Austausch dieses Abschnittes gegen das übertragene DNS-Stück kommen.

Erhält z. B. eine Aminosäure-Mangelmutante a auf diese Weise das intakte Wildtyp-Gen A übertragen, so ist es nach der Rekombination genetisch „geheilt". Es selbst und alle seine Nachkommen können das Enzym wieder herstellen, das auf dem Syntheseweg zu der bestimmten Aminosäure ausgefallen war. Im Experiment erkennt man die Rekombination zum Wildtyp daran, dass sie auf Minimalagar wieder Kolonien bilden.

Transformation ist ein experimentell in Gang gesetzter Parasexualvorgang, der zur Einschleusung von Genen in Zellen verwendet werden kann. Er nutzt die offensichtlich natürlicherweise bei Zellen prinzipiell vorhandenen Mechanismen zur Aufnahme und zum Einbau von DNS-Stücken in die zelleigene DNS.

Die Entdeckung der *Konjugation* erfolgte 1948 durch *Lederberg* und *Tatum*, als sie beobachteten, dass aus der Mischung zweier verschiedener E. coli-Mangelmutanten wieder Wildtypbakterien auftraten, und als sie die zugrunde liegenden Vorgänge einseitiger Genübertragung zwischen gepaarten Bakterien aufklären konnten.

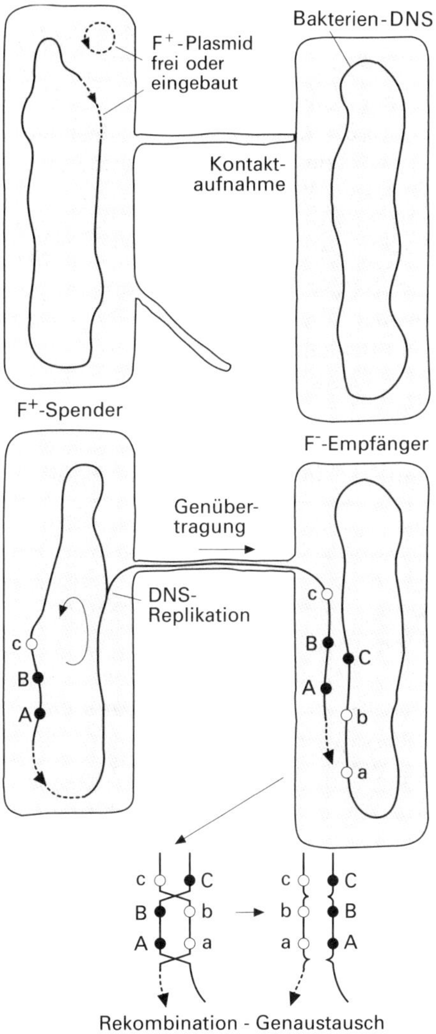

Abb. 81.1 Genübertragung durch Konjugation

Bei der *Konjugation* nehmen zwei Bakterien miteinander Kontakt auf, von denen der eine Partner neben der Bakterien-DNS einen kleinen DNS-Ring enthält, der auch in die Bakterien-DNS eingebaut werden kann, der aber dem anderen Partner fehlt. Neben dem Hauptchromosom im Zellplasma vorkommende kleine DNS-Ringe bezeichnet man als *Plasmide*. Das F-Plasmid (F steht für Fertility) enthält die Information für einen Replikationsstartpunkt sowie für die Ausbildung dünner Röhren, mit denen das „männliche" F^+-Bakterium eine Verbindung mit dem „weiblichen" F^--Bakterium herstellt. Durch diese Röhre kann DNS übertragen werden, und zwar:

1. Eine *Kopie des freien F^+-Plasmids*, dann wird die Empfängerzelle ebenfalls F^+.

2. Eine *Kopie der Spender-Bakterien-DNS*. Dies geschieht mithilfe des eingebauten F^+-Plasmids. Er beginnt von seinem Replikationsstartpunkt aus sich in einer Richtung zu verdoppeln. Eine Hälfte von ihm wird als Vorderende einer Kopie der Bakterien-DNS durch die Verbindungsröhre in das Empfänger-Bakterium geschoben. Die Übertragung der gesamten Länge der Bakterien-DNS dauert ca. 90 Minuten. Unterbricht man die DNS-Übertragung von Wildtyp-Bakterien in eine vielfache F^--Mangelmutante zu verschiedenen Zeiten, kann man auf elegante Weise die Reihenfolge und den relativen Abstand der Gene im ringförmigen E. coli-Chromosom ermitteln: Die zeitliche Reihenfolge, in der die Wildtypfunktionen in Empfänger-Bakterien auftreten, gibt die Reihenfolge und den relativen Abstand der Gene wieder. Durch Rekombinationen können defekte durch intakte Gene ausgetauscht werden.
Bei unvollständiger Übertragung bleibt die Empfänger-Zelle F^-.

3. Eine Kopie des F^+-Plasmids, das vorübergehend in die Bakterien-DNS eingebaut war und bei seinem Wiederaustritt ein kleines Stück Spender-DNS mitgenommen hat. Die Empfänger-Zelle wird dabei F^+.

Den zuletzt genannten Vorgang der *Übertragung einzelner Bakteriengene mittels des F^+-Plasmids* bezeichnet man als *F-Duktion*.

Eine besondere Art von Übertragung genetischer Information unter Bakterien ist die *Übertragung von Resistenzgenen*. Sie beeinträchtigt in zunehmendem Maße die Bekämpfung von Infektionskrankheiten durch Antibiotika und Sulfonamide.

Es wurde bereits erläutert, dass ein Antibiotikum Resistenzmutanten selektiert (Abb. 78.1). Wendet man gleichzeitig z. B. drei verschiedene Antibiotika an, so wird die Wahrscheinlichkeit, dass ein Bakterium drei entsprechende Mutationen zur Resistenz aufweist, praktisch Null. (Bei einer Wahrscheinlichkeit von $1 : 10^6$ für eine Resistenzmutation pro Genort ist die Wahrscheinlichkeit für drei unabhängig voneinander erfolgende derartige Ereignisse $10^{-6} \cdot 10^{-6} \cdot 10^{-6} = 10^{-18}$!) Dennoch kommt es immer häufiger vor, dass die Anwendung von Antibiotikakombinationen wirkungslos bleibt.

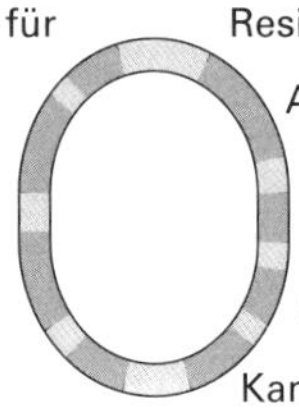

Abb. 82.1 R-Plasmid

Schuld daran ist das sog. *Resistenz- oder R-Plasmid*, ein kleines ringförmiges DNS-Molekül, das sich bei den vielfach resistenten Bakterien neben dem Bakterienchromosom nachweisen lässt. Es enthält nebeneinander mehrere Gene für Resistenz gegen mehrere Antibiotika und Sulfonamide sowie Gene für die DNS-Replikation und für den Konjugationsapparat.

Besonders fatal ist, dass das R-Plasmid, wie das F-Plasmid (Abb. 81.1), nicht nur an die unmittelbaren Nachkommen weitergegeben wird, sondern wie der F-Plasmid feine Übertragungsröhren ausbilden lässt, durch welche Kopien des R-Plasmids an andere Bakterien weitergereicht werden. Dort können weitere Resistenzgene aus dem Bakterienchromosom ausgeschnitten und in den DNS-Ring des R-Plasmids eingefügt werden. So hat man schon R-Plasmide mit bis zu 10 Genen für Antibiotika- und Sulfonamidresistenzen gefunden.

Bewegliche Resistenzgene sind an beiden Enden von charakteristischen Basensequenzen eingerahmt, die den enzymatischen Ausbau des Gens und den Einbau an anderer Stelle ermöglichen. Derartige bewegliche genetische Einheiten bezeichnet man als *springende Gene.*

Aufgaben

1. a) Beschreiben Sie die Durchführung und das allgemeine Ergebnis eines Konjugationsexperiments zwischen einer E. coli-F^+-Aminosäure-Mangelmutante a und einer F^--Aminosäure-Mangelmutante c.
   b) Welche Schwierigkeit ergibt sich bei der Interpretation des Ergebnisses aus der Tatsache, dass die Rückmutationsrate eines E. coli-Gens in der Größenordnung von 10^{-7}, die Rekombinationsrate in der Größenordnung von 10^{-6} liegt.
   c) Begründen Sie, weshalb man durch Verwendung von Mehrfachmutanten als Spender (z. B. a, b) und Empfänger (c, d) praktisch Sicherheit gewinnt, dass die auftretenden Wildtyp-Kolonien auf Rekombinationen und nicht auf Rückmutanten zurückgehen.
2. Gegeben sind ein E. coli-Stamm 1: (F^-), Leucin-Mangelmutante, streptomycin-resistent, und ein Stamm 2: (F^+), Threonin-Mangelmutante, streptomycin-sensibel.
   a) Wie muss ein Nähragar zum Nachweis von Rekombinanten beschaffen sein?
   b) Erläutern Sie das voraussichtliche Versuchsergebnis.

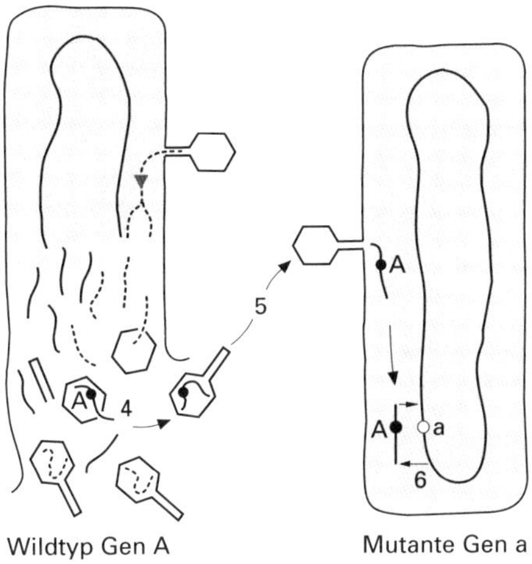

Abb. 83.1 Genübertragung durch allgemeine Transduktion

Bei der *Transduktion* erfolgt die Übertragung bakterieller Gene durch Phagen.

Wenn in einem phagenbefallenen Wildtypbakterium die vermehrten Phagen-DNS-Moleküle in die Kopfhüllen schlüpfen, kann versehentlich ein Stück Bakterien-DNS in einen Phagen-Kopf gelangen. Injiziert ein solcher Phage diese DNS in eine Mangelmutante, kann er zufällig das Gen A mitbringen, das bei der Mangelmutante zu a mutiert ist. Durch einen Rekombinationsvorgang kann das defekte Gen a gegen das intakte Gen A ausgetauscht werden.

Neben dieser *allgemeinen Transduktion* spielt die *spezielle Transduktion* als Modell für gezielte Gentransplantation die größere Rolle:

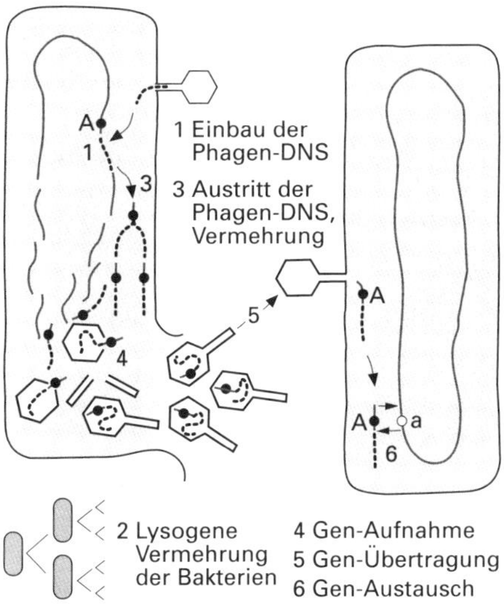

Abb. 83.2 Genübertragung durch spezielle Transduktion

Es gibt Phagen, deren DNS nach der Injektion von der Bakterien-DNS eingefangen und in diese an einer bestimmten Stelle eingebaut wird, ähnlich wie der F-Faktor (1). Die eingebaute Phagen-DNS nennt man *Prophage*. Nach einer Phase ungestörter Vermehrung der jetzt *lysogen* genannten Bakterien mit ihrem gefesselten Prophagen (2) befreit sich dieser und leitet seine eigene, zur Auflösung des Bakteriums führende Vermehrung ein (3).

Bei ihrem Austritt aus dem Bakterienchromosom kommt es mit einer Häufigkeit von $1:10^5$ vor, dass die Phagen-DNS seitlich versetzt ausgeschnitten wird, sodass ein benachbartes Bakteriengen (A) mitgenommen und Phagengene zurückgelassen werden. Bei der Vermehrung dieser DNS gelangen somit Kopien desselben Bakteriengens in *alle* Phagenköpfe des sich auflösenden Spenderbakteriums (5).

Befallen derartige *transduzierende Phagen* massenhaft Bakterien mit der Mangelmutation a, so können diese sehr effektiv in der bekannten Weise durch Rekombinationsaustausch des defekten gegen das intakte Gen genetisch „geheilt" werden. Die verkürzte Phagen-DNS kann in den Bakterien keine neue Phagen mehr bilden lassen. Wenn ein Bakterium aber gleichzeitig von einem intakten Phagen befallen wird, kann auch die integrierte transduzierende Phagen-DNS wieder ausgeschnitten, vermehrt und in Phagenköpfe zur weiteren Ausbreitung verpackt werden.

Der bekannteste und bestuntersuchte Phage ist der Lamda (λ)-Phage von Escherichia coli. Er hat einen festen Einbauplatz in der Bakterien-DNS. Wenn er beim Austritt Bakterien-DNS mitnimmt, ist es in der Regel der benachbarte Abschnitt, der für Enzyme zuständig ist, die den Milchzuckerbestandteil Galactose abbauen. Am λ-Phagen wurden wesentliche Erkenntnisse über die Regulation der Phagenvermehrung und über die Mechanismen des Gentransfers durch spezielle Transduktion gewonnen.

Plasmide wie das F^+-Plasmid oder das R-Plasmid sowie *transduzierende Viren wie der λ-Phage*, die als Vehikel für Gentransfer von Zelle zu Zelle dienen können, bezeichnet man als *Vektoren*. Sie sind zu Vorbildern und zum Ausgangsmaterial für experimentell konstruierte Vektoren für gezielte Genübertragungen geworden (S. 103).

In der Regel kann ein bestimmter Phagentyp nur in einem bestimmten Bakterientyp vermehrt werden, z. B. der λ-Phage nur in E. coli K 12. Befällt er die Zellen anderer Stämme oder gar anderer Bakterienarten, so können diese entweder schon die Landung blockieren, auf jeden Fall aber die Vermehrung eingedrungener Phagen-DNS unterbinden. Bei der Untersuchung dieses Phänomens entdeckte *Arber* 1968 die sog. *Restriktionsenzyme* (lat. restringere, unterbinden). Es handelt sich dabei um *Endonucleasen*, welche DNS an jeweils einer bestimmten Sequenz von 4–6 Basen zerschneiden.

Jeder Bakterienstamm besitzt mindestens ein Restriktionsenzym mit charakteristischem Basen-Schnittmuster. Damit kann eingedrungene Fremd-DNS zerstört werden. Die eigene DNS ist vor dem Angriff des Restriktionsenzyms geschützt, indem Basen der Schnittstelle durch Methylgruppen modifiziert sind. Phagen, die in einem Bakterienstamm vermehrt werden, müssen das Restriktions-Abwehrsystem unterlaufen haben, z. B. durch gleichartige Modifikation der Schnittstellen ihrer DNS.

Man kennt heute über 300 verschiedene *Restriktions-Endonucleasen*. Sie sind zu einem unentbehrlichen Werkzeug der *Gentechnik* geworden (S. 103).

Aufgaben

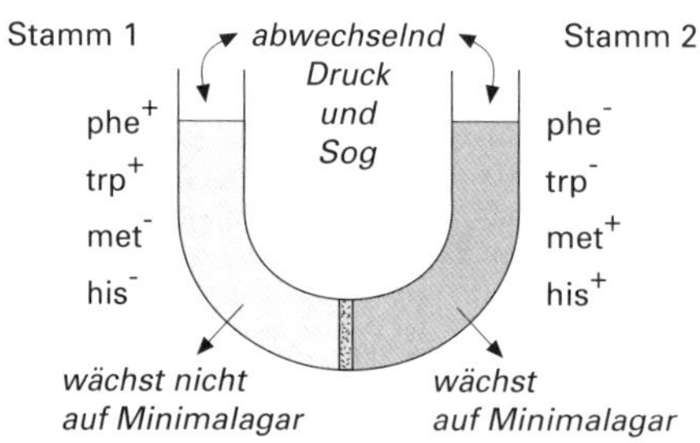

Abb. 84.1 Transduktionsexperiment

1. *Zinder* und *Lederberg* entdeckten 1952 das Phänomen der Transduktion, indem sie zwei Bakterien-Stämme unterschiedlicher Aminosäure-Mangelmutanten im selben Nährmedium durch ein bakteriendichtes Glasfilter getrennt hielten und dennoch in einer der beiden Kulturen Rekombinanten zum Wildtyp fanden. Erklären Sie auch Versuchsanordnung und Ergebnis.
2. Inwiefern lieferten Konjugations-, F-Duktions- und Transduktionsexperimente Aufschluss über Folge und Abstand von Genen im E. coli-Chromosom?

11 Die Verwirklichung genetischer Information-Proteinbiosynthese

11.1 Mutationsmechanismen, Hinweise auf den genetischen Code

Gene sind nach unserer bisherigen Definition DNS-Abschnitte, welche die Synthese eines Proteins steuern. *Genmutationen* wurden allgemein als Replikationsfehler interpretiert, die Veränderungen der Basenfolge und damit Veränderungen der Aminosäurefolge, Struktur und Funktion eines Proteins bewirken. Erste Einblicke in die molekularen Grundlagen dieses Zusammenhanges lieferte das Studium der Wirkmechanismen mutationsauslösender Chemikalien bei Bakterien und Viren.
Spontan treten Mutationen eines Gens bei etwa einem unter 10^6 Nachkommen eines Bakteriums auf. Gibt man aber z. B. salpetrige Säure zu einer Bakterienkultur, so erhöht sich die *Mutationsrate* je nach Konzentration um das 10–100fache.

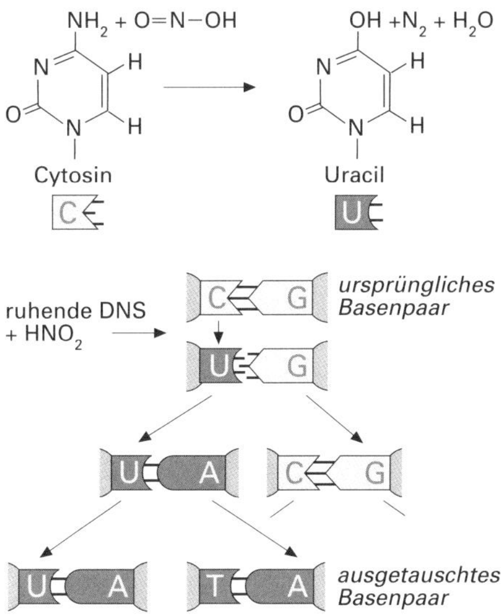

Abb. 85.1 Basenaustausch durch salpetrige Säure – Punktmutation

HNO_2 setzt in ruhender DNS aus der Base Cytosin Stickstoff frei. Dabei entsteht die Base Uracil mit einer OH-Gruppe anstelle der NH_2-Gruppe. Cytosin hat ein „Basenprofil", das drei Wasserstoffbrückenbindungen ermöglicht, Uracil hat dagegen ein Profil wie Thymin mit nur zwei Bindungsmöglichkeiten. Die Basen U-G passen somit nicht zusammen.

Wenn die Replikation der DNS an die Stelle des Uracils gelangt, paart sich dieses mit dem passenden Partner, dem Adenin. So entsteht bei der ersten Replikation das Basenpaar U-A, bei der zweiten das Paar T-A. Die salpetrige Säure hat somit letztlich den *Austausch* des Basenpaares C-G durch das Basenpaar T-A bewirkt. Sie hat einen Replikationsfehler ausgelöst.

Genmutationen, die auf dem Austausch eines einzigen Basenpaares beruhen, nennt man *Punktmutationen*. Sie können durch einen erneuten Austausch des ausgetauschten Basenpaares wieder in den ursprünglichen Zustand zurückversetzt werden. Die Häufigkeit derartiger *Rückmutationen* ist allerdings um eine bis mehrere Zehnerpotenzen kleiner als die Häufigkeit von *Hinmutationen* bezogen auf das ganze Gen.

Bei einem Mutagenitätstest, dem neue Medikamente unterzogen werden müssen, prüft man deshalb, ob der Stoff die *Rückmutationsrate* einer bestimmten Mangelmutante erhöht.

Ein völlig anderer Typ von Genmutationen, der nicht durch HNO_2 umkehrbar ist, wird durch *Acridinmoleküle* ausgelöst: nämlich a) der *Einschub oder* b) *der Verlust von Nucleotiden in einem Gen, der zur Veränderung der Nukleotidzahl führt*:

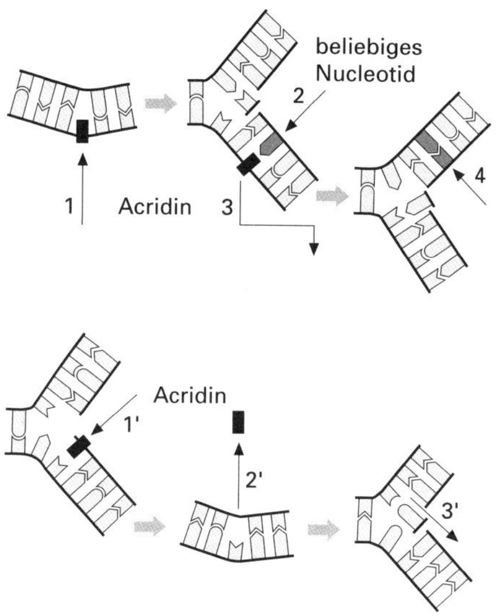

Abb. 86.1 Veränderung der Nucleotidzahl

Acridinmoleküle sind ebenso groß wie Nucleotide und können sich in ruhender DNS zwischen zwei Nucleotide zwängen (1).

Bei der anschließenden Replikation wird eines der vier Nucleotide sein „Partner" (2).

Bis zur nächsten Replikation kann es wieder austreten (3).

Bei dieser Replikation paart das eingeschobene Nucleotid mit dem komplementären Nucleotid-Partner (4). Dadurch entsteht ein DNS-Molekül, das ein zusätzliches Basenpaar enthält.

Zum Verlust eines Basenpaares kann es kommen, wenn ein Acridinmolekül während der Replikation anstelle eines Nucleotids fälschlicherweise eingebaut wird (1') und vor der nächsten Replikation wieder ausgestoßen wird (2'). Bei dieser Replikation entsteht dann ein DNS-Molekül, dem ein Basenpaar fehlt (3').

Durch Variieren der Acridinkonzentration ließen sich *Mehrfach-Mutanten* erzeugen, die zwei oder drei Baseneinschübe, zwei oder drei Basenverluste oder sowohl Einschübe als auch Verluste aufwiesen.

Die Versuche zur Auslösung von Genmutationen, die auf Einschüben oder Verlusten von Basenpaaren beruhen, wurden 1958 an T_4-Phagen durchgeführt. Die Auswertung der Folgen einer veränderten Nucleotidzahl in einem Gen lieferte erste *Hinweise auf das Prinzip des Übersetzungsschlüssels zwischen der Reihenfolge der Basen in der DNS und der Reihenfolge der Aminosäuren in den Proteinen.*

Theoretisch sind mehrere Übersetzungsschlüssel denkbar. Z. B. können mit *Zweiergruppen* der vier Basen $4^2 = 16$ verschiedene „Wörter" gebildet werden, die für 16 verschiedene Aminosäuren stehen z. B. AA → Gly, AC → Ala, AG → Val usw. Die vier verbleibenden Aminosäuren könnten durch je ein Nucleotid bezeichnet werden, z. B. A → Glu, C → Lys usw. Die unterschiedliche Wortlänge würde allerdings ein zusätzliches Zeichen für „Wortende" erfordern, entsprechend den Wortzwischenräumen und Kommas in unserer Schrift.

Mit *Dreiergruppen* der vier Basen, sog. *Tripletts*, können $4^3 = 64$ „Dreibuchstaben-Wörter" gebildet werden, mehr als genug, um 20 Aminosäuren zu bezeichnen.

|A A A|A A C|A A G|A A T|A C A|A G A|A T A|C A A|G A A|
AS_1 AS_2 AS_3 AS_4 AS_5 AS_6 AS_7 AS_8 AS_9

In diesem Fall erübrigt sich ein Zeichen für Wortende. Die Dreiergruppen könnten von einem Ende her durch Abzählen bestimmt werden.

Dieser Code wäre allerdings sehr anfällig für Einschübe oder Verluste von Basen, da hierbei der „Leseraster" aus dem Takt geriete. Genau diese Konsequenzen ergaben sich aus den Versuchen mit Basen-Einschub- und Basen-Verlust-Mutanten des T_4-Phagen, die man deshalb als *Leseraster-Mutationen* bezeichnet. Sie sollen anhand eines Modellsatzes erläutert werden:

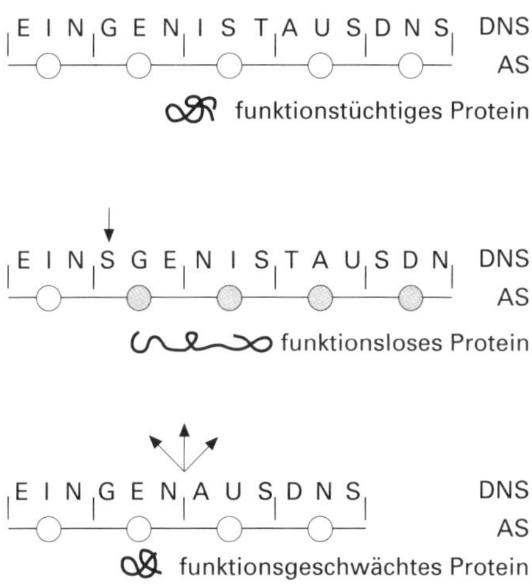

Abb. 87.1 Hinweise auf den genetischen Code: Leseraster-Mutationen

Die *ungestörte Folge* der Dreibuchstaben-Wörter (Basentripletts) liefert Sinn. Der Sinn besteht in der richtigen Reihenfolge von Aminosäuren und einer davon abhängigen Tertiärstruktur eines Proteins, die für die volle enzymatische Aktivität verantwortlich ist.

Der *Einschub* eines Buchstabens, entsprechend dem Einschub eines zusätzlichen Nucleotids, liefert infolge Verschiebung des Leserasters völligen Unsinn. Dieser äußert sich in einem Protein mit völlig veränderter Aminosäuresequenz und Tertiärstruktur, welches die ursprüngliche Enzymfunktion verloren hat. Auch der Verlust von einem Nucleotid oder von zweien verschiebt den Leseraster.

Der *Verlust von drei* benachbarten Buchstaben bzw. Nucleotiden bringt den Leseraster wieder in Takt und liefert damit mehr oder weniger Sinn, d. h. ein Protein, dem eine Aminosäure fehlt und das, je nach der Bedeutung dieser Aminosäure für die Tertiärstruktur, eine mehr oder weniger gestörte Enzymaktivität aufweist.

Die Befunde über die molekularen Ursachen von Genmutationen und ihre Folgen wiesen darauf hin, dass die Übersetzung der genetischen Information von der DNS in das Protein über einen *kommafreien Triplett-Code* erfolgt.

Aufgaben

1. Formulieren Sie die Reaktion von Adenin (S. 13) mit salpetriger Säure. Sie verläuft analog Abb. 85.1. Das Reaktionsprodukt heißt Hypoxanthin und paart wie Guanin. Formulieren Sie die Schritte, die zum Basenaustausch A-T gegen G-C führen.
2. Welche Voraussetzungen müssen erfüllt sein, dass beim Verlust von drei Basen(paaren) in einem Gen die Funktion des Genprodukts erhalten bleibt?
3. Welche Folgen wird der Einbau einer Dreiergruppe von Basen(paaren) in einem Gen für das Genprodukt haben?
4. Wie viele Basentripletts könnten mit sechserlei Basen gebildet werden?

11.2 Proteinbiosynthese, Untersuchungsmethoden und Überblick

Es stellten sich jetzt zwei Fragen:

1. *Wie kann ein DNS-Molekül die Synthese eines Proteins steuern?*
2. *Welche Dreiergruppen von Basen bedeuten welche Aminosäuren?*

Die Lösung beider Fragen zählt zu den größten Leistungen biologischer Forschung in diesem Jahrhundert. Dabei spielten folgende *Methoden* eine große Rolle:

- Verfahren zur Öffnung von Zellen und zur Isolierung ihrer Einzelbestandteile,
- empfindlichste Trennungsmethoden für Makromoleküle,
- Verfahren der Isotopenmarkierung zum Nachweis unwägbarer Stoffmengen,
- „In-vitro"-Systeme zur Untersuchung der Proteinbiosynthese im Reagenzglas.

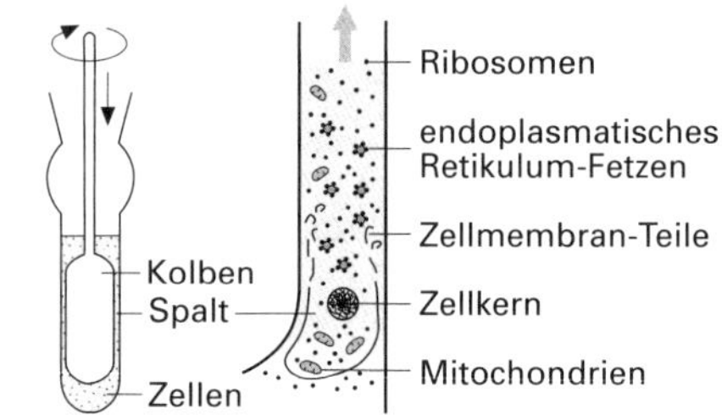

Abb. 88.1 Öffnen von Zellen

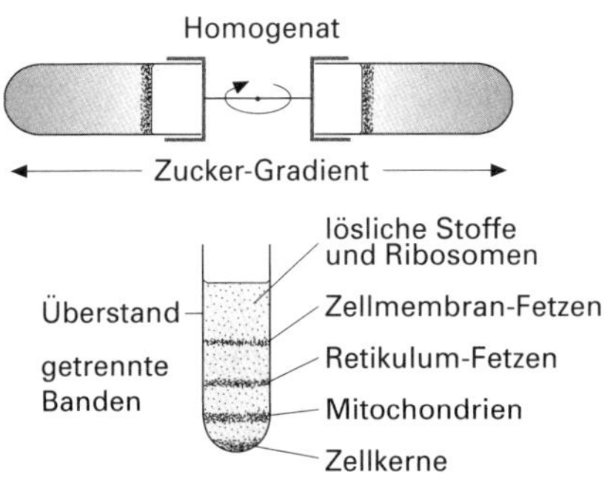

Abb. 88.2 Trennung der Bestandteile

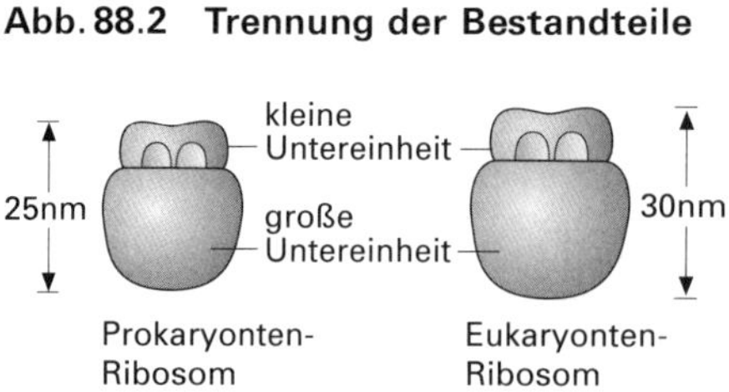

Abb. 88.3 Ribosomen

Bakterienzellen können mit einem Enzym und einem Detergens schonend geöffnet werden. Eukaryonten-Zellen kann man schonend durch *Homogenisieren* öffnen. Dabei zwängt man eine Zellsuspension wiederholt durch den engen Spalt zwischen der Wandung eines sog. Homogenisatorgefäßes und einem eingeschliffenen, drehend auf und ab bewegten Kolben. Die hohe Beschleunigung der Flüssigkeit im Spalt erzeugt Scherkräfte, welche die Zellen zum Platzen bringen. Es entsteht eine Suspension freier Zellbestandteile, ein sog. *Homogenat*.

Füllt man einen Zentrifugenbecher mittels eines speziellen Mischgeräts mit einer Zuckerlösung, deren Konzentration von unten nach oben abnimmt, überschichtet mit dem Homogenat und zentrifugiert, so wandern verschiedene Zellbestandteile unter dem Einfluss der Zentrifugalbeschleunigung je nach Masse, Dichte und Gestalt verschieden schnell und weit in die höhere Zuckerkonzentration hinein und trennen sich dabei in Banden. Diese können mit einer feinen Pipette nacheinander abgesaugt werden.

Aus dem Überstand kann man in einer *Ultrazentrifuge* mit über 100000facher Schwerkraft die *Ribosomen* sedimentieren. Sie sind in zwei Untereinheiten zerlegbar und so klein, dass sie im *Elektronenmikroskop* nur als winzige Körnchen erscheinen. Bakterienzellen enthalten ca. 20000 freie Ribosomen. In Eukaryonten-Zellen sind sie etwas größer und hauptsächlich an das endoplasmatische Retikulum gebunden.

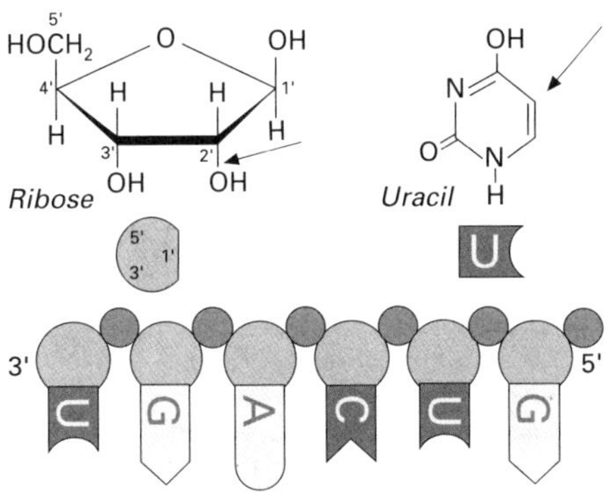

Abb. 89.1 Ribonucleinsäure (RNS)

Die *chemische Untersuchung* von Ribosomen ergab, dass sie zu $^2/_3$ aus Nucleinsäuren bestehen, die *anstelle von Desoxyribose den Zucker Ribose und anstelle der Base Thymin die Base Uracil enthalten.* Von dieser *einsträngigen Ribonucleinsäure* (RNS) haben die Partikel ihren Namen erhalten. Zu $^1/_3$ bestehen sie aus Protein.

Ein weiterer Typ von RNS ist im Zytoplasma gelöst. Es handelt sich um kleine RNS-Moleküle aus 70–80 Nucleotiden, die man ursprünglich als *lösliche RNS* bezeichnet hat.

Isotopenmarkierungsversuche lieferten erste Einblicke in die *Proteinbiosynthese*: Bietet man E. coli-Zellen ^{14}C-markierte Aminosäuren im Kulturmedium an, so werden diese, wie unmarkierte, zur Synthese von Proteinen verwendet. Homogenisiert man die Zellen zu verschiedenen Zeiten nach der Markierung und führt mit dem Homogenat eine Gradientenzentrifugierung (Abb. 88.1, 2) durch, so findet man die β-Aktivität der zerfallenden C-Atome zunächst an die lösliche RNS-Fraktion im Zytoplasma gebunden, dann an die Ribosomen gebunden und schließlich in Proteinen im Zytoplasma.

Daraus schloss man, dass die *lösliche RNS* Aminosäuren zu den Ribosomen trägt. Deshalb nennt man sie *Träger-* oder *Transfer-RNS* (tRNS). An den Ribosomen werden dann offensichtlich die Aminosäuren zum Protein verknüpft. Wenn es fertig gestellt ist, löst es sich vom Ribosom ab. Wie aber erhalten die Ribosomen die Information für die Reihenfolge der Aminosäuren des aufzubauenden Proteins von der DNS? *Crick* und Mitarbeiter entwickelten 1958 die folgende *Hypothese*:

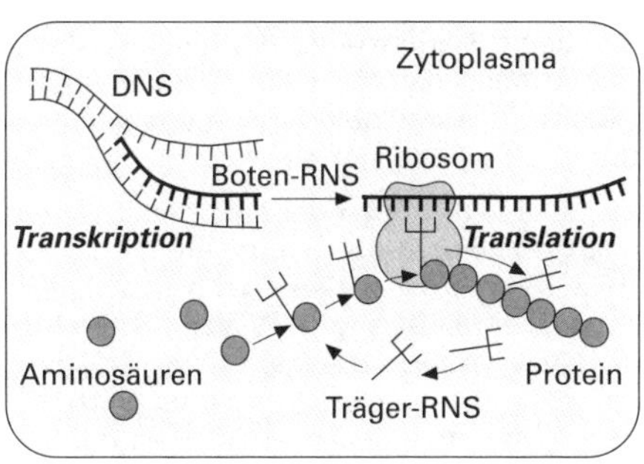

Abb. 89.2 Proteinbiosynthese

Es müsse einen dritten Typ RNS geben, der als *Bote* eine Abschrift eines DNS-Abschnitts zu einem Ribosom transportiert. Diese sog. *Boten- oder messenger-RNS* (*mRNS*) wurde kurz darauf gefunden.

Von *Träger-RNS* müsse es wenigstens 20 verschiedene Sorten geben, die einerseits eine bestimmte Aminosäure binden und andererseits mit einem bestimmten Basentriplett der Boten-RNS sich paaren können. Auch diese Voraussage bestätigte sich.

Die Proteinbiosynthese kann somit in zwei Abschnitte gegliedert werden: In die Phase des *Abschreibens einer bestimmten Basensequenz von der DNS in die Boten-RNS, die sog. Transkription*, und in die Phase des *Übersetzens der Basensequenz von der Boten-RNS in die Aminosäuresequenz eines Proteins, die sog. Translation.*

11.3 Proteinbiosynthese, Transkription

Die Synthese von Boten-RNS (messenger-RNS, mRNS) im Reagenzglas wurde durch die Entdeckung und Reingewinnung des Enzyms möglich, welches den Transkriptionsvorgang katalysiert. Man nennt es *RNS-Polymerase*.

Die *In-vitro-Synthese von mRNS* kann auf folgende Weise durchgeführt werden:

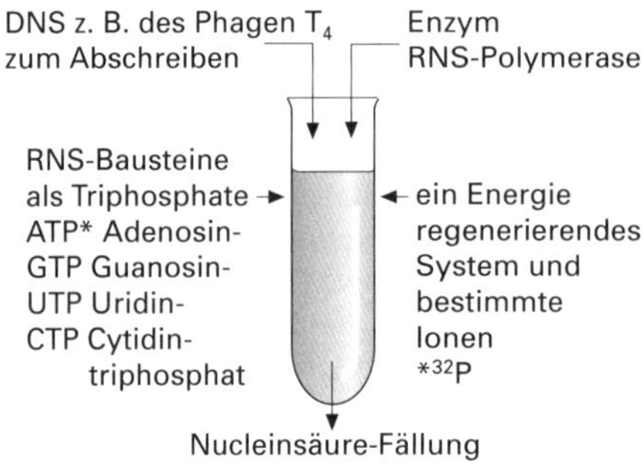

Abb. 90.1 In-vitro-Synthese von mRNS

Man pipettiert in ein Reagenzglas Wasser und die nebenstehenden Stoffe. Das ATP ist mit ^{32}P radioaktiv markiert. Nach 15 Minuten Inkubation bei 37 °C fällt man alle hochmolekularen Nucleinsäuren mit Trichloressigsäure aus, filtriert und misst die Radioaktivität des Filterrückstandes.

Ist die Aktivität gegenüber einem Kontrollansatz ohne Enzym hoch, so heißt das, dass Nucleosidtriphosphate zu hochmolekularer RNS (unter Abspaltung von Pyrophosphat) zusammengebaut wurden.

Mittels eines sog. *Hybridisierungsexperimentes* kann man nachweisen, dass die in vitro synthetisierte RNS tatsächlich eine Basenfolge aufweist, die komplementär zur Basenfolge in einem Strang der eingesetzten T_4-DNS ist.

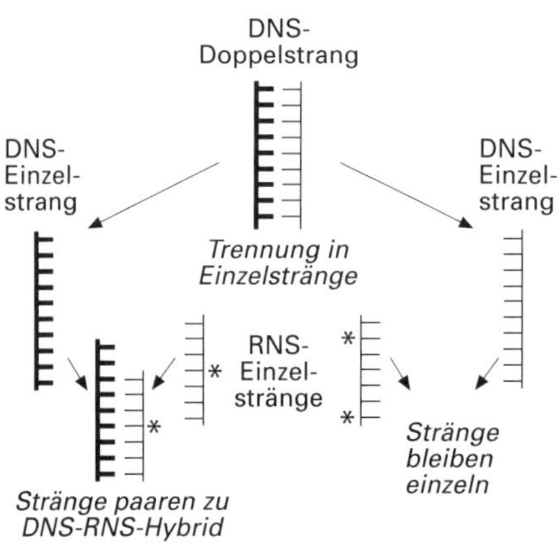

Abb. 90.2 DNS-RNS-Hybridisierung als Beweis, dass die mRNS komplementär zu einem DNS-Strang ist

Dazu erwärmt man eine Probe der T_4-DNS, wobei sich die Wasserstoffbrückenbindungen lösen und die doppelsträngige DNS in Einzelstränge zerlegt wird (Denaturieren von DNS).

Da der eine Strang der T_4-DNS beträchtlich mehr Purinbasen enthält als der andere, haben beide Stränge eine verschiedene Masse und können daher in einer Gradienten-Ultrazentrifugation getrennt gewonnen werden.

Fügt man zu Proben der getrennten Einzelstränge je eine Probe der in vitro gebildeten RNS, so entsteht in einem der beiden Ansätze eine doppelsträngige Misch- oder Hybrid-Nucleinsäure aus einem DNS- und dem, damit als komplementär erwiesenen, RNS-Strang. Im anderen Ansatz bleiben die beiden Einzelstränge getrennt, da sie dieselbe Basensequenz haben.

Zahlreiche scharfsinnige Variationen der Grundexperimente haben zu den folgenden Vorstellungen über die Leistungen der RNS-Polymerase und über den Ablauf des Transkriptionsvorganges geführt:

Die *RNS-Polymerase* hat eine komplexe, hohlzylinderförmige Quartärstruktur. Sie erkennt eine *Start-Stelle*, den sog. *Promotor*, auf der DNS an einer bestimmten Basensequenz. Dort setzt sie sich fest, das Vorderende zum Gen hin gerichtet, und umschließt den DNS-Doppelstrang. Dann entwindet und öffnet sie ihn. Da das Enzym nur in 3′ → 5′-Richtung vorwärts wandern kann, ist nur ein Strang der DNS, der *codogene Strang*, als Matrize zur Anlagerung der komplementären, energiereichen RNS-Bausteine *ATP, GTP, UTP, CTP* geeignet. Bei deren Verknüpfung wird Pyrophosphat abgespalten. Dabei entsteht die einsträngige Boten-RNS. Im hinteren Bereich der RNS-Polymerase schließen sich die aufgespreizten DNS-Einzelstränge wieder zum Doppelstrang.

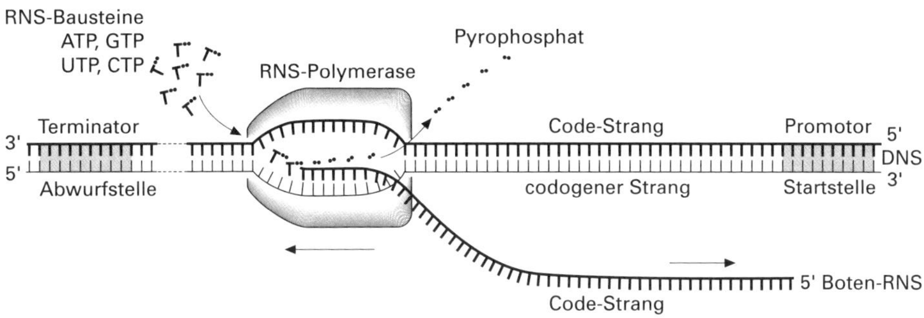

Abb. 91.1 Modellvorstellung vom Transkriptionsvorgang

Die RNS-Polymerase wandert der DNS entlang. Dabei wächst die *Boten-RNS* mit dem 5′-Ende voran aus ihr heraus. Schließlich gelangt das Enzym an eine *Stopp-Stelle*, einen sog. Terminator, wo es sich ablöst. Die ebenfalls abgelöste Boten-RNS stellt eine komplementäre Kopie des codogenen Stranges eines DNS-Abschnittes dar und trägt die Basensequenz des *Code-Stranges*. Sie enthält bei Bakterien mehrere Gene, bei Eukaryonten jeweils nur ein Gen. Welcher der beiden DNS-Stränge der Code-Strang und welcher der codogene Strang ist, kann von Abschnitt zu Abschnitt wechseln.

Neben den für die Synthese von Proteinen zuständigen Genen, den sog. *Strukturgenen*, die in *Boten-RNS* transkribiert werden, enthalten weite Strecken der DNS Gene, deren Transkription zur Bildung *ribosomaler RNS* und zur Bildung der verschiedenen *Träger-RNS*-Moleküle führen.

Aufgaben

1. Begründen Sie, weshalb und unter welchen Voraussetzungen im Experiment Abb. 90.1 aus der Zahl der β-Zerfälle pro Sekunde auf die während der Inkubationszeit des Ansatzes gebildete RNS-Menge geschlossen werden kann.
2. Steigert man in verschiedenen Ansätzen von Versuch Abb. 90.1 die Konzentration der RNS-Polymerase, so nimmt die RNS-Ausbeute zunächst zu und erreicht dann ein Plateau. Interpretieren Sie diesen Befund.
3. Das Antibiotikum Actinomycin hemmt die Transkription. Es hemmt auch die Bildung von Puffs in Riesenchromosomen (Abb. 22.1). Folgerung?

11.4 Proteinbiosynthese, Translation

Jetzt geht es um die Frage, wie die Abfolge von Basentripletts in der Boten-RNS in eine bestimmte Abfolge von Aminosäuren im Protein übersetzt wird.
An der Übersetzung sind ein Sortiment verschiedener Träger-RNS-Moleküle und ein gleich großes Sortiment verschiedener Enzymmoleküle beteiligt.

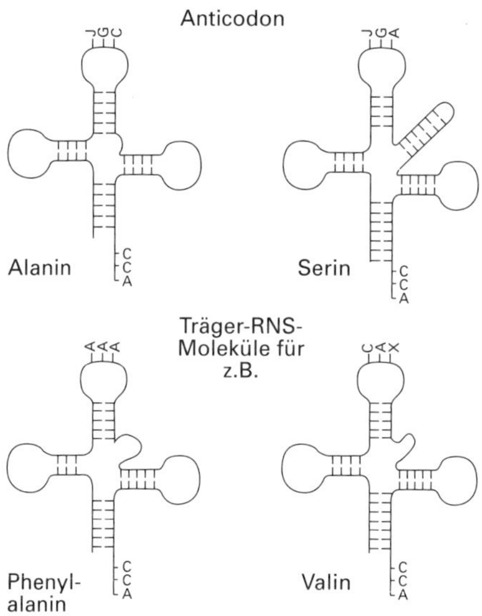

Abb. 92.1 Ebene Strukturmodelle von verschiedenen Träger-RNS-Molekülen

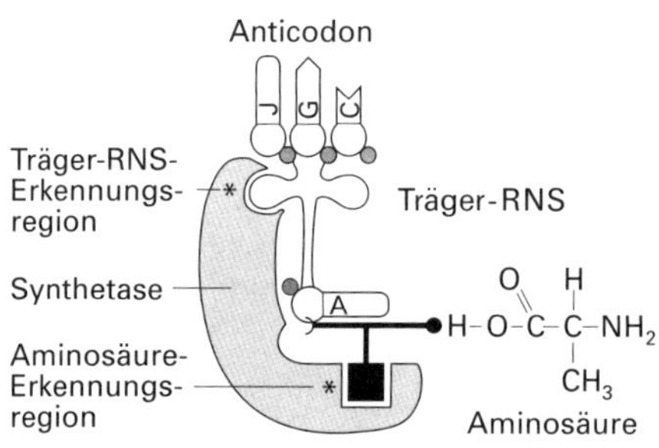

Abb. 92.2 Zuordnung eines bestimmten Träger-RNS-Moleküls zu einer bestimmten Aminosäure durch ein Enzym mit zwei Erkennungsregionen

Die *Träger-RNS-Moleküle* bestehen aus 70–80 Nucleotiden, die neben den gewöhnlichen Basen auch andere, wie z. B. das dem Adenin ähnliche Inosin, enthalten. Die Nucleotide sind streckenweise gepaart. Die ungepaarten Stellen bilden Schleifen, die den verschiedenen Träger-RNS-Molekülen verschiedene (kleeblattähnliche) Formen geben. In jeweils einer Schleife ragen drei Basen nach außen, die komplementär zu einem bestimmten Basentriplett der Boten-RNS sind.

Ein Basentriplett der Boten-RNS, das eine bestimmte Aminosäure codiert, nennt man *Codon*, das komplementäre Triplett der Träger-RNS nennt man *Anticodon*.

Die dem Anticodon gegenüberliegende, sog. Aminosäure-Anheftungsstelle ist bei allen Träger-RNS-Molekülen gleich, sodass diese Stelle nicht für die Auswahl der richtigen, d. h. dem Codon entsprechenden, Aminosäure verantwortlich sein kann. Zum richtigen Zusammenkoppeln eines bestimmten Träger-RNS-Moleküls mit einer bestimmten Aminosäure dienen vielmehr *bestimmte Enzyme*, die sog. *Synthetasen*, die sowohl die charakteristische Tertiärstruktur einer bestimmten Träger-RNS als auch die Struktur der charakteristischen Reste R der Aminosäuren abgreifen können.

Außerdem bereiten die Synthetasen die Aminosäuren auf die Energie verbrauchende Knüpfung der Peptidbindung vor. Im Einzelnen spielen sich bei der Translation im Prinzip die folgenden, modellhaft dargestellten biochemischen Vorgänge ab:

1. Aktivierung der Aminosäuren

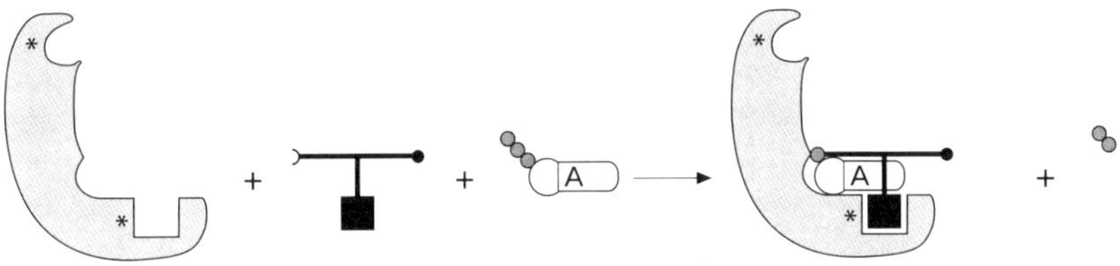

Abb. 93.1 Aktivierung einer Aminosäure durch ATP

Ein Synthetase-Molekül nimmt mittels seiner Aminosäure-Erkennungsregion Kontakt mit einer „passenden" Aminosäure und mit Adenosintriphosphat auf und bildet den Komplex „aktivierte Aminosäure". Dabei wird Pyrophosphorsäure abgespalten. Es entsteht ein energiereiches Anhydrid zwischen der Carboxylgruppe der Aminosäure und einer Phosphorsäuregruppe des Adenosinmonophosphats.

2. Koppelung der aktivierten Aminosäuren an Träger-RNS

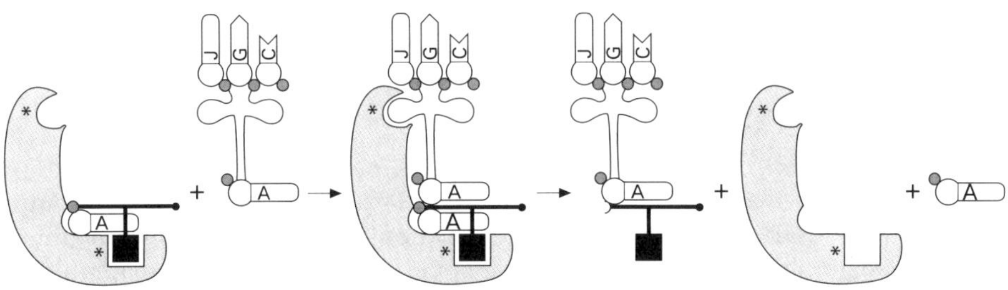

Abb. 93.2 Koppelung einer aktivierten Aminosäure an ein Träger-RNS-Molekül

Das Synthetase-Molekül mit der aktivierten Aminosäure wählt mittels seiner Träger-RNS-Erkennungsregion ein in seine Tertiärstruktur passendes Träger-RNS-Molekül aus und bildet kurzzeitig einen Komplex, der sich in eine mit der „richtigen" Aminosäure beladene Träger-RNS, in das Synthetase-Enzym und Adenosinmonophosphat spaltet. Die energiereiche Anhydridbindung ist jetzt zwischen der Carboxylgruppe der Aminosäure und der 3'OH-Gruppe der endständigen Ribose des Träger-RNS-Moleküls geknüpft.

Auf diese Weise werden die verschiedenen Aminosäuren mittels der Synthetase-Moleküle über das Schlüssel-Schloss-Prinzip räumlicher Molekülstrukturen den verschiedenen Träger-RNS-Molekülen und damit bestimmten Basentripletts, den Anticodons, zugeordnet. Damit ist die Voraussetzung dafür geschaffen, dass einem Codon der Boten-RNS eine bestimmte Aminosäure zugeführt werden kann.

3. Synthese des Proteins

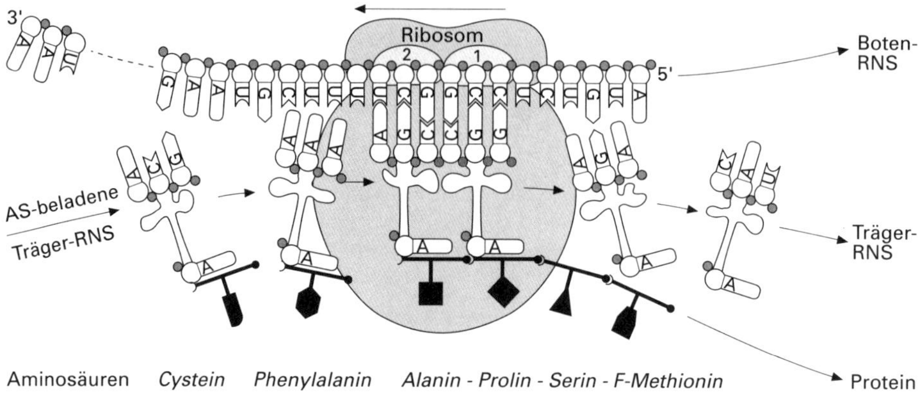

Abb. 94.1 Proteinbiosynthese-Schema der Translation

a) *Startvorbereitungen:* Inaktive Ribosomen sind in ihre beiden Untereinheiten gespalten. Kommt eine Boten-RNS an, so springt die kleinere Untereinheit auf die mRNS auf und setzt sich an einer bestimmten Stelle, dem *Startcodon AUG*, fest. Die größere Untereinheit tritt hinzu, und die *Start-Träger-RNS* dockt mit ihrem *Anticodon UAC* in Position 1 der kleinen Untereinheit an. Sie trägt immer die mit einer Formylgruppe modifizierte Aminosäure F-Methionin. Damit ist der Leserahmen für den Start der Proteinsynthese festgelegt.

b) *Kettenverlängerung:* Die kleine Ribosomen-Untereinheit besitzt eine zweite Bindestelle für Träger-RNS. Dort kann nun diejenige Träger-RNS einrasten, deren Anticodon zu dem auf das Startcodon folgenden Codon passt. An der größeren Untereinheit wird daraufhin enzymatisch die erste Peptidbindung zwischen dem Methionin und der ersten gewöhnlichen Aminosäure, im Beispiel Serin, geknüpft. Unter Energieverbrauch, die aus der Spaltung von GTP stammt, rückt das Ribosom um ein Basentriplett (in der Abbildung) nach links bzw. die Boten-RNS um ein Triplett nach rechts weiter. Dabei wird die Start-Träger-RNS abgespalten, und die zweite Träger-RNS gelangt mit ihrer Aminosäure in Position 1. In die frei gewordene Position 2 kann jetzt die dritte aminosäurebeladene Träger-RNS mit passendem Anticodon einrasten. Nach Knüpfung der Peptidbindung wiederholt sich der Vorgang. In der Abbildung ist der vierte Verlängerungsschritt dargestellt. Triplett für Triplett der Boten-RNS wird auf diese Weise in die entsprechende Aminosäurefolge der wachsenden Polypeptidkette übersetzt.

c) *Kettenabbruch:* Die Peptidsynthese wird dadurch beendet, dass es für einige Tripletts, die *Abbruchcodone UAA, UAG* und *UGA*, keine Träger-RNS-Moleküle gibt. Erscheinen sie auf der Boten-RNS in Position 2 des Ribosoms, wird enzymatisch die letzte Aminosäure vom letzten Träger abgelöst. Die Ribosomen-Untereinheiten trennen sich wieder, und die letzte Träger-RNS verlässt die Boten-RNS.

Bei Bakterien laufen Transkription und Translation eines mehrere Gene umfassenden DNS-Abschnitts unmittelbar kombiniert ab. Dabei sind sowohl mehrere RNS-Poly-

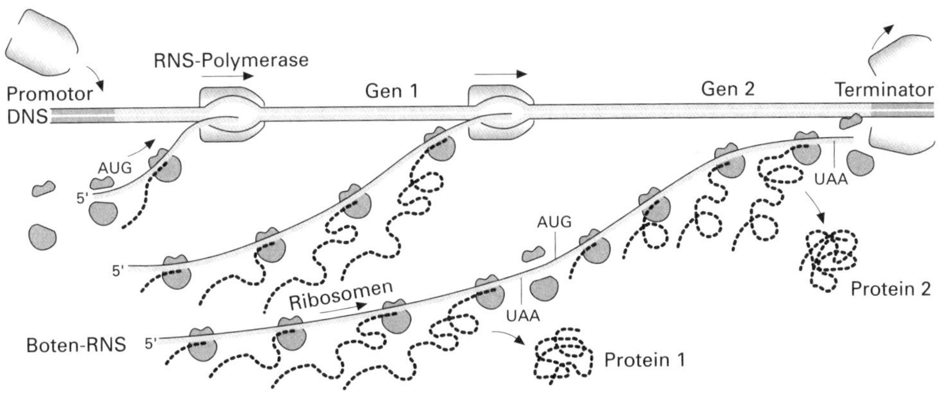

Abb. 95.1 Kombinierte Transkription und Translation eines DNS-Abschnitts

merase-Moleküle tätig, die hintereinander gleichartige mRNS-Moleküle bilden, als auch viele Ribosomen, die nacheinander auf die wachsenden mRNS-Moleküle auffädeln und Proteinsynthese betreiben. Derartige Gruppen gleichzeitig an einer mRNS tätiger Ribosomen bezeichnet man als *Polysomen*. Ein einzelnes Ribosom kann pro Sekunde ca. 15–20 Aminosäuren verknüpfen.

11.5 Entzifferung des genetischen Codes

Die Beantwortung der Frage, welche Basentripletts der Boten-RNS welche Aminosäuren bedeuten, wurde durch Einsatz künstlicher RNS in zellfreie Systeme möglich.

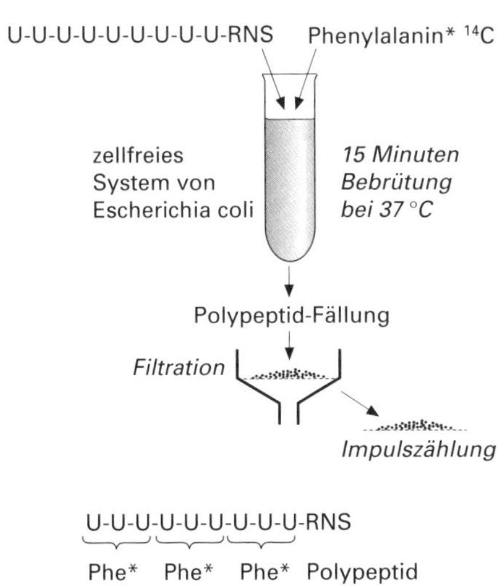

Abb. 95.2 Poly-Phenylalanin-Synthese in vitro durch Poly-Uracil-RNS

Nirenberg und *Matthei* (1961) stellten zunächst eine künstliche Boten-RNS her, die ausschließlich die Base Uracil enthielt. Diese Poly-U-RNS fügten sie zu 20 Ansätzen eines zellfreien Extrakts von Escherichia coli. Jeder Ansatz enthielt eine andere, mit ^{14}C markierte Aminosäure. Nach 15 Minuten Bebrütung bei 37 °C wurden alle Polypeptide mit Säure gefällt und filtriert. Dann wurde die Radioaktivität jedes Filterrückstands gemessen: Der Ansatz mit der Aminosäure Phenylalanin zeigte gegenüber den übrigen Ansätzen eine 1000fach gesteigerte Aktivität. Daraus wurde geschlossen, dass ein Polypeptid aus Phenylalanin entstanden war und das Codewort UUU Phenylalanin bedeutet. Entsprechend ergab sich für AAA Lysin und für CCC Prolin. Die Verwendung künstlicher Boten mit zweierlei, dreierlei oder mehrerlei Basen lieferte Ergebnisse (Aufgabe 1, S. 96), die zwar Gesetzmäßigkeiten, aber keine eindeutigen Zuordnungen erkennen ließen.

Durch den Einsatz planmäßig hergestellter Trinucleotide bekannter Basenfolge und ihren Einsatz in zellfreien Systemen von E. coli mit jeweils einer anderen radioaktiv markierten Aminosäure, gelang *Nirenberg* 1965 (Nobelpreis 1968) in wenigen Monaten die Entzifferung fast aller Codeworte. Die endgültige Klärung gelang *Khorana* 1965 (Nobelpreis 1968). Er synthetisierte DNS-Oligonucleotide definierter Zusammensetzung. Diese dienten als Matrize für eine RNS-Synthese in vitro. Die gewonnene Boten-RNS wurde in das zellfreie System eingesetzt und veranlasste die Bildung von Polypeptiden, deren Aminosäuresequenz analysiert wurde.

Zusammenfassend ergab sich: Von den 64 möglichen Codonen sind 61 den 20 Aminosäuren zugeordnet. Mit Ausnahme des Methionins und des Tryptophans gibt es für jede Aminosäure zwei bis sechs verschiedene Codone. Deshalb bezeichnet man den Code als *degeneriert*.

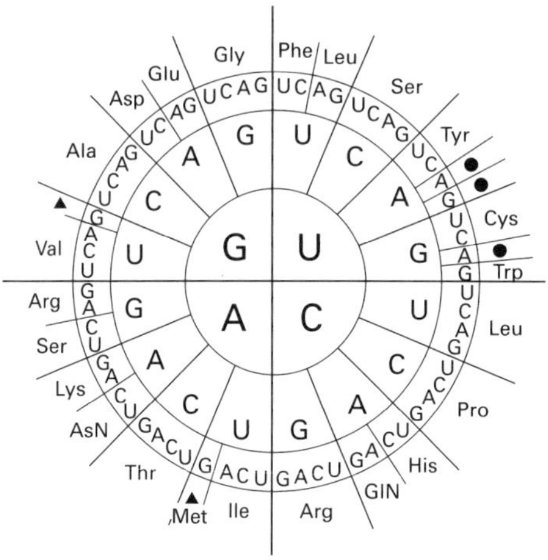

Abb. 96.1 Der genetische Code
Die Codonen sind von innen (5′) nach außen (3′) zu lesen. Sie geben die Basensequenz der mRNS-Codonen wieder, die für die außerhalb des Kreises stehenden Aminosäuren codieren
▲ = Start-Codon ● = Stopp-Codonen

Codone einer Aminosäure unterscheiden sich in der Regel nur durch die Base in der dritten Position. Nicht nur für jedes dieser Codone gibt es eine eigene Träger-RNS mit genau passendem Anticodon. Da die entscheidende Paarung über die ersten beiden Basen erfolgt, kommen Prokaryonten mit 31 verschiedenen Träger-RNS-Typen für die 61 aminosäurecodierenden Codone aus. Für drei Codone UAA, UAG und UGA gibt es keine Träger-RNS. Als *Stoppcodone* signalisieren sie das Ende eines Gens. AUG und GUG am Anfang einer mRNS oder nach einem Abbruchcodon signalisiert als *Startcodon* den Beginn einer Proteinsynthese mit F-Methionin. Dieses kann später wieder abgespalten werden. Innerhalb eines Gens bedeuten AUG normales Methionin und GUG Valin.

Der genetische Code, ursprünglich bei E. coli entziffert, ist universell: ein bestimmtes Codon bedeutet bei allen bisher untersuchten Organismen dieselbe Aminosäure. Lediglich bei einer Sondergruppe der Einzeller, den *Ciliaten*, codieren zwei der „Stoppcodone" für eine Aminosäure.

Aufgaben

1. Eine künstliche Boten-RNS enthalte eine sich wiederholende Abfolge von a) zwei, b) drei und c) vier verschiedenen Basen. Leiten Sie anhand selbst gewählter Basenfolgen ab, wie viele verschiedene Aminosäuren in einem Polypeptid zu erwarten sind, das von einer Boten-RNS vom Typ a, b und c bestimmt wird, unter der Voraussetzung, dass die Translation an einer beliebigen Stelle einsetzen kann.
2. Leiten Sie aus dem genetischen Code ab, welche Folge es für ein Protein haben wird, wenn im codogenen Strang der DNS im Triplett 3′AAC5′ das mittlere A durch T ausgetauscht wird.
3. Welche Vorteile könnte die Degeneration des genetischen Codes haben?

12 Regulation der Genaktivität bei Bakterien, Operon-Modell

Würden alle Strukturgene einer Zelle immer abgeschrieben und in Proteine übersetzt werden, so führte das zu einem Chaos. Offensichtlich unterliegt die Genaktivität einer Kontrolle, die dazu führt, dass jeweils nur das produziert wird, was in einem bestimmten Entwicklungszustand benötigt wird. Zunächst soll ein Mechanismus besprochen werden, der noch nicht die Regulation der *Gen*aktivität (Enzymsynthese), sondern die Regulation der *Enzym*aktivität betrifft.

12.1 Regulation der Enzymaktivität durch ein Endprodukt

Escherichia coli-Bakterien stellen in einem Minimalmedium alle DNS-Bausteine, die Nucleosidtriphosphate und alle Eiweißbausteine, die zwanzigerlei Aminosäuren, letztlich aus anorganischen Kleinmolekülen in zahlreichen Reaktionsschritten her, von denen jeder durch ein bestimmtes Enzym katalysiert wird.

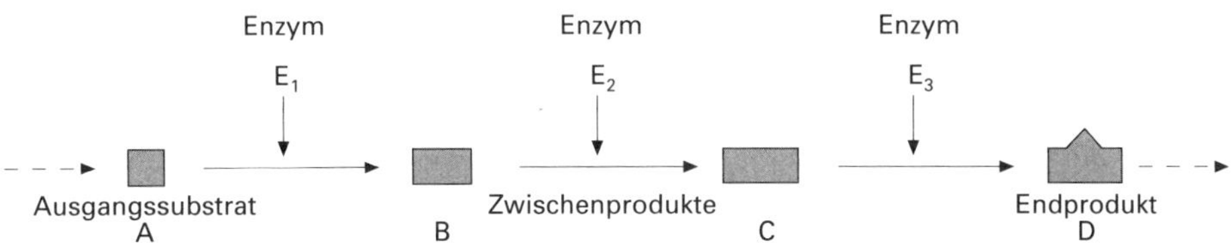

Abb. 97.1 Enzymgesteuerte Reaktionsschritte des aufbauenden Stoffwechsels

Bietet man den Bakterien das Endprodukt D der Synthesekette im Nährmedium an, so stellen sie in wenigen Minuten die bisherige Eigenproduktion dieser Molekülsorte ein und beziehen sie stattdessen aus dem umgebenden Medium. Die Konzentration der Enzyme bleibt im Fließgleichgewicht zwischen ihrem weiterlaufenden Aufbau und Abbau konstant. Dennoch wird die Herstellung des Endprodukts D gestoppt.

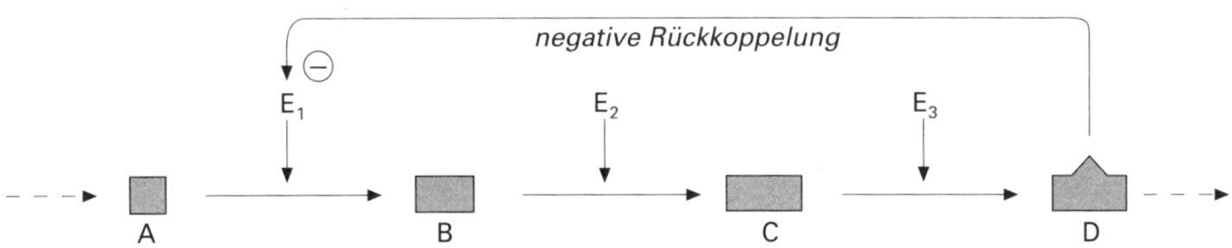

Abb. 97.2 Regelkreisschema der direkten Endprodukthemmung der Enzymaktivität

Dies geschieht dadurch, dass das *Endprodukt D die Aktivität des ersten Enzyms der Synthesekette E_1 hemmt*, und zwar umso stärker, je höher die Konzentration an D ist. Dadurch werden die Umwandlung von A nach B und durch den auftretenden Mangel an B auch die weiteren Reaktionsschritte unterbunden. *Diese Regulationsleistung bezeichnet man als direkte Endprodukthemmung der Enzymaktivität.*

Die Hemmung des Enzyms E_1 durch das Endprodukt erfolgt im Prinzip auf die folgende Weise (Abb. 98.1):
Die räumliche Struktur des Enzyms E_1 weist zwei verschiedene, hochgradig spezifische Bindungsorte auf: einen für das umzuwandelnde Substrat und einen, auf den das Endprodukt der Synthesekette passt. Wird D dorthin gebunden, verändert sich die Konformation des Enzyms derart, dass das Ausgangssubstrat nicht mehr aufgenommen und in B umgewandelt werden kann.

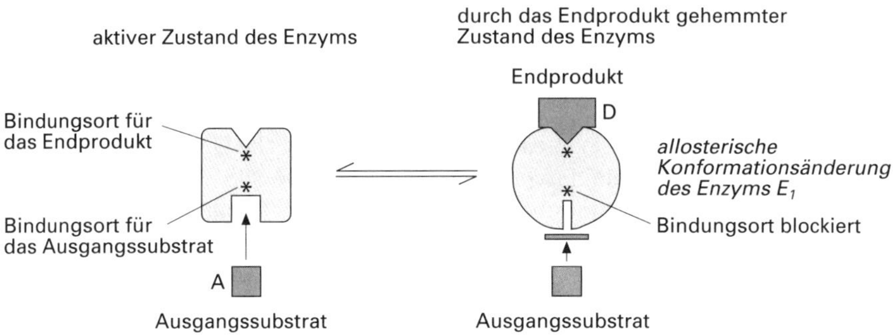

Abb. 98.1 Schema der Regulationsfähigkeit eines allosterischen Enzyms

Derart regulierbare Enzyme mit verschiedenen Bindungsorten nennt man *allosterisch* (gr. allos, anders). Sie sind stets aus mehreren Polypeptidketten aufgebaut. Einen Stoff, der die Aktivität eines Enzyms beeinflusst, nennt man allgemein *Effektor*, wirkt er hemmend, bezeichnet man ihn als *Inhibitor*. Allosterische Enzyme verfügen häufig über einen dritten spezifischen Bindungsort, an den ein Stoff binden kann, der die Raumstruktur derart stabilisiert, dass die Enzymaktivität gefördert wird. Einen derartigen Stoff bezeichnet man als *Aktivator*.
Allosterische Proteine können hemmende und fördernde Einflüsse gleichzeitig empfangen, „verrechnen" und mit der Einstellung eines Aktivitätsniveaus beantworten, welches die Optimierung eines Stoffwechselsystems bewirkt.
Allosterische Proteine dienen der *Feinregulierung des Stoffwechsels*. Darüber hinaus kommt ihnen eine entscheidende Rolle beim An- und Abschalten von Genen, d. h. bei der Regulation der Proteinbiosynthese, zu.

Aufgaben

1. Kalkulieren Sie die Zahl möglicher Genorte von E. coli aus folgenden Angaben: Länge der DNS: ~1 mm; Abstand der Basenpaare in der DNS: 0,33 nm; angenommene Durchschnittszahl von Aminosäuren pro Polypeptid: 335. Welche Tatsachen bleiben bei dieser Kalkulation unberücksichtigt?
2. Planen und beschreiben Sie ein Experiment mit einer radioaktiv markierten Molekülsorte, welches die Entscheidung gestattet, ob bei einer regulierbaren Produktion eines Endprodukts die Enzymaktivität oder die Enzymsynthese gehemmt wird.
3. Ergänzen Sie das Regelkreisschema Abb. 97.2 und das Enzymschema Abb. 98.1 durch Berücksichtigung der Wirkungsmöglichkeit eines Aktivators.

12.2 Regulation der Transkription durch ein Endprodukt

Ein reichlich vorhandenes Endprodukt einer Synthesekette des aufbauenden Stoffwechsels, z. B. eine Aminosäure, kann nicht nur die Aktivität eines allosterischen Enzyms der Synthesekette hemmen (Endprodukthemmung, S. 97), sondern häufig auch die Produktion der ganzen Serie der an der Synthese beteiligten Enzyme abstellen. Wie ist diese höchst ökonomische Leistung möglich?

Folgende Befunde und Denkschritte führten zur Aufstellung des von *Jacob* und *Monod* entwickelten *Modells der Genregulation* (Nobelpreis 1965):

Die Enzyme einer Synthesekette werden in einem konstanten Massenverhältnis gebildet. Mutationen der für diese Enzyme zuständigen Gene führen zu Defekten einzelner Enzyme. Kreuzungen solcher Mutanten erlauben die Kartierung der Genorte auf dem Bakterienchromosom. Dabei zeigt sich, dass die Genorte für die Enzyme einer Synthesekette unmittelbar benachbart sind.

Darüber hinaus kennt man Mutanten, bei denen die betreffenden Enzyme zwar alle richtig produziert werden können, bei denen die Produktion der Enzyme aber durch Zugabe des Endprodukts nicht mehr abgestellt werden kann. Auch kennt man Mutanten, bei denen die ganze Serie von Enzymen nicht mehr hergestellt werden kann. Die Kartierung dieser Mutationen zeigt, dass sie in dem DNS-Abschnitt unmittelbar vor dem ersten Strukturgen des ersten Enzyms der Synthesekette liegen.

Den DNS-Abschnitt, der offensichtlich die Tätigkeit (Operation) einer nachfolgenden Gruppe von Strukturgenen kontrolliert, nennt man *Operator-Gen*. Die Steuereinheit des Operatorgens mit der Gruppe der Strukturgene nennt man ein *Operon*. Vor dem Operatorgen fand man den Startplatz für die RNS-Polymerase, den *Promotor* (S. 91).

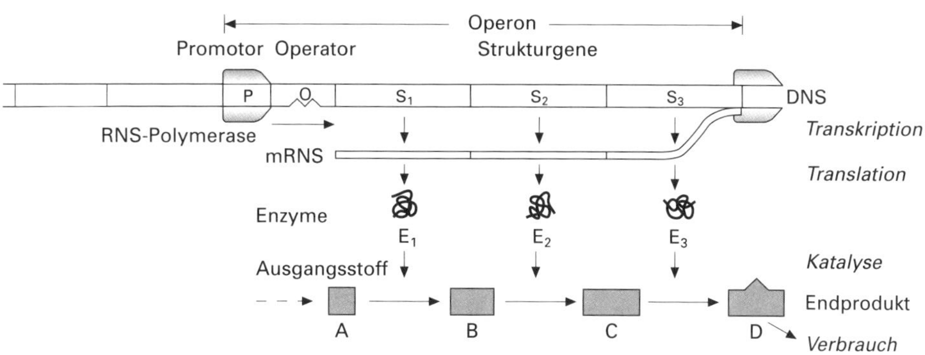

Abb. 99.1 Operon für eine Synthesekette des aufbauenden Stoffwechsels in Tätigkeit

Die einfachste Annahme für das Abschalten eines tätigen Operons durch das Endprodukt D einer Synthesekette wäre die, dass das Endprodukt auf irgendeine Weise den Zustand des Operatorgens so verändert, dass die RNS-Polymerase nicht mehr starten und damit die nachfolgenden Gene nicht mehr abschreiben kann.

Ein weiterer Typ von Mutanten zeigt, dass zur Bestimmung oder zur Freigabe des Starts der RNS-Polymerase noch ein Vermittler nötig ist: Die betreffenden Mutanten zeichnen sich dadurch aus, dass die Enzyme eines Operons entweder laufend oder überhaupt nicht mehr gebildet werden, unabhängig von der Gegenwart oder Abwesenheit des Endprodukts. Die Kartierung dieses DNS-Abschnitts zeigt, dass er nicht in unmittelbarer Nachbarschaft des Operons liegt.

Wegen seiner Bedeutung für die Regulierbarkeit des Operons bezeichnet man einen in der Nähe des Operons liegenden DNS-Abschnitt als *Regulator-Gen*. Das Genprodukt des Regulator-Gens, das nur in geringer Molekülzahl in der Zelle vorkommt und deshalb nur mit großem Aufwand nachgewiesen werden kann, erweist sich als ein allosterisches Protein (Abb. 98.1). Dieses kann in dem einen Konformationszustand an das Operator-Gen binden und damit die Transkription unterdrücken. Man bezeichnet es deshalb als *Repressor* (Abb. 100.1). Im anderen Konformationszustand kann es nicht daran binden. Dann wandern RNS-Polymerasemoleküle über das Operon und stellen Boten-RNS her, die in die Enzyme übersetzt wird, welche das Endprodukt entstehen lassen.

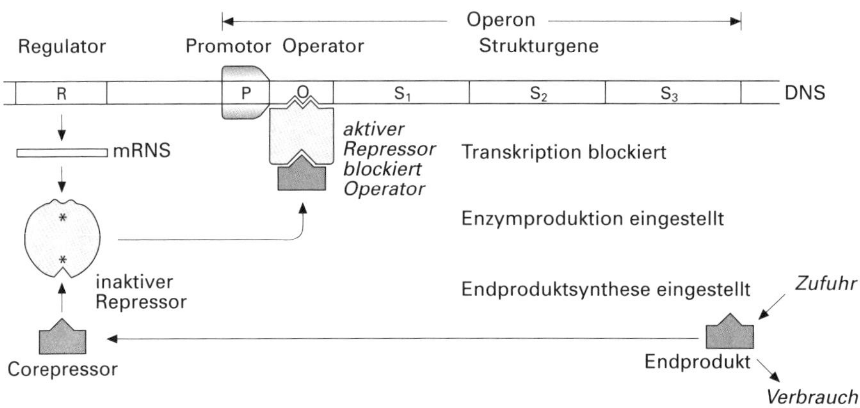

Abb. 100.1 Operon für eine Synthesekette des aufbauenden Stoffwechsels. Die Zufuhr des Endprodukts löst die Blockierung des Operons aus: Endprodukt-Repression der Genaktivität

Der entscheidende Trick für die selbstständige Abschaltung der Enzymproduktion nach Erreichen einer bestimmten Konzentration an Endprodukt bzw. nach dem Angebot des Endprodukts im Medium besteht somit darin, dass *das Endprodukt als Effektor an eine bestimmte Stelle des allosterischen Repressor-Proteins binden kann und dabei jene Konformationsänderung bewirkt, welche den Repressor zur Bindung an das Operator-Gen befähigt.* Das Endprodukt bezeichnet man deshalb hier als *Corepressor*. Durch die Verbindung von Repressor und Corepressor wird das Operon blockiert. Sinkt die Endproduktkonzentration durch Verbrauch oder durch Überführung der Bakterienkultur vom Vollmedium in Minimalmedium, so wird die Blockierung durch die Trennung von Repressor und Corepressor wieder aufgehoben.
Den beschriebenen Modellfall bezeichnet man als *Endprodukt-Repression der Genaktivität*. Er ist für eine Reihe von Syntheseketten des aufbauenden Stoffwechsels bei Bakterien nachgewiesen.

12.3 Regulation der Transkription durch ein abzubauendes Substrat

E. coli-Bakterien, denen Glucose als Substrat für die Energiegewinnung angeboten wird, stellen alle zum Abbau von Glucose nötigen Enzyme her. Überträgt man sie in ein Medium, das nur den Milchzucker Lactose enthält, so beginnen sie mit der Produktion genau jener Enzyme, die zur Spaltung von Lactose in Glucose und Galactose und zum Galactoseabbau nötig sind. Die Lactose löst offenbar die Bildung der zu ihrem Abbau nötigen Enzyme selbst aus.

Man nennt den Auslösevorgang *Induktion der Enzymsynthese* und das die Induktion bewirkende Substrat einen *Induktor*.

Auch dieses zweckmäßige Verhalten lässt sich mit der *Operon-Hypothese der Genregulation* kausal verständlich machen:

Das Lactose-Operon (lac-Operon) umfasst drei Strukturgene für drei Enzyme:

S_1 = β-Galactosidase, spaltet Lactose in Glucose und Galactose,
S_2 = β-Galactosid-Permease, transportiert Lactose aus dem Medium durch die Zellmembran,
S_3 = Transacetylase, bewirkt, dass keine Überdosis an Lactose in die Zelle gelangt.

Solange keine Lactose im Medium vorhanden ist, blockiert das Genprodukt des Regulatorgens, der lac-Repressor, die Transkription der Strukturgene des lac-Operons, sodass die drei Enzyme nicht bzw. nur in Spuren hergestellt werden.

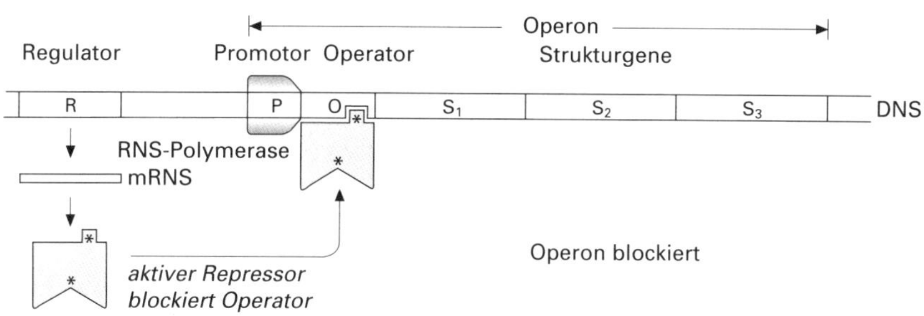

Abb. 101.1 Operon für Schritte des abbauenden Stoffwechsels. Ein aktiver Repressor blockiert das Operon, solange kein abzubauendes Substrat vorhanden ist

Der lac-Repressor vermag in der Konformation, in der er gebildet wird, an den Operator zu binden. Als allosterisches Protein besitzt er eine zweite spezifische Bindungsstelle für Lactose. Sobald Lactose in die Zelle gelangt, kann sie an diese Stelle des Repressors binden und dabei jene Konformationsänderung bewirken, die zur Inaktivierung und Ablösung des Repressors vom Operator führt. Jetzt können RNS-Polymerase-Moleküle längs des Operons die drei Strukturgene ablesen und damit die Synthese der drei Enzyme des lac-Operons einleiten (Abb. 102.1).

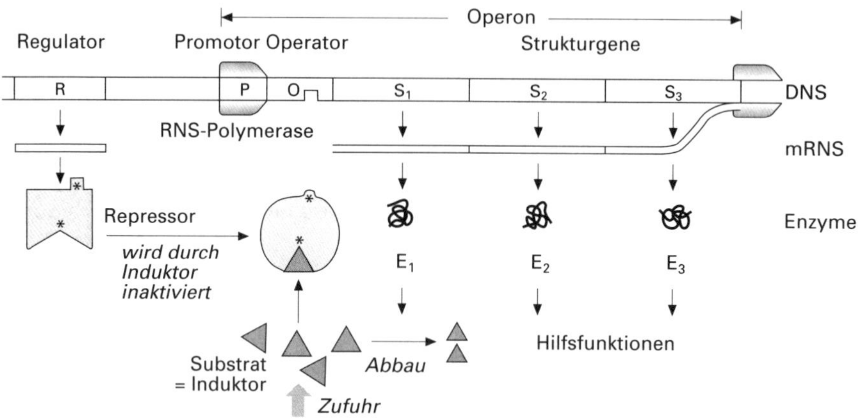

Abb. 102.1 Operon für Schritte des abbauenden Stoffwechsels. Die Zufuhr des Substrats hebt die Blockierung des Operons auf: Induktion der Genaktivität

Das Verschwinden der Lactose durch ihren Abbau z. B. nach Rückübertragung in ein Glucose-Medium löst selbsttätig die Schließung des lac-Operons aus, indem der Repressor nach Austritt der Lactose wieder den aktiven Konformationszustand annimmt und an den Operator bindet.

Nicht alle Enzymsysteme bei Bakterien sind regulierbar. So werden z. B. Enzyme des intermediären Stoffwechsels, die weitgehend unabhängig von speziellen Umweltsituationen ständig benötigt werden, auch ständig produziert. Sie werden laufend abgebaut bzw. durch Zellteilung verdünnt, sodass sich ihre Konzentration in einem Fließgleichgewicht befindet. Derartige nicht regulierbare Enzyme nennt man *konstitutiv*. Demgegenüber bezeichnet man Enzyme, deren Produktion an den Bedarf angepasst werden kann, als *adaptiv*.

Aufgaben

1. Diskutieren Sie mögliche Folgen einer Mutation des Regulatorgens für die Enzymsynthese des zugeordneten Operons
   a) für die Endproduktrepression,
   b) für die Substratinduktion.
2. Angenommen, ein Genprodukt eines Operons des abbauenden Stoffwechsels wirke als aktiver Repressor für ein anderes Operon. Skizzieren Sie diese Situation in Anlehnung an die vorausgegangenen vier Abbildungen, und schildern Sie Folgen dieser Verknüpfung von zwei Operons.
3. Welcher Zusammenhang besteht zwischen der Lebensdauer der Boten-RNS, eines Operons und der Totzeit des Regelkreises der Endproduktrepression
   a) bei Zugabe des Endprodukts,
   b) bei Entzug des Endprodukts?

13 Isolierung und Untersuchung von Genen bei höheren Organismen

Die Entzifferung des genetischen Codes und die Entwicklung des Operonmodells der Genregulation waren Glanzleistungen genetischer Grundlagenforschung. Sie wurden in den Sechzigerjahren in Experimenten mit Bakterien und Phagen erbracht. Da die Phagen-DNS nur wenige Gene enthält und in Bakterien beliebig vermehrbar ist, konnte damals schon der komplette Genbestand kleiner Phagen analysiert werden. Pflanzen, Pilze, Tiere und Menschen sind dagegen viel komplexer aufgebaut. Ihre meterlange DNS ist im Chromatin von Zellkernen bzw. in Chromosomenpaaren verwickelt verpackt (S. 21). Ihre Zellen sind in die verschiedensten Typen differenziert, welche die Gewebe und Organe des Körpers aufbauen. Und schließlich sind die Generationszeiten viel zu lang und die Nachkommenzahlen zu gering, um aus zufälligen Mutationen und deren Rekombination den Genbestand zusammenhängend und im Detail analysieren zu können.

Der Aufbruch in ein neues Zeitalter genetischer Forschung und Praxis begann Anfang der Siebzigerjahre mit der Entwicklung neuer DNS-Rekombinationsverfahren, die man heute als *Gentechnik* bezeichnet.

13.1 Klonierung biochemisch rekombinierter DNS

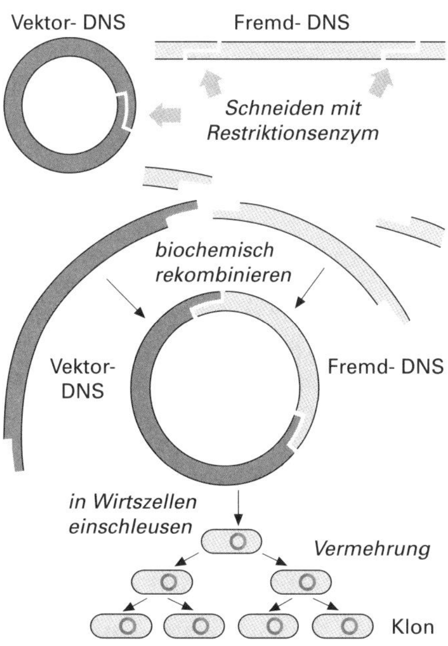

Abb. 103.1 Prinzip der Klonierung

Zwei Werkzeuge der Gentechnik sind von zentraler Bedeutung:

1. *Restriktionsenzyme* (S. 84), welche die DNS an Stellen mit einer bestimmten Sequenz von 4–6 Basen in der Regel so schneiden, dass Fragmente mit einsträngigen, komplementären Enden entstehen. V 15 S. 153

2. *Plasmid- bzw. Virus-Vektoren* (S. 84), die mit demselben Restriktionsenzym aufgeschnitten, ein Fragment fremder DNS bei erneuter Ringbildung als Passagier aufnehmen können.

In Wirtszellen eingeschleust, können die rekombinierten Vektoren beliebig vermehrt werden. Da man die identischen Nachkommen einer Zelle als *Klon* bezeichnet, nennt man den Vorgang *Klonieren von DNS*.

Eine der wichtigsten *Restriktionsnucleasen* der Gentechnik stammt aus Escherichia coli. Sie wird mit EcoRI bezeichnet. Das Enzym erkennt einen kleinen DNS-Abschnitt aus 6 Basenpaaren, der sich durch eine bemerkenswerte Besonderheit auszeichnet. Dreht man den Abschnitt um 180°, so bleibt die Abfolge der Basenpaare dennoch gleich. Eine solche punktsymmetrische Buchstabenfolge bezeichnet man als *Palindrom.*

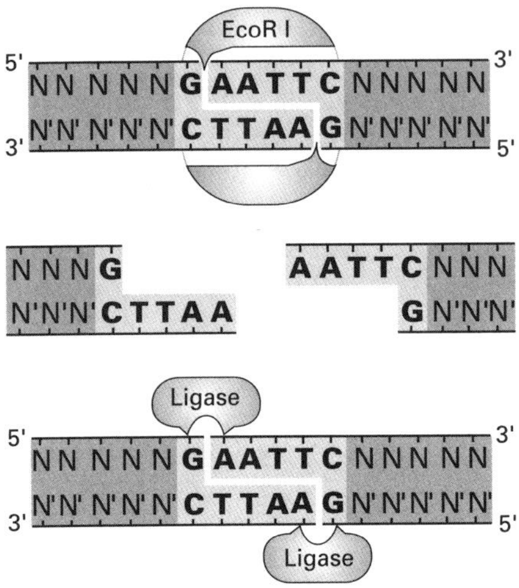

Abb. 104.1 Schneiden und Verknüpfen von DNS durch Enzyme

Das Restriktionsenzym EcoRI erkennt das nebenstehende Basenpaar-Palindrom und schneidet in beiden Strängen gleichzeitig zwischen G und A. Dadurch kommen die überstehenden Einzelstrangenden zustande. Da sie sich über Wasserstoffbrücken wieder verbinden können, bezeichnet man sie auch als *klebrige Enden*. Dabei ist es gleichgültig, von welchen Organismen die DNS-Fragmente mit solchen Enden stammen. Um die überlappenden Enden wieder stabil zu verknüpfen, ist noch das Enzym *Ligase* nötig. Es schließt Einzelstrangbrüche, wie sie bei der Replikation (S. 15) und bei DNS-Reparaturarbeiten in Zellen auch natürlicherweise vorkommen, durch Phosphoresterbindungen.

Ein wichtiger *Plasmid-Vektor* hat die Bezeichnung pBR322. Er wurde speziell für Klonierungszwecke aus mehreren E. coli-Plasmiden zusammengebaut.

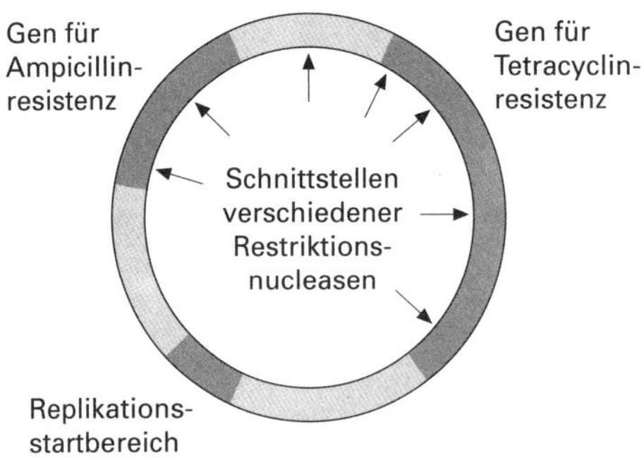

Abb. 104.2 Plasmid-Vektor pBR322

Der Vektor enthält einen *Replikationsstartbereich* und zwei Bereiche mit Antibiotika-Resistenzgenen, einen für *Ampicillinresistenz* und einen für *Tetracyclinresistenz*. Außerdem enthält er für eine Reihe verschiedener Restriktionsenzyme je eine *Erkennungssequenz*. Wichtige Schnittstellen liegen im Bereich der Resistenzgene, deren Zerstörung durch den Einbau eines Fremdgens die Selektion von Bakterien mit rekombinierter Hybrid-DNS auf folgende Weise ermöglicht.

Die Fremd-DNS soll in den Vektor z. B. an der EcoRI-Schnittstelle im Tetracyclin-Resistenzgen eingebaut werden. Der Einbau erfolgt im Reagenzglas durch zufällige Rekombination der versetzt geschnittenen DNS-Stücke über die klebrigen Enden. Vektoren mit eingebauter Fremd-DNS, sog. *Hybrid-Vektoren*, müssen nun zur *Klonierung* in Wirtsbakterien eingeschleust werden. Dazu eignet sich der Vorgang der *Transformation* (S. 80). Allerdings nimmt im Schnitt nur jede zehnmillionste Bakterienzelle einen Vektor auf, und zwar gleichermaßen Vektoren mit oder ohne eingebaute Fremd-DNS. Bakterien mit dem gewünschten Hybrid-Vektor müssen folglich erst wie eine Stecknadel im Heuhaufen gesucht werden. Die Suche erfolgt in zwei Schritten aufgrund der Antibiotika-Resistenzen des Vektors mittels antibiotikahaltiger Nährböden in der schon bekannten Kolonie-Stempel-Technik (S. 79):

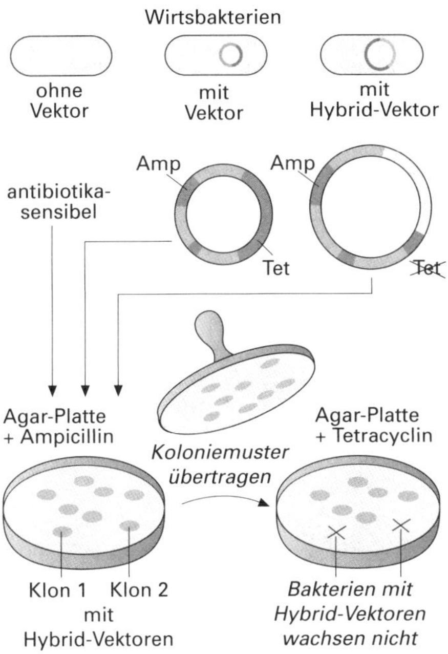

Abb. 105.1 Hybrid-Vektor-Klonselektion

Die Suspension der Wirtsbakterien wird auf einem Agar-Nährboden ausgestrichen, der Ampicillin enthält. Darauf können nur Bakterien Kolonien bilden, die einen Vektor aufgenommen und mit ihm Ampicillin-Resistenz erworben haben. Bakterien ohne den Vektor gehen zugrunde.

Das Koloniemuster wird mit einem Samtstempel auf einen zweiten Nährboden übertragen, der Tetracyclin enthält. Da durch den Einbau der Fremd-DNS in das Tetracyclin-Resistenzgen des Vektors dieses zerstört ist, können Bakterien mit dem Hybrid-Vektor auf diesem Nährboden keine Kolonien bilden.

Durch Vergleich der Koloniemuster auf beiden Nährböden sind die gewünschten Kolonien identifizierbar. Jede dieser Kolonien stellt einen Klon von Bakterien dar, die in ihren Vektoren jeweils ein bestimmtes Fremd-DNS-Stück enthalten. In Nährlösung übertragen, können die Bakterien jedes Klons und damit die Hybrid-Vektoren mit eingebauter Fremd-DNS vermehrt und aufbewahrt werden.

Aufgaben

1. Geben Sie die 16 Palindrom-Vierer-Basensequenzen an, die als Erkennungssequenzen für Restriktionsenzyme infrage kommen, indem Sie die 16 Kombinationsmöglichkeiten von je zwei der vier Basen notieren und dann diese Zweiergruppen zu Doppelstrang-Palindromen ergänzen. Wie viele Schnittstellen für klebrige Enden gibt es pro Vierer-Palindrom und wie viele pro Sechser-Palindrom?
2. Wie häufig ist in einer DNS eine bestimmte Vierer- bzw. Sechsergruppe von Basenpaaren bei angenommener Zufallsverteilung der vielerlei Basen zu erwarten?
3. Erläutern Sie Schritte, die von einem Bakterienklon mit Hybrid-Vektor zu gereinigter Fremd-DNS führen.

13.2 Identifizierung von Klonen mit bestimmten DNS-Fragmenten

Durch Klonierung von Restriktions-Fragmenten der DNS eines Lebewesens erhält man eine *Bank* oder *Bibliothek* des genetischen Materials der betreffenden Art. Freilich weiß man noch nicht, welche Gene bzw. Teile von Genen sich in den einzelnen Klonen befinden. Man bezeichnet deshalb diese Methode als *Schrotschussklonierung*. Um ein bestimmtes Gen in derartigen Klonen aufzufinden, muss man von ihm schon etwas kennen: z. B. einen Teil der Aminosäuresequenz des Genproduktes. Dann kann man durch Rückübersetzung mittels des genetischen Codes mögliche Basensequenzen formulieren. Auf chemischem Wege kann man entsprechende einsträngige DNS-Stücke synthetisieren und dabei radioaktiv markieren. Ein derartiges markiertes, einsträngiges DNS-Stück bezeichnet man als *DNS-Sonde*.

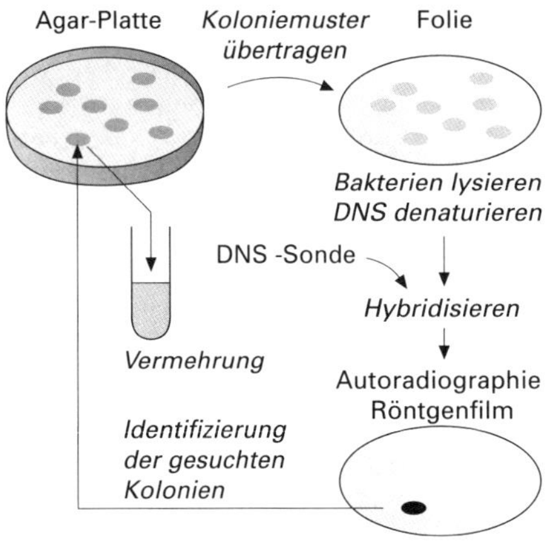

Abb. 106.1 Klon-Identifizierung

Mit einer radioaktiv markierten DNS-Sonde kann man Kolonien von Bakterien mit Vektoren identifizieren, die ein Fremd-DNS-Fragment mit einem zur Sonde komplementären DNS-Abschnitt enthalten. Dazu überstempelt man das Koloniemuster auf eine Folie. Auf dieser lysiert man die Bakterien und denaturiert, d. h. zerlegt die freigesetzte DNS in Einzelstränge. Hinzugefügte Sonden-DNS hybridisiert dann mit einem komplementären DNS-Abschnitt (Abb. 53.1). Die Autoradiographie der fixierten und gewaschenen Folie verrät die Lage von Kolonien, die den gesuchten DNS-Abschnitt enthalten. Von der Agarplatte weg können Proben solcher Kolonien in beliebigem Maßstab in Nährlösung vermehrt werden und damit auch der weiter zu untersuchende DNS-Abschnitt.

Will man auf direkterem Wege ein bestimmtes Gen erfassen, so kann man aus Zellen, in denen dieses Gen besonders aktiv ist, *Boten-RNS* gewinnen und diese in DNS zurückübersetzen. Die rückübersetzte DNS bezeichnet man als *Copy-DNS* oder *cDNS*. Kloniert man diese cDNS in Bakterien, erhält man eine *cDNS-Bibliothek*. Sie enthält weniger „Bände" als eine Schrotschuss-DNS-Bibliothek, sodass man eine gesuchte Information in ihr schneller finden kann.

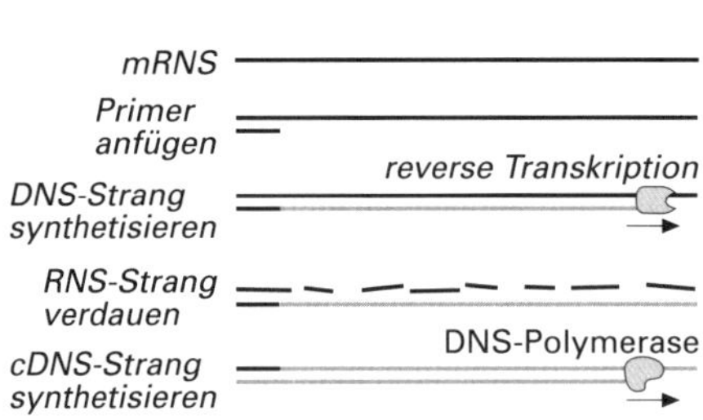

Abb. 106.2 Umkopieren mRNS in cDNS

Das Umcodierungsenzym heißt *Reverse Transkriptase*. Es stammt aus RNS-Tumor-Viren (S. 112). Damit es an der RNS starten kann, muss man ein aus wenigen Nucleotiden bestehendes DNS-Stück, einen sog. *Primer*, an die RNS binden lassen. Nach Synthese des DNS-Stranges wird die RNS enzymatisch verdaut. Dann kann die bekannte *DNS-Polymerase* den DNS-Einzelstrang zum Doppelstrang ergänzen (S. 15). Einsträngige *cDNS* kann markiert als *cDNS-Sonde* zur Klon-Identifizierung dienen.

Zur Klonierung größerer DNS-Stücke, z. B. der cDNS von Eukaryonten-Genen, benutzt man häufig Vektoren, die aus Mutanten von λ-Phagen (S. 84) in vielen Einzelschritten planmäßig konstruiert wurden.

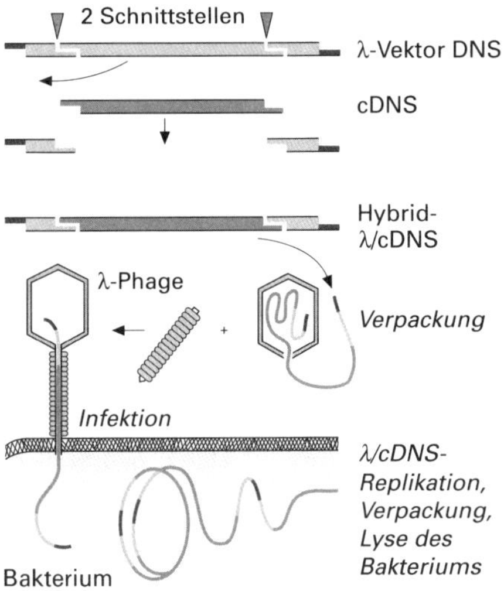

Abb. 107.1 Klonieren von cDNS in einem λ-Phagenvektor

Es gibt λ-Phagenvektoren, die auf ihrer line- V 15
aren DNS zwei Schnittstellen für ein be- S. 153
stimmtes Restriktionsenzym tragen. Das beim Schneiden entstehende mittlere Fragment ist z. B. durch cDNS von ca. 20 000 Basenpaaren (20 kbp) ersetzbar, das passende „klebrige Enden" erhalten hat. Die biochemisch rekombinierten DNS-Moleküle schlüpfen in vitro selbstständig in leere Kopfhüllen, die man von λ-Phagen-Defektmutanten in Wirtsbakterien bilden lassen kann. Die mit λ/c-Hybrid-DNS gefüllten Köpfe lagern Schwanzstifte an und können damit sehr effektiv auf Wirtsbakterien landen und die DNS einschleusen. Dort schließt sich die injizierte DNS über klebrige Enden zu einem Ring, der in wiederholten Replikationszyklen Hunderte zusammenhängender Kopien erzeugt. Diese schlüpfen nacheinander in Phagenköpfe. Schließlich werden die Wirtsbakterien lysiert und die Phagen treten aus.

Aus den λ-Phagen der aufgelösten Wirtsbakterien kann man die geklonte cDNS vielfach vermehrt rein gewinnen und z. B. ihre Basensequenz bestimmen. Da man die geklonte cDNS eines Eukaryonten mit einem bakteriellen Promotor versehen kann, stellen Bakterienzellen mit dem Fremdgen dann auch das fremde Genprodukt her (S. 119ff.).

Um eine unkontrollierte Ausbreitung gentechnisch veränderter Organismen in der Umwelt zu verhindern, wurden bereits 1975 auf einer internationalen Konferenz im kalifornischen Asilomar Sicherheitsrichtlinien aufgestellt. 15 Jahre Praxis haben sie z. T. als sinnvoll, z. T. als übertrieben erscheinen lassen. Das Gentechnik-Gesetz der Bundesrepublik Deutschland von 1990 hat sie teilweise übernommen. Es legt im Detail z. B. fest, dass Plasmid- und Phagenvektoren so gebaut sein müssen, dass sie unfähig sind, DNS auf andere als die gewünschten Wirtszellen zu übertragen, dass die Wirtszellen außerhalb des Labors nicht lebensfähig sein dürfen, dass genau festgelegte Sicherheitsrichtlinien für den Laborbetrieb eingehalten werden müssen und dass bestimmte gentechnische Experimente der Anmeldung und Genehmigung bei einer Landesbehörde bedürfen.

Aufgaben

1. Wie kann man aus einem Gemisch von DNS-Restriktionsfragmenten ein DNS-Fragment bestimmter Länge mittels einer passenden Sonde identifizieren (S. 57) und anschließend klonieren?
2. Vergleiche Herstellung und Inhalte einer Schrotschuss-DNS-Bibliothek und einer cDNS-Bibliothek. Gemeinsamkeiten und Unterschiede?

13.3 Sequenzanalyse geklonter Gene

Entscheidende Fortschritte bei der Untersuchung von Genen und ihren Leistungen wurden ab 1977 durch Verfahren der raschen *Sequenzanalyse von Genen* erzielt, die durch Klonierungen isoliert und vermehrt worden waren. Die Sequenzierung eines Gens von einigen Tausend Basenpaaren Länge kann aber nicht in einem Zuge erfolgen. Die DNS des Gens muss erst mit Restriktionsenzymen in kürzere Fragmente zerlegt werden, und die Fragmente müssen erst der Reihenfolge nach sortiert werden. Von Fragmenten bis 500 Basenpaaren kann dann deren Basensequenz bestimmt werden. Das Prinzip wichtiger Teilschritte sei kurz erläutert:

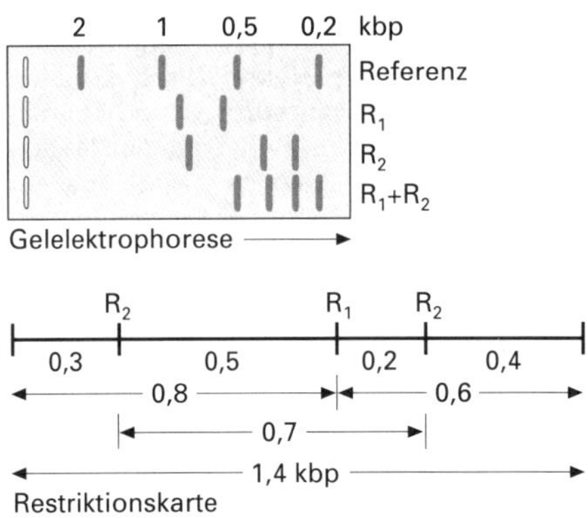

Abb. 108.1 Reihenfolge von DNS-Restriktionsfragmenten eines Gens

Sortieren der DNS-Fragmente

Bei einer *Gelelektrophorese* von DNS-Fragmenten wandern die kürzeren schneller als die längeren. Die Banden, die sie bilden, kann man durch einen Fluoreszenzfarbstoff im UV sichtbar machen. Durch Vergleich der Banden von Referenzfragmenten bekannter Länge mit den Banden der Restriktionsfragmente eines Gens kann man die Anzahl der Basenpaare pro Fragment grob bestimmen. Verwendet man in zwei Ansätzen zwei verschiedene Restriktionsenzyme, und in einem dritten beide Enzyme, so lässt sich aus dem Vergleich der Fragmentlängen die Reihenfolge der Fragmente im Gen ermitteln, wie aus dem nebenstehenden Beispiel ersichtlich ist. Das Ergebnis bezeichnet man als *Restriktionskarte des Gens.*

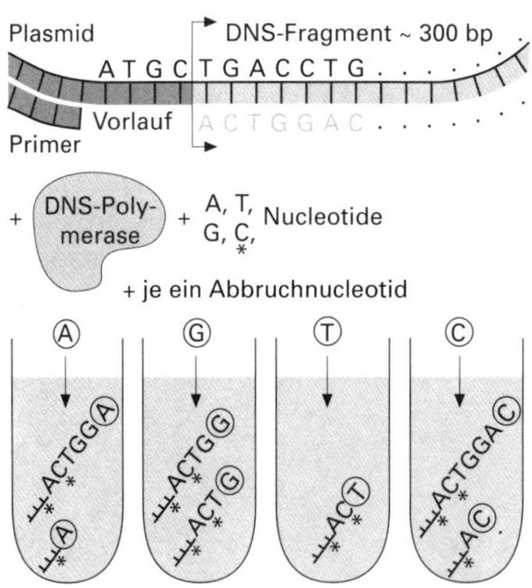

Abb. 108.2 Enzymatische DNS-Synthese mit Kettenabbruch-Nucleotiden

Sequenzanalyse eines DNS-Fragments

Ein DNS-Fragment wird in ein Plasmid integriert und in E. coli kloniert. Die Plasmide mit dem DNS-Fragment werden isoliert und in Einzelstränge zerlegt. Ein künstlich hergestellter Oligonucleotid-Primer, der spontan vor dem DNS-Fragment bindet, sowie die viererlei Nucleotide werden hinzugefügt, eines davon radioaktiv markiert. Die Probe wird auf vier Röhrchen verteilt. Zu jedem Ansatz wird eine begrenzte Menge eines veränderten Nucleotids gegeben, dessen Einbau den Abbruch der Synthese bewirkt. Die Reaktion wird mit der DNS-Polymerase gestartet. Die Konzentration der *Abbruchnucleotide* ist so gewählt, dass im Schnitt pro Syntheselauf nur ein Abbruchbaustein zur Verfügung steht. So bilden sich vom Primer aus unterschiedlich lange, radioaktiv markierte DNS-Stränge, die in jedem Ansatz mit einem anderen Abbruchnucleotid enden.

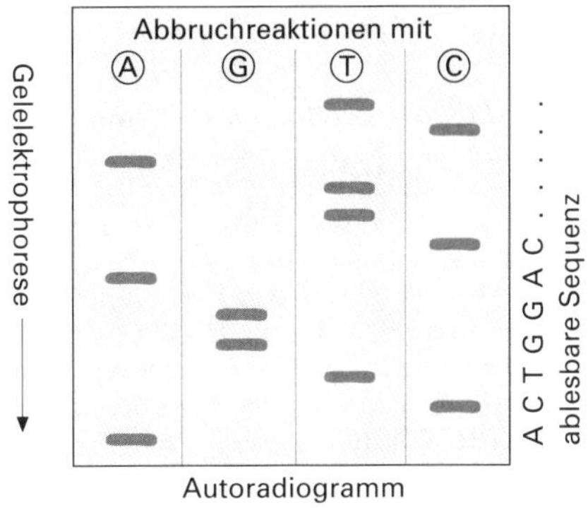

Abb. 109.1 DNS-Sequenzanalyse

Die viererlei Ansätze werden gestoppt und dann nebeneinander auf ein Gel gebracht. Durch Elektrophorese werden die markierten, von Base zu Base unterschiedlich langen Fragmente so genau getrennt, dass in der Autoradiographie des Gels aus der Bandenfolge in den vier Bahnen die Basensequenz direkt abgelesen werden kann.
Die Sequenzierung fluoreszenzgefärbter DNS-Fragmente kann heute bereits in Automaten mit einer Geschwindigkeit von einer Base pro Minute durchgeführt werden. Ein Laserstrahl bringt die Banden im Elektrophoresegel zum Leuchten, wenn sie während des Laufs eine Messstelle passieren. Die fertig analysierte Sequenz wird ausgedruckt.

1983 hatte *K. B. Mullis* auf Prinzipien der enzymatischen Sequenzanalyse aufbauend eine Technik entwickelt, mit der es gelingt, kleinste Mengen eines DNS-Fragments, im Extremfall ein einziges Molekül, mittels der DNS-Polymerase *in vitro* praktisch unbegrenzt zu vermehren und anschließend zu sequenzieren. Das automatisierte Verfahren hat klassische *In-vivo*-Klonierungstechniken zum Teil ersetzt. Es wurde *polymerase chain reaction (PCR)* genannt, weil die DNS-Vermehrung als exponentiell wachsende *Kettenreaktion* abläuft (Nobelpreis 1993):

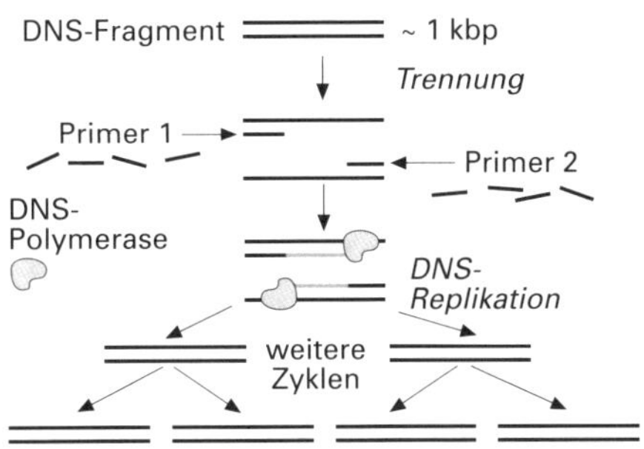

Abb. 109.2 Polymerase-Kettenreaktion

Von dem zu vervielfältigenden DNS-Fragment muss man die Endbereiche kennen, damit man zwei passende *Primer* für den Start der Polymerase herstellen kann. Ein Gemisch aus dem DNS-Fragment, einem Überschuss an Primern, Nucleotiden und einer hitzestabilen Polymerase wird erhitzt: die DNS-Doppelstränge trennen sich, beim Abkühlen binden die Primer an den Enden, und die Polymerase ergänzt die beiden Einzelstränge zu Doppelsträngen. Durch erneutes Erhitzen und wieder Abkühlen kann man den ganzen Vorgang erneut ablaufen lassen. Ein Vermehrungszyklus dauert 3–4 Minuten. Nach 25 Zyklen ist ein DNS-Fragment vollautomatisch millionenfach vermehrt.

Die *PCR*- und die *Sequenziertechniken* haben die molekulargenetische Forschung in allen Bereichen gewaltig beschleunigt. Die Anwendungen reichen von der Grundlagenforschung über die molekulare Diagnose von Erbkrankheiten bis zur Aufklärung evolutionsbiologischer Fragen durch DNS-Sequenzvergleiche.

Aufgaben

1. Die Zerlegung eines Gens von 3,1 kbp Länge ergab mit dem Restriktionsenzym R1 Fragmente von 2,0 kb und 1,1 kb, mit R2 1,5 kb, 1,3 kb und 0,3 kb sowie mit R1 + R2 Fragmente von 1,5 kb, 0,8 kb, 0,5 kb und 0,3 kb. Skizzieren Sie die Banden in drei Gelbahnen, und formulieren Sie die Restriktionskarte des Gens.
2. Lesen Sie aus dem Autoradiogramm (Abb. 109.1) die weitere Basensequenz ab.

Erste Befunde wurden 1977 am *β-Globin-Gen* des *Hämoglobins* gewonnen: Aus Kernen von Leberzellen des Kaninchens hatte man DNS freigesetzt, mit einem *Restriktionsenzym* in Fragmente zerlegt und diese durch *Gelelektrophorese* der Länge nach getrennt. Gleichzeitig hatte man aus Blutbildungszellen Boten-RNS isoliert, die für die Synthese des β-Globins verantwortlich ist und daraus mit *reverser Transkriptase* eine *cDNS-Sonde* für das β-Globin-Gen erhalten. Mittels dieser Sonde konnte man ein Fragment von 5,1 kbp als Träger des β-Globin-Gens identifizieren (S. 57) und aus dem Gel isolieren. Zerlegte man sowohl dieses DNS-Fragment als auch die cDNS mit einem weiteren Restriktionsenzym, so waren die Fragmente der Kern-DNS stets länger als die entsprechenden Fragmente der cDNS. *Sequenzanalysen der geklonten DNS* des β-Globin-Gens und der zugehörigen Boten-RNS bzw. cDNS führten zum typischen Aufbau der Eukaryonten-Gene (*Roberts* und *Sharp*, Nobelpreis 1993):

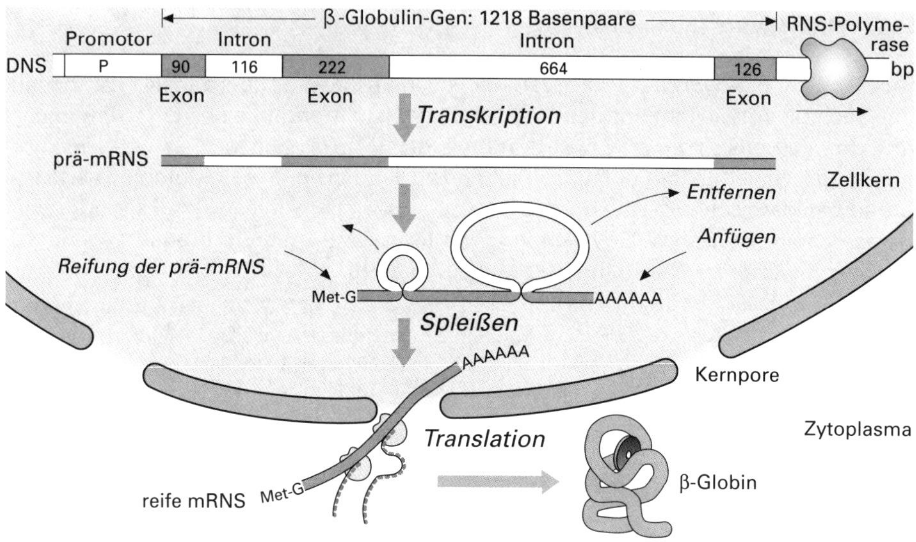

Abb. 110.1 Bau und Aktivität eines Mosaikgens am Beispiel des β-Globin-Gens

Das *β-Globin-Gen* ist in drei codierende DNS-Abschnitte *gestückelt*, zwischen denen sich zwei nicht codierende Abschnitte befinden. Die nicht codierenden DNS-Abschnitte heißen *Introns*, die codierenden Abschnitte *Exons*. Wegen dieses Aufbaus spricht man von einem *Mosaikgen*. Vor dem ersten Exon liegt ein langer *Promotor*, der an bestimmten Sequenzen das Andocken einer kompliziert gebauten RNS-Polymerase ermöglicht. Wenn ihr Start durch gewebespezifische *Aktivatoren* in Gang gesetzt wird, *transkribiert* sie das gesamte Mosaikgen in eine lange *messenger-RNS*, die man *Vorläufer-mRNS* oder *prä-mRNS* nennt. Diese wird nun einer *Reifung* unterzogen: An das 5'-Ende wird ein methyliertes Guanosin, an das 3'-Ende eine Kette von ca. 150 Adenosinnucleotiden angeheftet, die der Stabilisierung dieser RNS dienen. Die Intronabschnitte, die alle mit GT beginnen und mit AG enden, bilden Schleifen, die mittels spezieller Enzyme an den Grenzen so ausgeschnitten werden, dass die benachbarten Exons exakt verknüpft werden. Diesen Vorgang nennt man *Spleißen*. Die *reife mRNS* tritt durch eine Pore der Kernmembran ins Zytoplasma, wo an Ribosomen die *Translation* erfolgt.

Bemerkenswert ist, dass den drei Exons im β-Globin-Gen drei Bereiche in der Tertiärstruktur des β-Globinmoleküls entsprechen, denen unterschiedliche Funktionen zugeordnet werden können. Man nennt die Bereiche *Domänen* und nimmt an, dass das Mosaikgen in der frühen Evolution aus drei Genen entstanden ist, wobei die flankierenden, nicht codierenden Abschnitte den Zusammenbau erleichterten. Bakterien sollen nach dieser Vorstellung im Zuge einer Optimierung ihrer Vermehrungsgeschwindigkeit Introns aus ihren Genen entfernt haben, sich dabei aber gleichzeitig evolutiver Entwicklungsmöglichkeiten beraubt haben und deshalb in einer Sackgasse der Evolution stecken geblieben sein. Nicht ausgeschlossen ist aber die alternative Möglichkeit, dass die nicht codierenden Zwischenabschnitte ein Neuerwerb der Eukaryonten sind, welche das Genom beweglicher und damit entwicklungsfähiger machte. Auf jeden Fall können im Inneren von Introns ohne Folgen beliebige Mutationen stattfinden. Dies zeigt z. B. die Sequenzanalyse des β-Globin-Gens von verschiedenen Wirbeltieren: Während die Sequenzen der drei Exons weitestgehend übereinstimmen, variieren die Längen und Sequenzen der Introns beträchtlich. Gleiches gilt grundsätzlich für alle Eukaryontengene, die mitunter in bis zu 100 Exons und eine entsprechende Zahl von Introns gestückelt sind. Lediglich die Gene für die uralten, früh optimierten Kern-Histone bestehen aus einer einzigen codierenden Sequenz.

Das α-Globin-Gen ist dem β-Globin-Gen sehr ähnlich. Man nimmt an, dass beide von einem Vorläufer-Gen abstammen, das dupliziert wurde. Ihre Produkte, die α- und β-Globine, sind die Bestandteile des Hämoglobins *Hb A* des adulten Menschen (Abb. 69.3). Vor der Geburt, in der Fetalzeit, produzieren die Blut bildenden Zellen das Fetal-Hämoglobin *Hb F* und davor in der Embryonalzeit das *Hb E*. Es handelt sich dabei um Hämoglobinsorten mit anderen Globintypen. Die zugrunde liegenden Globin-Gene ähneln entweder dem α-Globin-Gen und liegen in dessen Nachbarschaft, oder sie ähneln dem β-Globin-Gen und sind diesem benachbart. Diese wohl ebenfalls durch Duplikationen gemeinsamer Vorläufergene entstandenen Globin-Gene müssen im Lauf der Entwicklung *stadienspezifisch* angeschaltet und abgeschaltet werden. Gleiches gilt für eine Reihe von Eukaryonten-Genen, die nur während bestimmter Entwicklungsstadien aktiv sind. Darüber hinaus sind bei allen Vielzellern bei der *Differenzierung* der Embryonalzellen in verschiedenen Gewebetypen *gewebespezifische* Genaktivierungen nötig. So muss z. B. in Bindegewebszellen das Gen für die Bildung von *Kollagenfasern* aktiviert werden. In Muskelzellen sind es die Gene für die Bildung der Muskelfibrillen oder in den Inselzellen der Bauchspeicheldrüse die Gene für die Synthese des *Insulins*. Alle Gene für Spezialprodukte der jeweils anderen Zelltypen müssen stillgelegt sein. Nur Gene für Enzyme des Grundstoffwechsels, die in allen Zellen benötigt werden, sind in der Regel dauernd aktiv.

Die Regulation der Genaktivität ist bei Eukaryonten wesentlich komplexer als bei Bakterien. Die DNS ist auf *Nucleosomen* im Chromatin des Zellkerns dicht verpackt (Abb. 21.1). Es gibt keine Operons. Jedes regulierbare Gen wird einzeln reguliert. Dies geschieht hauptsächlich durch *Aktivatoren*, welche an den Nucleosomen durch Abspaltung von *Histonen* den Startplatz für eine RNS-Polymerase freigeben. Dadurch wird die Transkription eingeleitet. Die Mobilisierung spezifischer Aktivatoren kann z. B. durch ein *Hormon* ausgelöst werden, das sich mit einem spezifischen *Rezeptor* in der Zelle verbunden hat und Signalwirkung auf Aktivatoren überträgt.

Aufgaben

1. Geben Sie mögliche Veränderungen im β-Globin-Gen an, die der Sichelzellanämie zugrunde liegen können (siehe dazu S. 69 und 96).
2. Zwischen den verschiedenen Globin-Genen liegen sehr ähnliche, aber nicht codierende *Pseudogene*. Wie könnten sie entstanden sein? Was könnte aus ihnen werden?

13.5 Krebsgene und Regulation der Zellvermehrung

Auch die Teilungsrate von Zellen wird von Genen und deren Produkten gesteuert. In embryonalen Zellen ist sie hoch, in ausdifferenzierten Zellen ist sie niedriger oder Null wie z. B. bei Nervenzellen. Gelegentlich beginnt aber eine ausdifferenzierte Zelle sich unkontrolliert zu vermehren und eine *Geschwulst*, einen *Tumor* zu bilden. Wenn dessen Zellen mit der Vermehrung nicht mehr aufhören und in anderen Geweben neue Herde, *Metastasen*, bilden, spricht man von einem *bösartigen* oder *malignen Tumor* oder von *Krebs*. Maligne Tumore des Epithelgewebes nennt man *Karzinome*, des Bindegewebes *Sarkome* und des Lymphsystems *Lymphome*.

Krebs steht in den Industrieländern nach Kreislauferkrankungen an zweiter Stelle der Todesursachen. Seit langem ist bekannt, dass er durch *kanzerogene* Stoffe wie sie z. B. im Zigarettenrauch vorkommen, durch radioaktive Strahlen und durch bestimmte Virusinfektionen ausgelöst werden kann.

Bereits 1910 hatte *P. Rous* (Nobelpreis 1966) gezeigt, dass mit zellfreien Extrakten von Hühner-Sarkomen bei gesunden Hühnern Tumorbildung veranlasst werden kann. Der Verdacht, dass der Extrakt *Viren* enthielt, bestätigte sich. Die Entdeckung weiterer Tumorviren und die Beschäftigung mit ihnen führte in den letzten Jahrzehnten zu erstaunlichen Erkenntnissen über die Krebsentstehung.

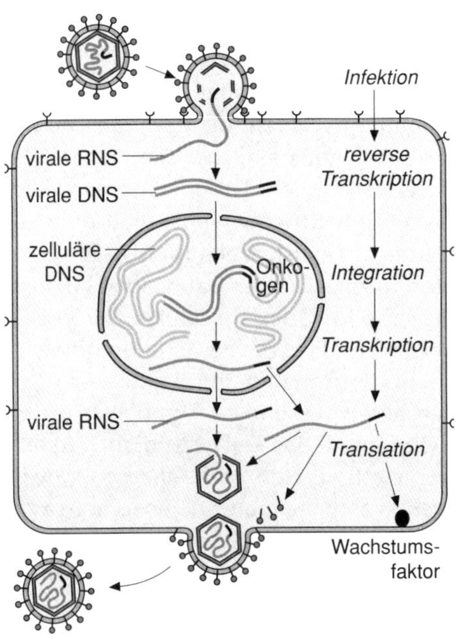

Abb. 112.1 Vermehrung von Retroviren

Das *Rous-Sarcoma-Virus* enthält ebenso wie eine Reihe später gefundener *Tumorviren einsträngige RNS* und *reverse Transkriptase*. Derartige Viren nennt man deshalb *Retroviren*. Ihre Kapsel ist von einer äußeren Hülle umgeben, die von der Plasmamembran der Wirtszelle stammt. Beim Kontakt mit einer neuen Wirtszelle verschmilzt sie mit deren Plasmamembran und entlässt die Viruskapsel in die Zelle, wo die Kapsel aufgelöst wird. Dann wird die RNS in DNS umgeschrieben und diese in die zelleigene DNS integriert. Durch Transkription entstehen RNS-Kopien. Diese werden zum Teil in Proteine übersetzt und zum Teil in die neuen Viruskapseln verpackt. Diese verlassen die Zelle durch *Exocytose*, wobei sie sich mit der äußeren Plasmamembranhülle umgeben. In diese sind stachelförmige Virusproteine eingebaut. Die Sequenzanalyse geklonter RNS von Tumorviren ergab neben typischen Virus-Genen jeweils ein Gen, für dessen Produkt man nachweisen konnte, dass es in die Steuerung des Zellzyklus eingreift und ungehemmtes Wachstum auslöst. Diese Gene nannte man *Onkogene*.

Die Überraschung war groß, als man mittels onkogenspezifischer radioaktiver DNS-Sonden Genbibliotheken von Tieren und dem Menschen durchmusterte und dabei *Onkogene als Bestandteil normaler, nicht infizierter Zellen* fand!

Die Isolierung und Sequenzierung dieser sog. *zellulären Proto-Onkogene (c onc)* erwies sie als Mosaikgene. Die *viralen Onkogene (v onc)* sind dagegen ungestückelt. Sie entsprechen *reifer mRNS* der zellulären Onkogene. In dieser Form sind sie von Retroviren durch *Transduktion* (S. 83) den Wirtszellen entnommen und durch Mutationen verändert worden.

Inzwischen zeichnen sich erste Konturen einer *allgemeinen Theorie der Krebsentstehung* ab (Nobelpreis 1987):
Im Chromosomenbestand gesunder menschlicher Zellen hat man über 20 *Proto-Onkogene* gefunden. Man hat Hinweise und Belege dafür, dass sie Proteine codieren, die der Steuerung des Zellwachstums dienen. Unter diesen kennt man bereits Wachstumsfaktoren, Rezeptoren für Wachstumsfaktoren und Botenstoffe, die Signalketten von der Plasmamembran durch das Zytoplasma in den Zellkern hinein aufbauen. Wird die Signalübertragung an einer Stelle gestört, so kann es zum Zelltod oder zu unkontrolliertem Wachstum kommen. Ursachen für Regulationsstörungen des Zellwachstums sind *Mutationen der DNS in Körperzellen im Bereich der zellulären Proto-Onkogene oder ihrer Promotoren.* Dadurch werden ruhende oder schwach aktive Proto-Onkogene zu aktiven Onkogenen. Die Mutationen können spontan erfolgen oder durch kanzerogene mutagene Strahlen und Stoffe ausgelöst werden. Aktive Onkogene können auch durch Retroviren in Zellen gelangen. Onkogenfreie Retroviren und DNS-Tumorviren vermögen zelluläre Proto-Onkogene zu aktivieren, wenn sie diese mit aktiven viralen Promotoren versehen.

Einige Beispiele für Mutationen als Krebsursachen seien genannt:
- Bestimmte Lungen-, Blasen- und Dickdarm-Karzinome beruhen auf *Punktmutationen* eines bestimmten Proto-Onkogens, wobei jeweils ein Basenpaar ausgetauscht ist. Betroffen ist ein Rezeptorprotein der Signalkette, das durch die Mutation vermutlich zu Daueraktivität veranlasst wird.
- Eine Form von Hautkrebs kann durch UV-Strahlen ausgelöst werden. UV lässt benachbarte Thyminbasen in der DNS sich verknüpfen, sodass die Replikation an diesen Stellen unterbrochen wird und *Deletionen* entstehen. Normalerweise behebt ein Reparaturenzym die Schäden. Versagt es in einem Onkogen, kann die Wachstumskontrolle zusammenbrechen.
- Bestimmte Formen von Lymphknotenkrebs und von Knochenkrebs beruhen auf reziproken *Translokationen* von Chromosomenfragmenten. Dadurch konnten Proto-Onkogene in die Nachbarschaft besonders aktiver Promotoren kommen, sodass das normale Genprodukt in Überdosis gebildet wird.
- Bei manchen Tumoren hat man Vervielfachungen von Proto-Onkogenen gefunden, was ebenfalls zu Überdosen des Genprodukts führt und dadurch die Wachstumskontrolle stört.

Die Verwandlung einer Normalzelle in eine Krebszelle verläuft über mehrere Etappen, zu deren Fortführung bestimmte kanzerogene Substanzen oder auch weitere Mutationen von Proto-Onkogenen nötig sind:

	Mutation 1 *Initiation*		*Substanz, Mutation 2?* *Promotion*		*Substanz, Mutation 3?* *Progression*	
Normalzelle	⟶	initiierte Zelle	⟶	transformierte Zelle	⟶	Krebszelle

Bisher übliche *Cytostatika* zur Krebsbekämpfung wirken nicht spezifisch. Sie behindern entweder die DNS-Replikation oder die Chromosomentrennung in der Mitose. Dadurch schädigen sie schnell wachsende Tumorzellen lediglich stärker als normal sich teilende Zellen. Es bestehen begründete Hoffnungen, dass aus der wachsenden Kenntnis der molekularen Grundlagen der Krebsentstehung spezifisch wirkende Mittel entwickelt werden können.

14 Grundlagen der Immunbiologie

Jeder Organismus wird im Lauf seines Lebens von *Viren, Bakterien, Pilzen* oder *Parasiten* bedroht, die aus der Umwelt in ihn eindringen und den Versuch starten, sich auf seine Kosten in ihm zu vermehren. Gelingt der Versuch, kann er in vielen Fällen für den Organismus tödlich enden. *Wirbellose Tiere* wehren sich mit einem begrenzten, starr ererbten Sortiment von Eiweißstoffen, die gegen Oberflächenstrukturen der Erreger gerichtet sind (*angeborene Resistenz*). Außerdem besitzen sie Fresszellen, die durch *Phagozytose* Fremdstoffe beseitigen können. *Wirbeltiere* haben darüber hinaus ein äußerst anpassungsfähiges Abwehrsystem, das *Immunsystem*, entwickelt, das nicht nur gegen beliebige Infektionserreger, sondern auch gegen Krebszellen mit veränderter Oberfläche, ja sogar gegen in der Natur gar nicht vorkommende, künstliche Fremdstoffe eine hochspezifische Gegenwehr mobilisieren kann. Die Gesamtheit der Vorgänge vom Aufspüren von Erregern oder Fremdstoffen bis zu ihrer Vernichtung bezeichnet man als *Immunantwort.* Die dabei erworbene spezifische Widerstandskraft als *erworbene Immunität* (lat. immunis, frei, rein).

14.1 Antigene und Antikörper

Die Erfahrung, dass Menschen bestimmte Krankheiten, z. B. *Masern*, nur einmal bekommen und nach ihrer Überwindung dagegen gefeit sind, ist uralt. Die Entdeckung von Bakterien und im Falle der Masern von Viren als Ursachen der Infektionskrankheiten fällt in die Jahrzehnte um die Jahrhundertwende.

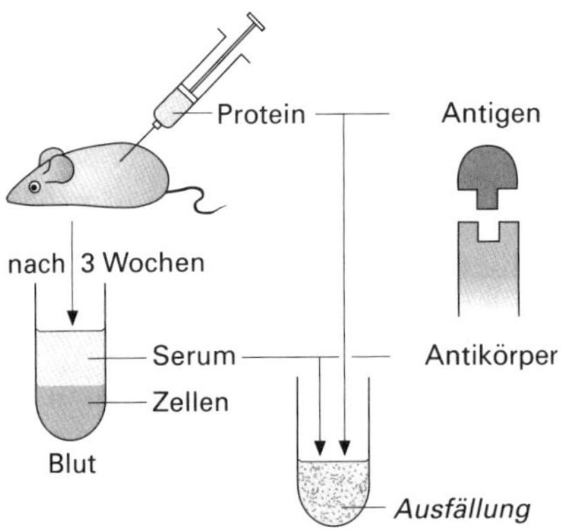

V16 S. 154 **Abb. 114.1 Nachweis der Bildung von Antikörpern: Präzipitat-Reaktion**

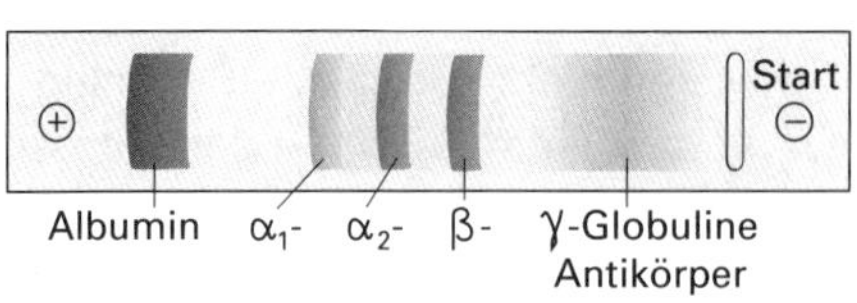

V15 S. 153 **Abb. 114.2 Abtrennung der Antikörper durch Elektrophorese des Serums**

Tierversuche und In-vitro-Tests führten zu ersten Entdeckungen über die Natur der Gegenwehr: Spritzt man Proteine eines Erregers in eine Maus, so treten 2–3 Wochen nach der Injektion im Blutserum Gegenstoffe auf, welche die injizierten Proteine offensichtlich binden können: Beim Zusammengeben der ursprünglichen Proteinlösung mit dem Serum der Versuchsmaus tritt nämlich eine Ausfällung, ein *Präzipitat*, auf. Die Gegenstoffe wurden *Antikörper* genannt, und die Stoffe, die ihre Bildung veranlasst hatten, nannte man *Antigene* (= Antikörper generierende Stoffe). Versuche mit verschiedenen Antigenen zeigten, dass die gebildeten Antikörper jeweils nur gegen das Antigen gerichtet waren, das seine Bildung ausgelöst hatte. Sehr früh nahm man an, dass die Spezifität der *Antigen-Antikörper-Reaktion* auf einem Schlüssel-Schloss-Prinzip beruht.

Führt man mit Blutserum eine *Elektrophorese* aus, so trennen sich die vielen darin enthaltenene Proteine. Die am wenigsten weit gewanderten nannte man γ-*Globuline*. Im Präzipitattest erwiesen sie sich als die gesuchten *Antikörper*.

14.2 Zellen des Immunsystems

Dass es tatsächlich die im Blutserum nach einer Infektion auftretenden *Antikörper* sind, die den Ausbruch der Krankheit verhindern, wurde durch *Übertragungsversuche* bewiesen. Sie führten zu praktischen Anwendungen und zu neuen Erkenntnissen:

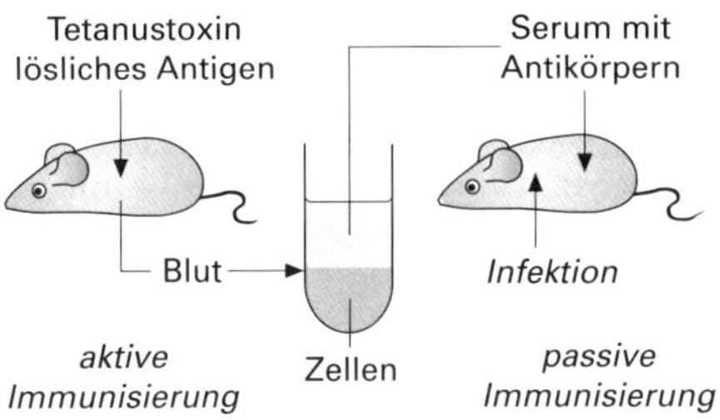

Abb. 115.1 Antikörper-vermittelte oder humorale Immunisierung

Tetanus-Bakterien geben ein *lösliches Antigen* in das Bluserum ab. Dieses sog. *Tetanustoxin* verursacht den Wundstarrkrampf. Spritzt man Tetanustoxin einer Maus, so bildet sie innerhalb von 2–3 Wochen in ihrem Serum dagegen Antikörper. Sie wird dadurch *aktiv immunisiert*. Überträgt man Serum dieser Maus auf eine andere, so erhält diese dadurch unmittelbaren Schutz gegen die gefährlichen Folgen einer Tetanus-Infektion. Sie ist *passiv immunisiert* worden. Die mit dem Serum übertragenen Antikörper gegen Tetanus entfalten ihre Antigen-bindende Tätigkeit auch im Empfänger-Organismus.

Die mit antikörperhaltigen Seren übertragbare Immunität bezeichnet man als *antikörper-vermittelt* oder *humoral* (lat. humor = Flüssigkeit). Auf der medizinischen Anwendung der diesbezüglichen Versuche beruhen die großen Erfolge der *aktiven* und *passiven Immunisierungen* gegen Infektionskrankheiten wie etwa der *Diphtherie*, die bereits in der ersten Hälfte dieses Jahrhunderts erzielt wurden.

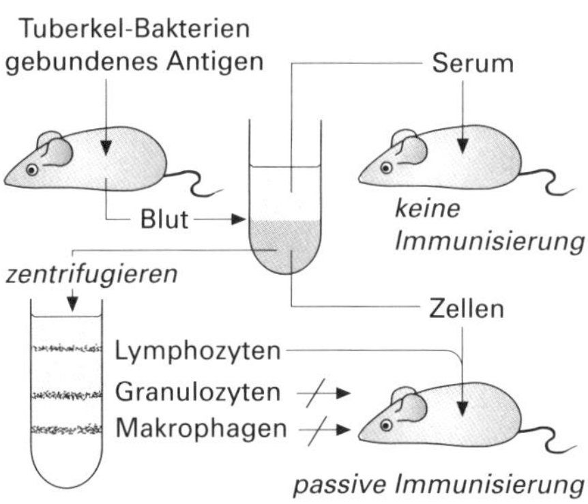

Abb. 115.2 Zell-vermittelte oder zelluläre Immunisierung

Tuberkel-Bakterien, die Erreger der *Tuberkulose*, dringen dagegen in Zellen ein und geben kein Toxin ab. Ihre Antigene erscheinen auf der Membran infizierter Zellen. Spritzt man abgeschwächte Tuberkel-Bakterien in eine Maus, so wird ebenfalls im Laufe von 2–3 Wochen eine Gegenwehr mobilisiert. Diese konnte nicht mit Serum auf andere Mäuse übertragen werden, wohl aber mit kernhaltigen *Zellen* aus der immunisierten, erbgleichen Maus. Durch Gradientenzentrifugation kann man die unterschiedlichen Haupttypen kernhaltiger weißer Blutzellen, der Leukozyten, nämlich *Lymphozyten, Granulozyten* und *Makrophagen*, trennen und in Übertragungsversuchen prüfen, welche Typen die Immunität vermitteln. Das Ergebnis war eindeutig. Es sind ausschließlich *Lymphozyten.*

Mit den Zellübertragungsversuchen hatte man eine zweite Art der *Immunisierung* entdeckt, die man als *zell-vermittelt* oder *zellulär* bezeichnet. Gleichzeitig war man damit den *Lymphozyten als den zentralen Zellen des Immunsystems* auf die Spur gekommen.

Als *Stammzellen* aller Typen von Blutzellen erwiesen sich vielseitig entwicklungsfähige Zellen im Mark der großen Röhrenknochen. Manche differenzieren sich dort zu amöboid beweglichen Fresszellen, den *Makrophagen*, andere zu einem Typ von Lymphozyten, die man *B-Lymphozyten* nennt (engl. Bone marrow, Knochenmark), und wieder andere gelangen mit dem Blut in den *Thymus* und reifen dort zu einem zweiten Typ von Lymphozyten heran, die man als *T-Lymphozyten* bezeichnet.

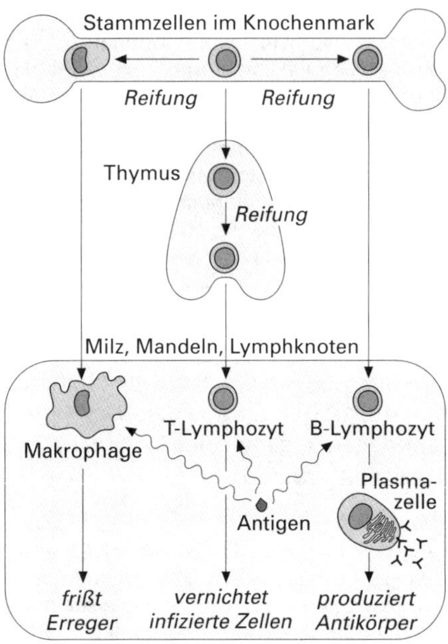

Abb. 116.1 Entwicklung und Aufgaben der Zellen des Immunsystems

Der *Thymus* ist ein kleines Organ zwischen Herz und Kehlkopf, das nach der Pubertät zurückgebildet wird. Die Entdeckung, dass thymusgeschädigte Kinder bei Infektionen keine zell-vermittelte Immunität aufbauen können sowie Versuche mit thymusgeschädigten Mäusen führten zu der Erkenntnis, dass die *T-Lymphozyten* hauptsächlich für die zellulär vermittelte Immunantwort zuständig sind. Dabei werden infizierte Körperzellen zerstört, die an membrangebundenen Antigenen erkannt werden, die von den Krankheitserregern stammen. Die *B-Lymphozyten* erwiesen sich als die Produktionsstätten der hauptsächlich gegen lösliche Antigene gerichteten Antikörper und damit zuständig für die humorale Immunantwort. Bei der Antikörperproduktion ist ihr Zytoplasma mit vermehrtem endoplasmatischem Retikulum beträchtlich angeschwollen, weshalb sie in diesem Zustand als *Plasmazellen* bezeichnet werden.

Die Zellen des Immunsystems verrichten ihre Tätigkeit hauptsächlich in den *lymphatischen Organen*. Dazu gehören die *Milz*, die *Mandeln* und die *Lymphknoten*. Über die *Blutgefäße* und die *Lymphgefäße* zirkulieren sie laufend zwischen diesen Organen und den übrigen Körperregionen.

Jetzt stellt sich die Frage, wie es möglich ist, dass Lymphozyten gegen jedes beliebig gestaltete Antigen komplementär passende Strukturen bilden können und weiter, wie ein spezifischer Dauerschutz gegen einmal besiegte Erreger, d.h. wie die Immunität zustande kommt.

Aufgaben

1. Erkundigen Sie sich, gegen welche Krankheiten Sie geimpft sind. Welche Erreger werden dadurch in Schach gehalten. Überprüfen Sie Ihren Impfpass.
2. Erläutern Sie den Unterschied zwischen einer vorbeugenden Tetanus-Impfung und einer Impfung nach einer bereits eingetretenen Infektion.
3. Weshalb musste man für Lymphozyten-Übertragungsversuche zur Untersuchung der zellvermittelten Immunantwort Mäuse eines Inzuchtstammes verwenden?
4. Welche Denkmöglichkeiten gibt es für das Zustandekommen der erstaunlichen Passung von Antigen und Antikörper?

14.3 Klonale Selektion und monoklonale Antikörper

Antikörper sind Proteine. Die ungeheuere Vielfalt möglicher Antikörperstrukturen muss deshalb auf einer entsprechenden Vielzahl zugrunde liegender Gene beruhen. Als man um 1960 die B-Lymphozyten in Form der Plasmazellen als Produktionsstätten der Antikörper erkannt hatte, ahnte man schon, dass das menschliche Genom eine entsprechend große Anzahl von Strukturgenen für Antikörper nicht enthalten konnte. So stand zunächst die Frage im Vordergrund, ob ein B-Lymphozyt erst nach Kontakt mit einem bestimmten Antigen den passenden Antikörper produzieren könne oder ob er für eine Sorte von Antikörpern vorprogrammiert sei und vom Antigen lediglich ausgewählt und angeregt werde, seinen Antikörpertyp zu produzieren. Kluge Experimente (Aufgaben S. 118) bestätigten folgende Vorstellung, die als *klonale Selektions-Theorie* einen der Grundpfeiler der modernen Immunbiologie darstellt (Nobelpreise 1958, 1960):

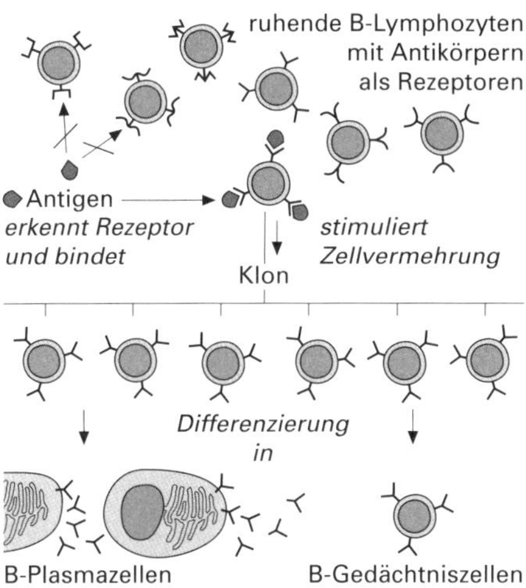

Abb. 117.1 Klon-Selektions-Theorie

Jeder B-Lymphozyt erzeugt nur eine Antikörpersorte. Diese präsentiert er zunächst als *Rezeptoren* auf seiner Oberfläche. Durch eine Infektion gelangen bestimmte Antigene in Körperflüssigkeiten. Trifft ein Antigen bei Schlüssel-Schloss-Kontaktversuchen auf einen passenden Rezeptor, so wird es daran gebunden. Dies regt den B-Lymphozyten zur Vermehrung an. So entsteht ein *Klon* erbgleicher B-Zellen.

Schließlich wandelt sich ein Teil davon in *Plasmazellen* um, die nun alle die passende Antikörpersorte produzieren und in das Serum abgeben (3000 Stück pro Zelle pro Sekunde!). Ein Teil wird als *B-Gedächtniszellen* in Reservestellung gebracht.

B-Gedächtniszellen ermöglichen bei einer erneuten Infektion mit demselben Antigen eine raschere und stärkere Antikörperproduktion, wodurch die Infektion gekappt werden kann, ehe sie sich ausbreitet. Ähnliches gilt für das *Immungedächtnis* bei der T-zell-vermittelten Immunantwort.

Ein Antigen stimuliert in der Regel nicht nur einen Typ, sondern mehrere Typen von B-Lymphozyten zur Klonbildung. Deshalb enthält ein gewöhnliches Antiserum *polyklonale Antikörper*.

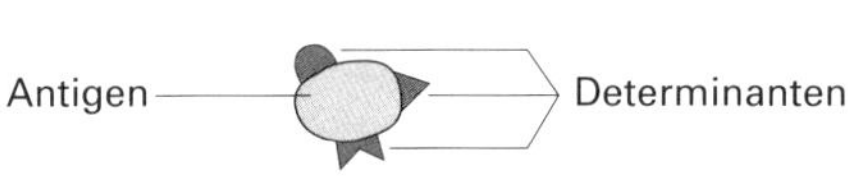

Abb. 117.2 Antigen-Determinanten

Ein Grund dafür liegt darin, dass ein Antigenmolekül mehrere Bereiche mit jeweils charakteristischer Struktur aufweist, von denen jede für sich zu einem anderen Rezeptor passt und Antikörperbildung auslösen kann. Diese Strukturen bezeichnet man als *Antigen-Determinanten*.

Um die Feinstruktur eines Antikörper-Moleküls untersuchen zu können, aber auch für viele praktische Zwecke (S. 123), benötigt man eine größere Menge Antikörper einer Sorte, sog. *monoklonale Antikörper.*

Eine Zufallsentdeckung eröffnet einen ersten Zugang: Bei der Untersuchung von Blutserum eines Blutkrebs-Patienten stellte man fest, dass es gewaltige Mengen einer einzigen Antikörpersorte enthielt. Offensichtlich war ein einziger B-Lymphozyt zu einer Tumorzelle entartet, die einen unbegrenzt wachsenden Klon gebildet hatte. Dieser erzeugte solche Mengen seines Antikörpers, dass dieser aus dem Serum in großer Menge und Reinheit gewonnen werden konnte. Derartige Lymphozyten-Tumore fand man auch bei Mäusen. Der Durchbruch kam, als es *Milstein* und *Köhler* 1975 gelungen war, die unbegrenzte Vermehrungsfähigkeit solcher Tumor-Lymphozyten zu nutzen, um aus normalen B-Lymphozyten *monoklonale Antikörper mit definierter Spezifität* zu erhalten (Nobelpreis 1983). Das Prinzip der Methode ist einfach, die Durchführung allerdings sehr aufwendig:

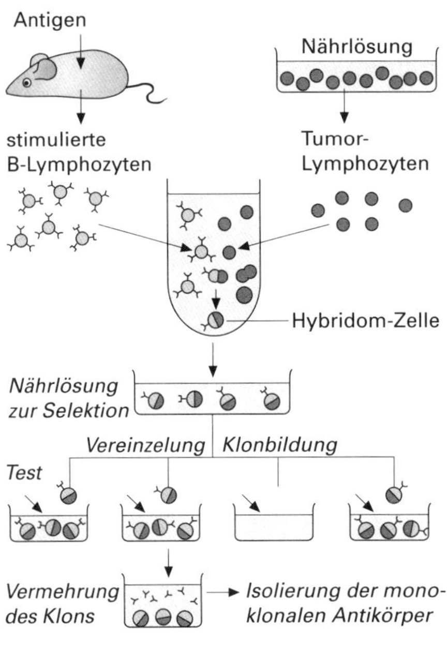

Abb. 118.1 Herstellung monoklonaler Antikörper

Lymphozyten aus der Milz einer immunisierten Maus werden zur *Verschmelzung* mit mutierten *Tumor-B-Lymphozyten* gebracht, die selbst keine Antikörper mehr herstellen können. *Hybridzellen* aus den beiden Zelltypen, sog. *Hybridomzellen*, werden durch ein spezielles Nährmedium ausgelesen, das nur sie wachsen lässt. Durch starke Verdünnung der Suspension der Hybridomzellen können diese größtenteils einzeln auf Kulturgläschen verteilt werden, wo manche von ihnen *Klone* bilden. Mit dem ursprünglich zur Immunisierung verwendeten Antigen werden darauf reagierende Klone ausgesucht, dann erneut vereinzelt, kloniert und wieder getestet. So erhält man schließlich reine Hybridomzell-Klone, die *monoklonale Antikörper* gegen einzelne Determinanten des Antigens in beliebiger Menge produzieren.

Aufgabe

Erläutern Sie folgende Befunde im Lichte der Klon-Selektions-Theorie:

a) Fügt man zu einer Suspension von Lymphozyten aus der Milz einer nicht immunisierten Maus ein radioaktiv markiertes Antigen, so findet man in einer unmittelbar darauf folgenden Präparation etwa ein Promille der Zellen markiert.

b) Injiziert man eine Probe der markierten Lymphozyten-Suspension in eine Maus, so bildet sie Antikörper gegen das markierte Antigen.

c) Verwendet man eine so starke radioaktive Markierung, dass die Zellen mit angedocktem Antigen zerstört werden, so kann mit unmarkiertem gleichem Antigen keine, mit einem anderen Antigen aber sehr wohl eine Immunantwort ausgelöst werden.

14.4 Genetische Grundlagen der Antikörper-Vielfalt

Nachdem man gelernt hatte, monoklonale Antikörper in großer Reinheit und Menge herzustellen, konnte man an die Aufklärung ihrer Feinstruktur herangehen. Elektronenmikroskopische Aufnahmen sowie insbesondere Röntgenstrukturanalysen kristallisierter Antikörper ergaben, dass alle Antikörpermoleküle *Y-Gestalt* besitzen mit den spezifischen Antigen-Bindungsstellen an den Gabelenden.

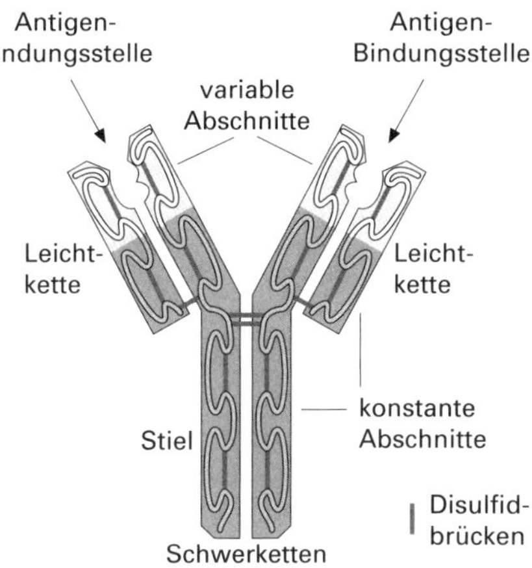

Abb. 119.1 Antikörper-Feinstruktur

Biochemische Analysen führten zum Ergebnis, dass jedes Antikörper-Molekül aus *vier Polypeptidketten* aufgebaut ist, von denen je zwei identisch sind. Die beiden längeren bezeichnet man als *Schwerketten*, die beiden kürzeren als *Leichtketten*; Disulfidbrücken verknüpfen sie. Aminosäure-Sequenzanalysen beider Ketten zeigten bei verschiedenen monoklonalen Antikörpern im Abschnitt an den Gabelenden jeweils eine andere Sequenz, die offensichtlich für die Spezifität der Antigen-Bindungsstelle verantwortlich ist. Die restlichen Abschnitte beider Ketten haben dagegen konstante Sequenzen.

Aus dem zweiteiligen Bau der einzelnen Polypeptidketten schloss man, dass das jeweils zugrunde liegende Gen ebenfalls aus zwei Teilen zusammengesetzt sein müsse. Der für den konstanten Teil codierende DNS-Abschnitt sei in allen Zellen nur einmal vorhanden, während es für den variablen Teil in allen Zellen viele verschiedene DNS-Abschnitte geben müsse. Erst während der Reifung eines Lymphozyten, so wurde vermutet, werde einer der vielerlei Abschnitte mit dem einen konstanten zum fertigen Gen kombiniert. Da dies sowohl für die leichte als auch für die schwere Kette geschehen kann, entstehe die Vielfalt der Bindungsstellen u. a. aus der Vielzahl der Kombinationsmöglichkeiten. Mit jeweils z. B. 300 verschiedenen kurzen Genabschnitten für den variablen Teil beider Ketten könnten bereits $300 \times 300 = 90\,000$ verschiedene Antigen-Bindungsstellen gebildet werden.

Das Prinzip dieser kühnen These wurde in den letzten 20 Jahren durch raffinierte Untersuchungen mit gentechnischen Methoden glänzend bestätigt und zu einem Modell erweitert, das die Entstehung von ca. 10^{11} Antikörpervarianten überzeugend erklären kann.

Eine erste Bestätigung lieferte folgender Befund: Mit einer markierten cDNS-Sonde, die Sequenzen für den konstanten und den variablen Teil einer Leichtkette enthielt, wurde in Restriktionsfragmenten von Lymphozyten-DNS nach dem Gen gesucht. Bei DNS aus embryonalen Lymphozyten fand sich die Markierung auf zweierlei Fragmenten, bei reifen nur noch auf einem.

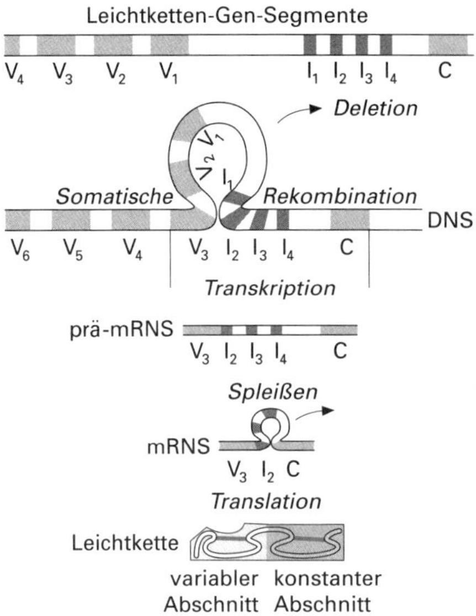

Abb. 120.1 Entstehung und Expression eines Antikörper-Leichtketten-Gens

Detaillierte Analysen ergaben:

Die Gensegmente für eine Leichtkette liegen beim Menschen im Chromosom Nr. 2 in einem über eine Million Basenpaaren langen DNS-Bereich. Es handelt sich dabei um ca. 300 V-Segmente und vier J-Segmente (junction = Verknüpfung) für die variable Region sowie um ein C-Segment für die konstante Region. Durch Schleifenbildung kommt es zur *Rekombination* eines V-Segments mit einem J-Segment. Der rekombinierte Bereich wird bis zum C-Segment als prä-mRNS *transkribiert*, die Schleife wird abgebaut. Dann werden die in der prä-mRNS verbliebenen weiteren J-Segmente, der nicht codierende Abschnitt bis zum C-Segment sowie Intron-Abschnitte innerhalb der Gensegmente durch *Spleißen* entfernt. Jetzt kann die *Translation* der reifen mRNS in die Polypeptidkette erfolgen. Diese enthält zwei Domänen, die den variablen und den konstanten Abschnitt darstellen. Für die variable Region der Leichtketten ergibt sich somit eine rekombinatorische Vielfalt von ca. $300 \times 4 = 1200$ Möglichkeiten.

Die Bildung eines Schwerkette-Gens erfolgt in prinzipiell der gleichen Weise, allerdings aus ca. 1000 V-Segmenten und aus zusätzlichen 12 D-Segmenten, welche die Diversität auf $1000 \times 4 \times 12 = 48000$ Möglichkeiten erhöhen. Zusammen ergibt dies $1200 \times 48000 \sim 6 \times 10^7$ Möglichkeiten, verschiedene Antigen-Bindungsstellen zu gestalten. Diese Variabilität wird weiter durch unscharfes Verknüpfen der Gensegmente erhöht, was zu Verschiebungen des Leserasters führt sowie durch eine hohe Rate an somatischen Mutationen in den ausgewählten Gensegmenten. Damit ist die Möglichkeit der Entstehung von weit mehr als 10^{11} verschiedenen Antigen-Bindungsstellen von Antikörpern verständlich geworden (Nobelpreis 1987).

Nur ca. 10% aller Lymphozyten sind B-Zellen. Ca. 90% sind *T-Zellen* mit Rezeptoren, deren Vielfalt ebenfalls durch somatische Rekombinationsvorgänge zustande kommt. Sie spielen zusammen mit weiteren Typen von Erkennungsmolekülen eine zentrale Rolle bei der Auslösung und Durchführung von Immunantworten.

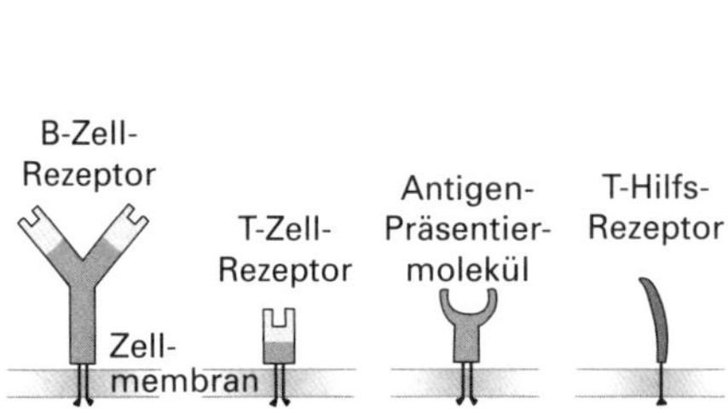

Abb. 120.2 Wichtige Typen von Erkennungsmolekülen des Immunsystems

Im Gegensatz zu den Y-förmigen B-Zell-Rezeptoren, die von Plasmazellen als Antikörper abgegeben werden, besitzen *T-Zell-Rezeptoren* nur eine Antigenbindungsstelle. Außerdem bleiben sie stets in der Zellmembran verankert. Eine dritte Gruppe zellgebundener Erkennungsmoleküle ist spezifisch für ein Individuum. Da sie Antigene aufnehmen und diese den T-Zell-Rezeptoren präsentieren, kann man sie *Antigen-Präsentiermoleküle* nennen. Eine vierte Gruppe bildet in zwei Varianten *Hilfsrezeptoren* von T-Lymphozyten.

B-Lymphozyten bzw. *Plasmazellen* bezeichnet man als die *Effektorzellen der humoralen Immunantwort.* Die von ihnen abgegebenen *Antikörper* binden *gelöste und membranständige Antigendeterminanten. T-Lymphozyten* binden mit ihren Rezeptoren dagegen *nur* an *Antigendeterminanten*, die ihnen von *Präsentiermolekülen auf einer Zellmembran* angeboten werden.

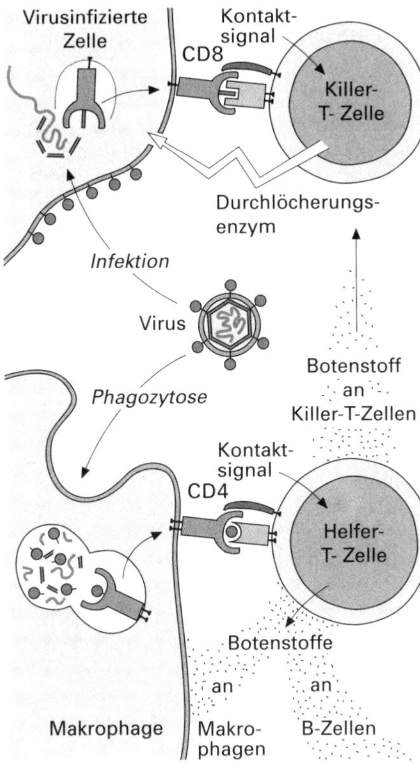

Abb. 121.1 Aktivierung von Killer-T- und Helfer-T-Zellen durch Kontakt mit präsentiertem Antigen (Abb. 120.2)

Ein Virus befällt eine Zelle. Seine Hülle bleibt in der Zellmembran, seine Kapsel wird im Plasma zerlegt. Teile davon werden auf Präsentiermolekülen nach außen befördert. Ein passender T-Zell-Rezeptor bindet daran. Sein Hilfsrezeptor (CD8) stabilisiert die Bindung. Das davon ausgehende Signal veranlasst die T-Zelle, ein Enzym abzugeben, das die infizierte Zelle zerstört. Man bezeichnet diese Gruppe von T-Zellen deshalb als *Killer-T-Zellen*. Sie sind die *Effektorzellen der zellulären Immunantwort.*

T-Lymphozyten, die den anderen *Hilfsrezeptor* (CD4) besitzen, docken auf Präsentiermolekülen von *Makrophagen* an, die Antigendeterminanten aufgenommener und zerlegter Viren zeigen. Sie helfen dann durch Abgabe von Zell-Botenstoffen mit, aktivierte Killer-T-Zellen, B-Zellen und Makrophagen zu Abwehrleistungen anzuregen. Deshalb bezeichnet man sie als *Helfer-T-Zellen*. Sie sind die wichtigsten *regulatorischen Zellen* des Immunsystems.

Eine wesentliche Voraussetzung für das Funktionieren des Immunsystems ist seine offensichtliche Fähigkeit, fremde Peptide, die als Antigendeterminanten wirken, von eigenen unterscheiden zu können. Heute weiß man, dass embryonale T-Lymphozyten diese Fähigkeit während ihres Reifungsaufenthalts in der „Schule" des Thymus in einem harten Ausleseprozess „lernen" müssen. Dort werden ihnen nämlich von Epithelzellen auf den *„Selbst"-spezifischen Präsentiermolekülen* körpereigene Peptide zur Wahl angeboten. T-Zellen, die aufgrund ihrer Rezeptorstruktur das Angebot wahrnehmen, werden zerstört! Gelegentlich versagt dieser Zerstörungsprozess. Dann kommt es zu *Autoimmunerkrankungen*. So greifen z. B. bei einer Form der *Zuckerkrankheit* Killer-T-Zellen die eigenen Insulin produzierenden Zellen der Bauchspeicheldrüse an.

Die für ein Individuum spezifischen Präsentiermoleküle auf den Zellen sind ursprünglich als Ursache für *Abstoßungsreaktionen* bei *Gewebetransplantationen* entdeckt worden. T-Killerzellen des Empfängers erkennen Präsentiermoleküle auf Spender-Zellen als fremd und zerstören die Zellen. Nur eineiige Zwillinge besitzen identische Präsentiermoleküle. Wegen der hohen Zahl der Varianten hat zufallsbedingt auch jede 10000- bis 100000ste nicht verwandte Person gleichartige Präsentiermoleküle. Zwischen solchen Individuen werden Transplantationen vom Immunsystem toleriert.

B-Lymphozyten können zwar durch den Kontakt ihrer Rezeptoren mit löslichem Antigen stimuliert werden. Damit sie sich aber wirksam vermehren und in Plasmazellen differenzieren, die dann in großer Menge die Antikörper abgeben, bedürfen sie zusätzlich der Mitwirkung von Helfer-T-Lymphozyten:

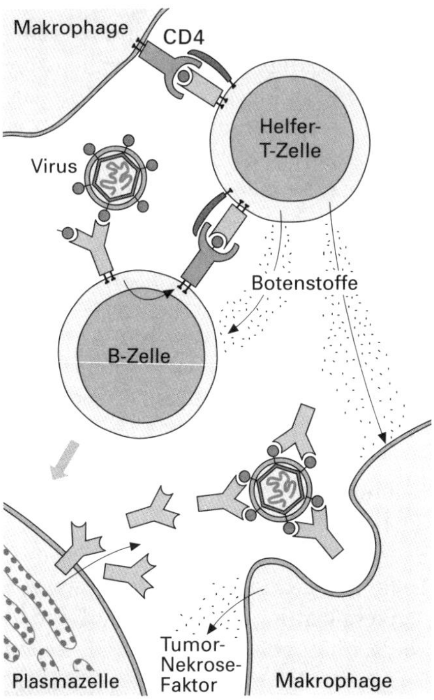

Abb. 122.1 Aktivierung von B-Lymphozyten

Eine Helfer-T-Zelle, die durch eine Antigendeterminante aktiviert wurde, die ein Makrophage präsentiert hatte, nimmt mit einem B-Lymphozyten Kontakt auf, der dasselbe Antigen präsentiert. B-Lymphozyten sind nämlich in der Lage, Antigene, die sie an ihren Rezeptoren gebunden haben, zu phagozytieren und mittels Präsentiermolekülen auf der Oberfläche zu zeigen. Die Prüfung der präsentierten Antigendeterminante durch die Helfer-T-Zelle stellt sicher, dass B-Lymphozyten, die ja nicht in die „Thymusschule" gegangen sind und deshalb auch Eigen-Peptide aufschnappen können, keinesfalls dadurch allein aktiviert werden. Nur wenn an B-Zell-Rezeptoren und an T-Zell-Rezeptoren aktivierter Helfer-Zellen dieselbe Antigendeterminante gebunden ist, werden die Startsignale zur Vermehrung dieser B-Zellen erteilt. Dies geschieht in Form von Zell-Botenstoffen, die von der Helfer-Zelle abgegeben werden.

Gleichzeitig sondert die T-Zelle weitere Botenstoffe ab, die einen lokalen Entzündungsprozess auslösen und Makrophagen anlocken sowie den Zell-Botenstoff *Interferon*, das Makrophagen aktiviert und befähigt, aufgenommene Erreger zu zerstören.

Durch *Interferon* aktivierte Makrophagen geben ihrerseits einen *Tumor-Nekrose-Faktor* ab, der *eine unspezifische Sorte von Killerzellen* unmittelbar mobilisiert, virusinfizierte Zellen und Tumorzellen zu zerstören. Darauf beruht die Anwendung von Interferon und des Tumor-Nekrose-Faktors bei der Bekämpfung bestimmter Tumore (S. 124).

Mittels monoklonaler Antikörper als Testsystem gelang die Identifizierung eines weiteren Typs von T-Zellen, welche die Aktivität von Helfer-T-Zellen unterdrücken, *supprimieren* können. Man nannte sie deshalb *Suppressor-T-Zellen*. Man hat Hinweise darauf, dass sie Rezeptoren tragen, mit deren Hilfe sie Rezeptoren aktiver Helfer-T-Zellen binden und damit die Immunantwort dämpfen bzw. beenden können.

Man kann 5 Klassen von Antikörpern unterscheiden. Ihre Vertreter haben alle dieselben gabelförmigen Greifarme aber unterschiedliche Stiele. Dadurch sind sie auf verschiedene Teilaufgaben festgelegt. Drei Viertel aller Antikörper sind Vertreter der bisher besprochenen Immunglobulin-Klasse IgG. Diese können die Plazenta passieren und auf diese Weise auch den Fetus und Neugeborenen vor Infektionen schützen. Antikörper einer anderen Klasse (IgA) gelangen in Drüsensekrete wie Tränenflüssigkeit und Speichel, aber auch in Muttermilch, wodurch gestillte Säuglinge Abwehrkräfte der Mutter nutzen können, bis ihr eigenes Immunsystem im Alter von ca. einem Jahr voll einsatzbereit ist.

Antikörper einer anderen Klasse (IgE) kennt man als Verursacher von *Allergien*. Darunter versteht man Überempfindlichkeitsreaktionen des Immunsystems bei einzelnen Personen. Aus familiärer Häufung schließt man auf eine genetische Disposition. Andererseits zeigt die Häufung der Fälle in Ballungsgebieten mit starker Luftverschmutzung sowie bei Rauchern die Wirkung von Umwelteinflüssen, welche insbesondere Zellen der Atmungsorgane schädigen.

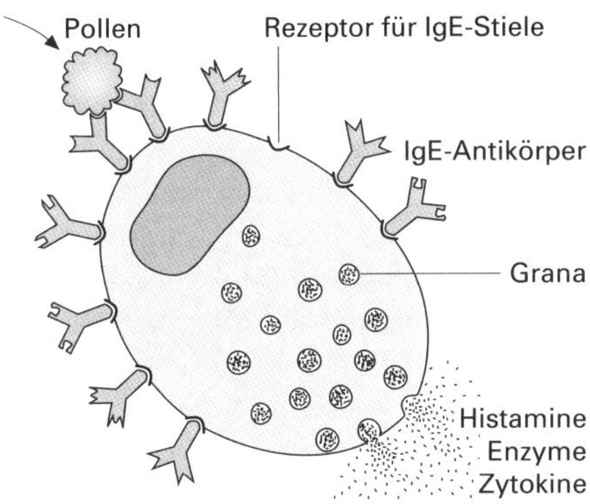

Abb. 123.1 Mastzelle mit IgE-Antikörpern – allergische Immunantwort

IgE-Antikörper, die von verschieden Plasmazellen stammen, sind mit ihren Stielen in zufälliger Mischung an eine besondere Sorte von Leukozyten gebunden, die in lockeres Gewebe eingenistet, als *Mastzellen* bezeichnet werden. Kontakt mit allergieauslösenden Antigenen, sog. *Allergenen*, wie Pollen, Tierhaare, Hausstaubmilben, aber auch mit Nahrungsmittelallergenen, Arzneimittelallergenen, Kosmetika oder Insektengiften, kann den Inhalt der Grana explosionsartig entleeren lassen. Es handelt sich dabei um Stoffe wie Histamin, Enzyme und Zytokine, welche die Durchlässigkeit der Blutkapillaren erhöhen, Schwellungen, Schleimbildung und Kontraktionen glatter Muskelzellen fördern sowie Makrophagen anlocken.

Unter Kontrolle in Maßen ausgeführt, mögen diese Reaktionen die Zugriffsmöglichkeiten der normalen Immunabwehr am Infektionsort verbessern. Bei überschießender Antwort kommt es dagegen je nach Allergieform zu allergischen Reaktionen wie Heuschnupfen, Zuschwellen der Augen, Asthmaanfällen oder Koliken. Eine mögliche Ursache könnte im Versagen von Suppressor-T-Zellen liegen.

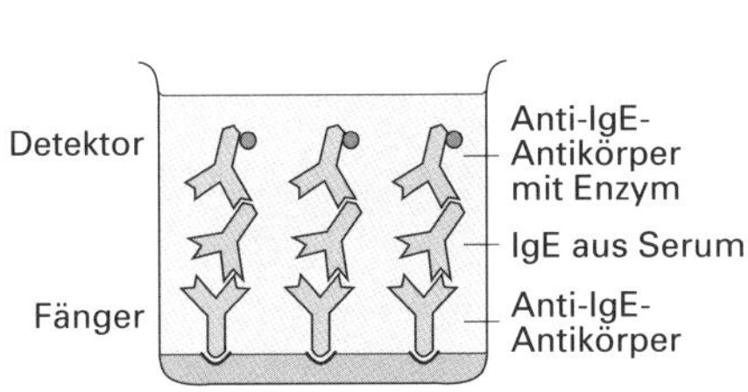

Abb. 123.2 Immuno-Testsystem

Mit Testallergenen kann man feststellen, welche davon Reaktionen auslösen. Mit einem *Immuno-Test* kann man die Konzentration an IgE im Blutserum ermitteln: Anti-IgE-Antikörper aus einer immunisierten Maus fangen aus einer Serumprobe IgE-Antikörper heraus. Monoklonale Anti-IgE-Antikörper mit einem Enzym am Fußende binden an die gefangenen IgE-Moleküle. Das Enzym katalysiert eine Farbreaktion, deren Stärke die IgE-Konzentration anzeigt.

Die *erworbene Immunschwächekrankheit AIDS* (*acquired immune deficiency syndrome*), von der heute weltweit mehrere Millionen Menschen befallen sind, wurde erst 1981 als eine tödlich verlaufende Krankheit bekannt. Die Ansteckung erfolgt in erster Linie durch ungeschützten Geschlechtsverkehr mit einem infizierten Partner oder bei Drogenabhängigen durch die gemeinsame Benützung von Injektionsnadeln. Durch den konzentrierten Einsatz gentechnischer und immunologischer Verfahren konnte bereits 1983 der Erreger, ein *Retrovirus* (S. 112), identifiziert und charakterisiert werden. Er wurde *HIV* (*human immuno deficiency virus*) genannt. Die fatale Besonderheit dieses Virus besteht darin, dass die Protein-Noppen seiner Hülle komplementär zu den CD4-Molekülen der *Helfer-T-Lymphozyten* sind, sodass es gezielt auf diesen Zellen landet. Nach der Aufnahme werden seine beiden RNS-Moleküle mit der beigepackten reversen Transkriptase in DNS umgeschrieben, und diese wird dann in das menschliche Genom als Provirus integriert. In dieser Form kann es sich 1–10 Jahre versteckt halten ohne sichtbare Schäden zu verursachen. Gelegentlich wird die Virus-DNS aktiviert. Sie wird gesondert repliziert, transkribiert und in die Hüllproteine translatiert, wobei die Protein-Noppen in die Zellmembran gelangen. Indem kurzfristig freie Viren auftreten, aber auch durch Fusion von infizierten mit nicht infizierten Helfer-T-Zellen können nun weitere Helfer-T-Zellen infiziert werden. Gegen die virusspezifischen Protein-Noppen auf den Helferzellen werden Antikörper produziert und Killer-T-Lymphozyten mobilisiert, welche gemeinsam befallene Helfer-T-Zellen zerstören. So wird die Immunabwehr zunehmend lahm gelegt. Bisher eher harmlose und durch das Immunsystem in Schach gehaltene Infektionen durch Viren, Bakterien und Pilze breiten sich aus, und maligne entartete Zellen bilden Tumore wie das *Kaposi-Sarkom*. Damit ist das Vollbild von AIDS erreicht, und innerhalb von ein bis zwei Jahren ist mit dem Tod zu rechnen. Trotz weltweiter intensiver Bemühungen ist noch kein überzeugend wirksames Mittel gegen HIV entwickelt worden.

Aufgaben

1. Mäuse, deren Immunzellen durch Bestrahlung zerstört wurden, bekamen Zellen einer unbehandelten Zuchtmaus übertragen, und zwar a) Knochenmarkszellen, b) Thymuszellen, c) ein Gemisch aus a und b. Nur bei c) waren sie in der Lage, nach Antigen-Injektion Antikörper zu bilden. Interpretieren Sie diese Befunde, indem Sie die Schritte zur Antikörperbildung erläutern.
2. Tuberkulin ist ein Extrakt aus Tuberkulose-Erregern, den man beim Tuberkulin-Test unter die Haut spritzt. Tritt nach einem Tag dort eine Rötung auf, weiß man, dass der Betreffende schon einmal mit Tuberkel-Bakterien infiziert war und Immunität dagegen erworben hat. Erklären Sie die immunologischen Grundlagen des Tests.
3. Der Protein-Suchtest mit enzym- oder fluoreszenzmarkierten monoklonalen Antikörpern wird heute in allen molekularbiologisch arbeitenden Labors durchgeführt (Abb. 123.2). Erläutern Sie a) die Gewinnung der Antikörper und b) das Prinzip des Tests.
4. Diskutieren Sie möglich erscheinende Angriffspunkte für eine Bekämpfung des HIV.

15 Anwendungsbereiche der Gentechnik

Die Klonierungsverfahren rekombinanter DNS haben in allen Bereichen molekulargenetischer *Grundlagenforschung* in den letzten zwei Jahrzehnten zu neuen Einsichten in Fragen nach der genetischen Steuerung der Entwicklung normaler und krankhaft veränderter Merkmale als auch in Fragen nach der stammesgeschichtlichen Entwicklung der Arten geführt. Darüber hinaus haben sich vielseitige *Anwendungsmöglichkeiten* eröffnet, z. B. in der Pharmaindustrie, der Landwirtschaft und in der Humanmedizin. Die Diskussion darüber, ob alles prinzipiell Machbare unter sozialen und ethischen Gesichtspunkten auch wünschenswert und vertretbar sei und welche Risiken die Anwendung der neuen Techniken für Mensch und Umwelt mit sich bringe, haben in den einzelnen Staaten zu unterschiedlich restriktiven Gentechnikgesetzen und Verordnungen geführt (S. 107). Gentechnik stellt inzwischen einen Wirtschaftsfaktor von steigender, zukunftsorientierter Bedeutung dar.

15.1 Herstellung von Medikamenten

Die *Zuckerkrankheit Diabetes mellitus* ist die häufigste Störung des Glucose-Stoffwechsels. Dabei wird Zucker im Harn ausgeschieden. Man kennt zwei Typen: Der bei jedem 300sten Jugendlichen auftretende Diabetes Typ I beruht auf einem Mangel an dem Hormon *Insulin*, das normalerweise überschüssigen Blutzucker in Leber- und Muskelzellen als Glykogen speichern lässt. Jugend-Diabetes wird von einer Autoimmunreaktion (S. 121) auf der Basis einer genetischen Disposition (S. 62) verursacht. Der häufigere Typ II, der Alters-Diabetes, entsteht dagegen ernährungsbedingt ebenfalls auf der Basis einer genetischen Disposition, wenn die Zielzellen ungenügend auf das normal gebildete Insulin ansprechen.

Unbehandelt verlief Typ I der Krankheit früher tödlich. Seit 1923 wird jugendlicher Diabetes durch Injektion von *Insulin* behandelt, das aus Bauchspeicheldrüsen (*Pankreas*) von Rindern und Schweinen gewonnen wurde. Aus einer Tonne Ausgangsmaterial erhielt man ca. 125 g des reinen Proteins. Insulin war das erste Protein, dessen Aminosäuresequenz man 1957 analysiert hatte. Es besteht aus zwei kleinen Peptidketten, A und B, einer mit 30 und einer mit 21 Aminosäuren, die durch Disulfidbrücken zusammenhängen. Etwa 3% der jugendlichen Diabetiker entwickeln allerdings *allergische* Reaktionen gegen das tierische Insulin, das sich beim Schwein um eine Aminosäure und beim Rind um drei Aminosäuren gegenüber dem Humaninsulin unterscheidet. In sehr aufwendigen Verfahren konnte man schließlich durch Austausch dieser Aminosäuren „Humaninsulin" herstellen. Wegen der großen Mengen benötigten tierischen Ausgangsmaterials, der aufwendigen Gewinnungs-, Reinigungs- und Austauschverfahren sowie wegen der Kleinheit und bekannten Aminosäurefolge des Moleküls erschien die gentechnische Herstellung von Humaninsulin in E. coli-Bakterien in den Siebzigerjahren als Herausforderung von großem wirtschaftlichen Interesse.

Man wusste bereits, dass die A- und die B-Kette des Insulins zusammen mit einer C-Kette als zusammenhängende Peptidkette in den Beta-Zellen des Pankreas gebildet wird. Mit *Gensonden*, die aufgrund der bekannten Aminosäuresequenz hergestellt wurden, suchte man das zugrunde liegende Gen. Nachdem man es gefunden hatte, klonierte und sequenzierte man es (Kapitel 13):

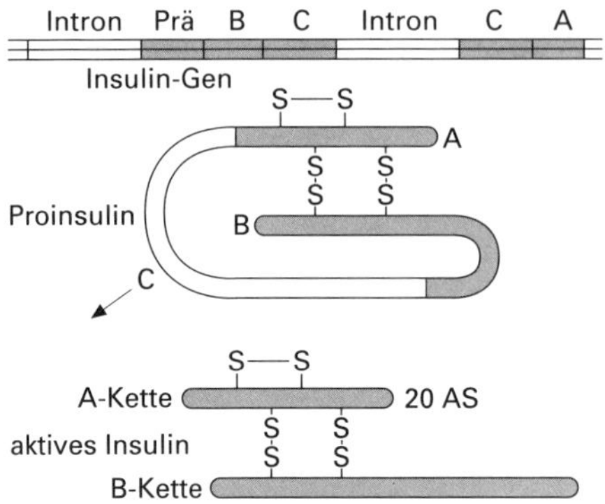

Abb. 126.1 Bildung aktiven Insulins

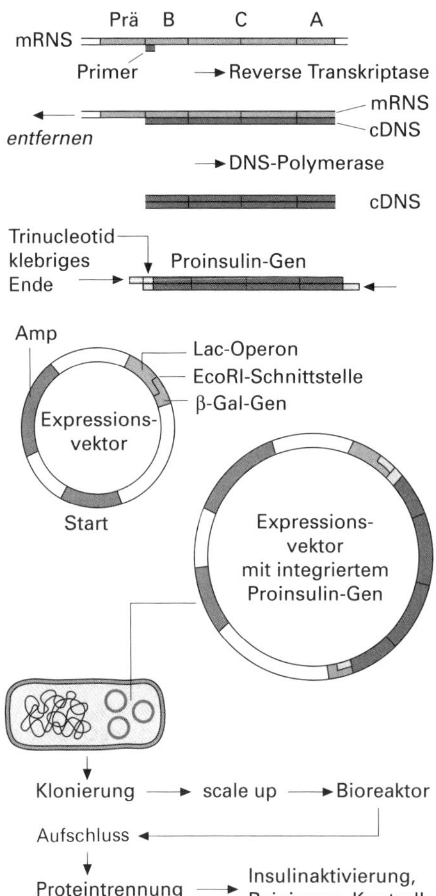

Abb. 126.2 Gentechnische Herstellung von Humaninsulin in E. coli-Bakterien

Das *Insulin-Gen* ist ein typisches Eukaryonten-Gen. Neben den Exons für die A-, B-, und C-Kette enthält es ein weiteres Exon, die Prä-Sequenz für ein Hilfs-Peptid, sowie zwei Introns. Durch Transkription entsteht eine Vorläufer-mRNS, durch Reifen und Spleißen eine intronfreie mRNS und durch Translation ein *Prä-Proinsulin*. Wenn dieses die Membran des endoplasmatischen Reticulum passiert, spaltet sich das Präpeptid ab, wenn das *Proinsulin* in Bläschen des Golgiapparates angelangt ist, die C-Kette. Dabei entsteht das aktive *Insulin.*

Da Bakterien keine Enzyme zur Expression eukaryontischer Gene besitzen, benötigte man das Humaninsulin-Gen in einer für E. coli lesbaren Form. Um diese zu gewinnen, fischte man aus mRNS-Gemischen von Beta-Zellen reife mRNS des Insulin-Gens mit kleinen künstlichen Gensonden für das B-Exon heraus. Die *Sonde* diente gleichzeitig als *Primer* für die Synthese des komplementären DNS-Stranges mittels *Reverser Transkriptase*. Nach Abspaltung der mRNS konnte mit DNS-Polymerase das Proinsulin-Gen synthetisiert werden (S. 106). Ein Markierungstriplett für Methionin wurde vorgeschaltet. Dann wurden beiderseits überstehende Enden angeheftet. So vorbereitet, konnte das Gen in den *Plasmid-Vektor pBR322* mitten in das mit EcoRI (S. 104) aufgeschnittene *Lac-Operon* (S. 101) integriert werden. Dieses hatte man in den Vektor eingefügt, um mit Lactose als Induktor die *Expression* des Fremd-Gens einleiten zu können. Die dem Proinsulin dadurch vorgeschaltete Peptidkette kann beim Methionin enzymatisch abgespalten werden. Klone mit Proinsulin wurden mit monoklonalen Antikörpern in einem *Immunotest* (Abb. 123.2) identifiziert und von der Stammplatte aus weiter kloniert (S. 106).

Mit Klonen, bei denen Proinsulin ca. 25%! des Proteinanteils der Bakterien ausmachte, wurden in der *Scale-up-Phase* die Wachstumsbedingungen für die Kultur in hundert Kubikmetern großen *Bioreaktoren (Fermentern)* optimiert. In der *Produktionsphase* werden die vermehrten Bakterien abgetrennt und aufgeschlossen. Das Proinsulin wird von den übrigen Proteinen in großen *Chromatographiesäulen* abgetrennt. Durch Abspalten des C-Peptids wird es in aktives Insulin übergeführt. Reinigungsstufen und Qualitätskontrollen schließen sich an.

Hefezellen können ähnlich wie Bakterien in großem Maßstab in Bioreaktoren vermehrt werden. Als *eukaryontische Mikroorganismen* besitzen sie Promotoren und die Enzymausstattung zur Expression eukaryontischer, allerdings nur intronarmer Gene. Außerdem haben sie Plasmide, in die man gezielt Markierungsgene, wirksame Promotoren sowie Schnittstellen für bestimmte Restriktionsenzyme einbauen konnte. In Hefezellen können im Vergleich zu E. coli größere eukaryontische Fremdgene integriert, kloniert und unmittelbar exprimiert werden.

Säuger-Zellen sind zwar wesentlich schwieriger in großem Maßstab zu kultivieren als Mikroorganismen. Sie haben aber den Vorteil, dass sie auch intronreiche eukaryontische Fremdgene nach einer Integration in das Genom mit entsprechenden Promotoren ebenso wie eigene Gene optimal exprimieren. Sie besitzen auch alle Enzyme, die nötig sind, um z. B. aus Pro-Eiweißstoffen durch Abspaltung von Teilpeptiden die aktiven Formen zu entwickeln oder um Zuckermoleküle zum Aufbau von Glykoproteinen anzuheften. Als Wirtszellen verwendet man z. B. Stämme von Hamster-Zellen. Als Vektoren zum Gentransfer können speziell veränderte Affenviren verwendet werden. Fremd-DNS kann aber auch direkt in veränderte Zellkerne eingespritzt werden.

Die Gewinnung und Reinigung gentechnisch in Wirtszellen hergestellter Proteine wird sehr vereinfacht, wenn das gebildete Fremdprotein von selbst aus der Zelle ausgeschleust wird, sodass man die Zellen nicht homogenisieren muss, sondern das gewünschte Protein aus dem Kulturmedium abtrennen kann. Bei Hefezellen, die das Insulin-Gen einschließlich der Prä-Sequenz enthalten, wird tatsächlich Proinsulin in das Kulturmedium ausgeschieden. In anderen Fällen wird einem zu exprimierenden Fremdgen eigens ein DNS-Abschnitt vorgeschaltet, der ein Präpeptid zur Membranpassage des Proteins codiert.

Inzwischen werden heute nach den verschiedenen gentechnischen Verfahren Hunderte von bedeutsamen Heilmitteln hergestellt, die man früher nur mit großem chemischen und verfahrenstechnischen Aufwand aus Tausenden von Tonnen tierischer Organe bzw. überhaupt noch nicht gewinnen konnte. Einige der frühen Beispiele seien genannt:

Somatostatin, ein kleines Peptidhormon zur Wachstumsregulation, *Somatropin*, ein wachstumsförderndes Hormon, *Interferone* und andere *Cytokine* zur Stärkung der Immunabwehr gegen Virus-Infektionen und manche Tumore, *antihämophiles Globulin* zur Behandlung von Blutern, *Erythropoietin*, das die Bildung roter Blutzellen stimuliert, zur Behandlung von Blutarmut, *Plasminogen-Aktivatorprotein*, das Blutgerinnsel auflöst, zur Vorbeugung und Behandlung von Herzinfarkten und Schlaganfällen, sowie eine Reihe von *Impfstoffen gegen Infektionserreger* wie Mittel z. B. gegen *Hepatitis B* und *Grippe*.

Aufgaben

1. Die Genabschnitte für die A- und B-Kette des Insulins wurden ursprünglich aufgrund der bekannten Aminosäuresequenz aus Nucleotiden synthetisiert und dann in getrennten Ansätzen in E. coli kloniert und exprimiert. Schildern Sie Probleme und Schritte, die bei diesem Weg zu bewältigen waren.
2. Dem antihämophilen Globulin (Faktor VIII) liegt ein Gen aus 186000 Basenpaaren mit 26 Exons und 25 Introns zugrunde. Schildern Sie Schritte, wie man a) zu diesem Ergebnis und b) wie man zur gentechnischen Herstellung von Faktor VIII gekommen sein kann.

15.2 Produktion biotechnischer Grundstoffe

Als biotechnische Grundstoffe bezeichnet man technische Enzyme sowie Stoffwechselprodukte hauptsächlich von Mikroorganismen, die in gewaltigen Mengen benötigt werden und wirtschaftlich eine beträchtliche Rolle spielen.

Technische Enzyme sind z. B. *Proteasen*, die in Waschmitteln, Spülmitteln und Detergenzien während des Waschvorgangs Eiweißreste verdauen; außerdem *Amylasen*, welche Stärke aus Kartoffeln, Mais und Getreide in Zucker verwandeln z. B. zur Gewinnung von Bioalkohol, oder das Labferment, das zur Käseherstellung benötigt wird. Auch die in der Gentechnik benötigten Standardenzyme gehören dazu.

An technische Enzyme werden höchste Anforderungen bezüglich Stabilität und Wirksamkeit gestellt. Solche Enzyme werden heute bereits aus gentechnisch veränderten Mikroorganismen gewonnen. Aus dem geklonten Gen werden für die Funktion des exprimierten Proteins unbedeutende Sequenzen *deletiert*, Präsequenzen zur Sekretion des Proteins werden *addiert*, und bestimmte Codons werden durch gerichtete Mutagenese zur Verbesserung der Enzymwirkung *mutiert*. Zur Steigerung der Expressionsrate werden der Promotor und die Ribosomenbindungsstelle optimiert. Diese aus Computer-Bildschirm-Modellen von Enzym und Substrat abgeleiteten Optimierungsstrategien nennt man *molecular modeling*. Sie werden auch zur Optimierung von Pharma-Proteinen sowie zur Verbesserung von Stoffwechselleistungen biotechnisch eingesetzter Mikroorganismen angewendet:

Wirtschaftlich bedeutsame Stoffwechselprodukte sind z. B. bestimmte *Aminosäuren*, die jährlich in Mengen von hundert Tausenden von Tonnen gewonnen werden, und zwar in zunehmendem Maße aus dafür gentechnisch optimierten Bakterien. Dazu zählen die Aminosäure Glutamin, die als *Glutamat* den verschiedensten Nahrungsmitteln als Geschmacksverstärker zugesetzt wird, sowie die Aminosäuren *Methionin, Lysin* und *Tryptophan*. Diese fehlen weitgehend in Futtermitteln wie Mais und Soja für Schweine und Rinder. Da sie für die Fleischbildung aber unerlässlich sind, werden sie dem pflanzlichen Kraftfutter in abgestimmten Mengen zugesetzt.

15.3 Entwicklung und Anbau transgener Nutzpflanzen

Die klassischen Verfahren der Pflanzenzucht, *Auslese* und *Kombinationskreuzung* von Sorten mit erwünschten Eigenschaften, haben in der Vergangenheit zu eindrucksvollen Produktivitätssteigerungen der Kulturpflanzen geführt (S. 29, 58). Die experimentelle *Auslösung von Mutationen* durch mutagene Strahlen und Stoffe sowie die *Auslösung von Zellfusionen* über Artgrenzen hinweg haben die züchterischen Möglichkeiten beträchtlich erweitert (S. 30). Die spektakulären Kombinationsprodukte von Kartoffeln und Tomaten, Karmaten bzw. Tomoffeln, haben allerdings mehr theoretische als praktische Bedeutung.

Die Anwendung gentechnischer Verfahren zur *Genomanalyse* und zum *gezielten Gentransfer* hat dagegen bei den wichtigsten Kulturpflanzen neue Wege der Züchtung eröffnet. Beim Gentransfer geht es hauptsächlich um die Vermittlung von Resistenzen zur Sicherung der Ernten mit reduziertem Pestizideinsatz und um die Entwicklung neuer Pflanzensorten, insbesondere zur rationelleren Gewinnung nachwachsender Rohstoffe.

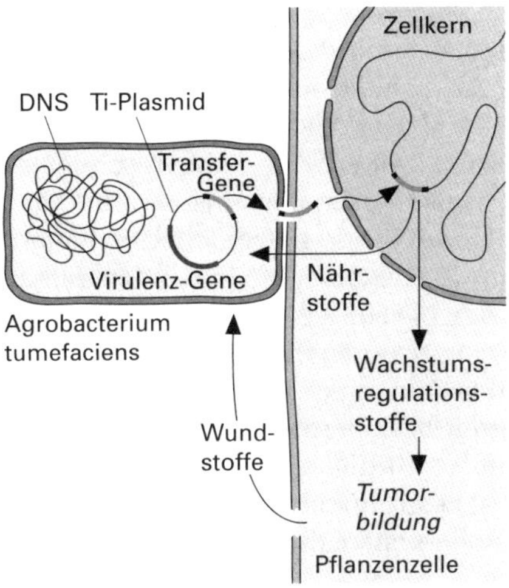

Abb. 129.1 Natürlicher Gentransfer des Agrobacterium tumefaciens auf Pflanzen

Die bekannteste Methode des Gentransfers bei Pflanzen bedient sich des Bodenbakteriums *Agrobacterium tumefaciens*. Diese Bakterienart befällt zweikeimblättrige Pflanzen an Verletzungen im Bereich des Wurzelhalses. Von Stoffen, die aus der Wunde austreten aktiviert, schleusen die Bakterien einen bestimmten DNS-Abschnitt aus einem großen Plasmid durch einen der Konjugation ähnlichen Vorgang in offen liegende Zellen der Pflanze ein. Die übertragenen Gene werden im Zellkern an beliebiger Stelle in das Genom eingebaut. Sie veranlassen die Pflanzenzellen zu Tumorwachstum und zur Produktion von Stoffen, welche die Bakterien als Nahrung aufnehmen. Das Tumor induzierende Plasmid bezeichnet man als *Ti-Plasmid*. Es enthält den von Wiederholungssequenzen flankierten, mehrere Gene enthaltenen, übertragbaren DNS-Abschnitt sowie Virulenz-Gene, deren Produkte den Übertragungsvorgang katalysieren.

Will man z. B. einer ertragreichen aber krankheitsanfälligen Nutzpflanzensorte Resistenz gegen einen bestimmten Krankheitserreger verleihen, so sucht man in einer resistenen Sorte oder in einer anderen Art mit den bekannten Methoden der Genomanalyse (S. 106) nach den die Resistenz bedingenden Genen. Hat man eines gefunden, dann isoliert man es, versieht es mit einem pflanzlichen Promotor und einem Antibiotikum-Marker-Gen und fügt auf beiden Seiten die Wiederholungssequenzen des transferierbaren DNS-Abschnitts aus dem Ti-Plasmid an. Nach dem Einbau in ein geeignetes Plasmid kloniert man die Genkombination in E. coli. Schließlich lässt man durch Konjugation das Plasmid von E. coli in Agrobakterien übertragen, in deren Ti-Plasmide man den transferierbaren Abschnitt entfernt hatte. Bringt man die so behandelten Agrobakterien mit einer Zellkultur der Nutzpflanze in Kontakt, so kann man mit den Wundstoffen den gewünschten Gentransfer auslösen. Auf Nährböden mit dem Antibiotikum können Zellen mit geglücktem Gentransfer ausgelesen werden. Sie wachsen zu Zellhäufchen heran, die sich zu jungen Pflänzchen differenzieren. Diese müssen nun getestet werden, ob sie tatsächlich gegen den bestimmten Krankheitserreger resistent sind und ob das Resistenzgen stabil in das Genom eingebaut wurde. Nach positiven Testserien im Labor und in Gewächshäusern erfolgt der Antrag auf Zulassung eines Freilandversuchs.

Das beschriebene Verfahren mit Agrobakterien ist bei Getreidearten nicht möglich, da sie zu den einkeimblättrigen Pflanzen gehören. Bei ihnen behandelt man Zellen, deren Zellulosewände man enzymatisch entfernt hat, sog. *Protoplasten*, oder auf Nährböden ausgekeimte *Pollenschläuche* mit blanker DNS, die unter geeigneten Bedingungen Zellen stabil *transformiert*. Doch handelt es sich dabei noch nicht um praxisreife Routineverfahren wie beim gentechnischen Umgang mit Mikroorganismen.

Neben der Vermittlung von Resistenzen gegen Krankheitserreger wie z. B. Fadenwürmern bei Kartoffeln, Rhizomaniapilzen bei Zuckerrüben oder falschen Mehltaupilzen bei Getreidearten ist es bei Tomaten und anderen Kulturpflanzen schon gelungen, Schutz gegen Raupenfraß durch Einbau eines bestimmten Gens zu vermitteln. Das betreffende Gen stammt aus dem *Bacillus thuringiensis*, der schon seit Jahrzehnten bei der biologischen Schädlingsbekämpfung eingesetzt wird. Es steuert die Synthese jenes Proteins, das selektiv die Raupenentwicklung stört.

Die Entwicklung von Nutzpflanzen, die durch Gentransfer aus resistenten Bodenbakterien Herbizidresistenz erlangen, indem sie das Herbizid abbauen können, wird in der Öffentlichkeit kontrovers diskutiert. Während sich die einen dadurch eine Verminderung des umweltbelastenden Gifteinsatzes gegen Wildkräuter erhoffen, befürchten andere das Gegenteil. Tatsache ist, dass derzeit auf den Feldern schon vor dem Auflaufen der Saat vorbeugend mit einem Totalherbizid gespritzt wird und anschließend während des Wachstums der Jungpflanzen wiederholt mehr oder weniger selektiv gegen die Wildkräuter gerichtete Herbizide ausgebracht werden. Resistenz einer Nutzpflanze gegen ein Totalherbizid vermeidet die Notwendigkeit einer vorbeugenden Anwendung und gestattet einen dem Grad der Ertragsgefährdung angepassten Einsatz. Befürchtet wird weiter eine verstärkte Abhängigkeit der Landwirte von der agrochemischen Industrie, die künftig Saatgut und Herbizide im Verbund entwickelt. Für landwirtschaftliche Großproduzenten trifft dies zweifellos zu. Die Bemühungen einzelner Landwirte um eine möglichst pestizidfreie Bewirtschaftung ihrer Felder verdienen aus den verschiedensten Gründen volle Unterstützung.

Durch eine Kombination konventioneller und gentechnischer Methoden sollen weiter Pflanzen gezüchtet werden, die Rohstoffe mit bestimmten veredelten Eigenschaften synthetisieren. Man denkt dabei z. B. an Stärke, Fasern, Süßstoffe, Proteine, Fette, Öle und Farbstoffe. Insbesondere Stärke könnte als polymerer Stoff schwer abbaubare Kunststoffe ersetzen. Kartoffeln, die Zucker statt Stärke speichern, werden bereits angebaut.

In der Bundesrepublik Deutschland sind auf der Basis des Gentechnik-Gesetzes vom Bundesgesundheitsamt im Einvernehmen mit der Biologischen Bundesanstalt für Land- und Forstwirtschaft und dem Umweltbundesamt erst wenige Freilandversuche mit gentechnisch veränderten Nutzpflanzen zugelassen worden. Weltweit sind bereits einige hundert Freisetzungen transgener Pflanzen erfolgt. Pannen, außer dass sich der erwünschte Erfolg nicht auf Anhieb voll einstellte, sind bisher nicht bekannt geworden.

Aufgaben

1. Aus haploiden Pollen kann man auf Nährböden haploide Pflanzen regenerieren. Behandelt man die embryonalen Zellen einer Pollenkultur mit Colchicin, entstehen diploide Pflanzen.
   a) Wodurch unterscheiden sich diese von gewöhnlichen diploiden Pflanzen?
   b) Inwiefern wird mit Pollenkulturen die Zucht neuer Sorten beschleunigt?
2. Worauf könnte die Resistenz einer Pflanze gegenüber einem bestimmten Pilz beruhen?
3. Weshalb ist nicht zu erwarten, dass Pflanzen auf Dauer gegen einen bestimmten Krankheitserreger resistent bleiben?
4. Welche Risiken, die mit der Freisetzung transgener Pflanzen verbunden sein könnten, werden diskutiert? Versuchen Sie Stellungnahmen dazu zu begründen.

15.4 Entwicklung und Nutzung transgener Tiere

Die klassischen, auf den Mendel'schen Regeln beruhenden Methoden der Haustierzucht sind in den letzten Jahrzehnten durch eine Reihe von Verfahren ergänzt worden, die zu rascheren Zuchterfolgen geführt haben. Diese Verfahren haben nichts mit Gentechnik zu tun, ihre routinemäßige Beherrschung war aber eine Voraussetzung dafür, Methoden des Gentransfers bei Versuchstieren und Nutztieren entwickeln zu können.

Seit über 40 Jahren wird bei Rindern *künstliche Besamung* mit Spermien durchgeführt, die von ausgewählten Zuchtbullen stammen und die *tiefgefroren* zum Einsatz zur Verfügung stehen. Die Möglichkeit, mit Sexualhormonen bei Hochleistungskühen vor einer Besamung vielfache Eisprünge auszulösen, führte zur Technik des *Embryotransfers*: Nach der Besamung können zahlreiche Zygoten bzw. Keimbläschen aus dem Uterus ausgespült und in Ammenkühe transferiert werden, die hormonell darauf vorbereitet wurden. Die Möglichkeiten, die *Befruchtung in vitro* ablaufen zu lassen und *tiefgefrorene Keime* aufbewahren und versenden zu können führte zum routinemäßigen Einsatz auch dieser Verfahren in den Zuchtanstalten. Die mikrochirurgische Zerlegung eines Keimes in Einzelzellen und die Implantation daraus regenerierter Keime in Ammenkühe stellt eine *Klonierung* dar, die Kälber mit identischem Erbgut liefert. Mit solchen Tieren kann man optimal den Einfluss von Futter und Haltungsbedingungen auf Ertrag und Gesundheit untersuchen.

Die genannten Verfahren sind auch bei Versuchstieren der biomedizinischen Grundlagenforschung einsetzbar, z. B. bei Labormäusen. Um die Steuerung der Merkmalsentwicklung durch einzelne Gene studieren zu können, hat man modellhaft versucht, das Gen für das Wachstumshormon *Somatotropin* aus der Ratte mit einem geeigneten Promotor in das Mäusegenom zu überführen. Dazu injizierte man die in E. coli klonierte Genkombination in vitro unter dem Binokular in Zygotenkerne der Maus und implantierte die Keime in Ammenmäuse. 1982 wurde das Ergebnis dieser Versuche veröffentlicht: Man hatte einzelne transgene Mäuse erhalten, die zu Übergröße herangewachsen waren. Die Darstellung in der Presse löste Monstervisionen und emotionale Widerstände gegen derartige Versuche aus.

Transgene Labortiere spielen inzwischen eine wachsende Rolle bei der Entwicklung therapeutischer Konzepte für Erbkrankheiten des Menschen, die von definierten defekten Genen ausgehen, z. B. bei Mucoviscidose oder bei genetisch bedingter Arteriosklerose. Die Versuche bedürfen der Anmeldung und Zulassung nach dem Gentechnikgesetz und Tierschutzgesetz. Gleiches gilt für die Entwicklung und Nutzung transgener Tiere wie Kaninchen, Schafe und Rinder, die auf Anweisung menschlicher Gene z. B. Humaninsulin, Interferon oder antihämophiles Globulin in der Milch absondern, woraus diese wertvollen Medikamente noch besser zu gewinnen sind als aus Mikroorganismen oder Zellkulturen. Diese derzeit auf Industrielabors beschränkten Verfahren bezeichnet man als *gene farming*. Auch die Züchtung *transgener Nutztiere für die Landwirtschaft* hat bisher noch keine breit anwendbare Praxisreife erlangt. Die Erwartungen richten sich auf Wachstumsleistung, Qualität der Produkte und Krankheitsresistenz. Zeit für ethische und juristische Rahmenrichtlinien für die Zulassung ist noch gegeben. Handel und Anwendung des gentechnisch in Mikroorganismen hergestellten Rinder-Wachstumshormons zur Steigerung der Milchleistung von Kühen wurde 1993 von der EG-Kommission nicht gestattet, da der Einsatz weder gesamtwirtschaftlich und agrarpolitisch sinnvoll noch ethisch im Hinblick auf die Beeinträchtigung der Tiergesundheit vertretbar erschien.

15.5 Gendiagnose und Gentherapie beim Menschen

Die neuen gentechnischen Verfahren haben die Möglichkeiten der Diagnose von Erbkrankheiten im Rahmen der *genetischen Beratung* (S. 71 f.) beträchtlich erweitert sowie erste Ansätze zu einer Gentherapie bei bestimmten Erbleiden erbracht.

Die *Gendiagnose* eines bestimmten defekten Allels bei einem phänotypisch gesundem Menschen, einem Neugeborenen oder bei einem Embryo stützt sich bei einer wachsenden Zahl monogener Erbleiden auf eine erfolgreich abgeschlossene Lokalisation, Isolierung und Sequenzanalyse (S. 108) des defekten und des normalen Allels. In diesen Fällen sind *DNS-Sonden* (S. 106) verfügbar, mit denen die Gendiagnose durchgeführt werden kann: Ausgangsmaterial für die Untersuchung ist eine Blutprobe, eine Kultur von Amnionzellen (Abb. 73.1) oder Chorionzotten.
Indem man die Membranen der Zellen und Zellkerne der Proben mit einem Detergens zerstört und die Proteine enzymatisch verdaut, entsteht eine Lösung, aus der die DNS mit Ethanol gefällt werden kann. Sie wird abgetrennt, gewaschen und wieder in Lösung gebracht und kann dann analysiert werden:

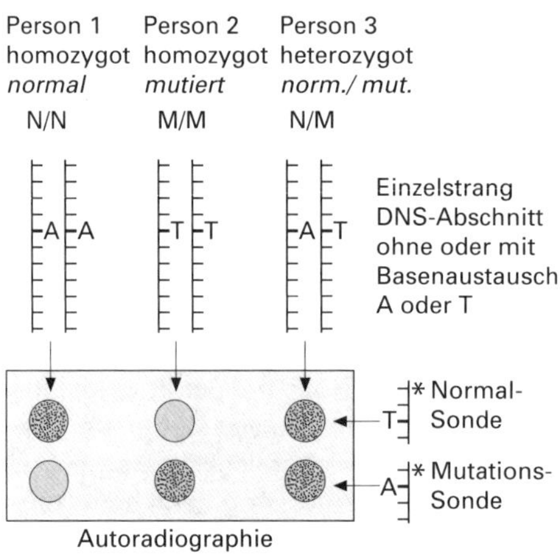

Abb. 132.1 Tropfen-Hybridisierung zur Gendiagnose einer Punktmutation

Bei *Punktmutationen* mit Austausch eines einzigen Basenpaares, wie sie z. B. der *Sichelzellanämie* (S. 69) oder dem *Marfansyndrom* (S. 63) zugrunde liegen, kann die Diagnose durch unmittelbare Hybridisierung der DNS-Proben mit radioaktiv markierten Oligonucleotid-Sonden durchgeführt werden. Dazu lässt man pro Person an zwei Stellen einer Folie je einen Tropfen der DNS-Lösung einsaugen und denaturiert die Doppelstränge durch Erhitzen. Zum einen Tropfen fügt man die *Normal-Sonde*, zum anderen die *Mutations-Sonde* und lässt sie einwirken. Dabei kann man die Temperatur- und Ionen-Bedingungen so einstellen, dass es nur zur Hybridisierung kommt, wenn alle Basen komplementär zusammenpassen. Nach einem Waschvorgang kann eine *Autoradiographie* angefertigt werden. Die Abbildung zeigt die drei möglichen Fälle.

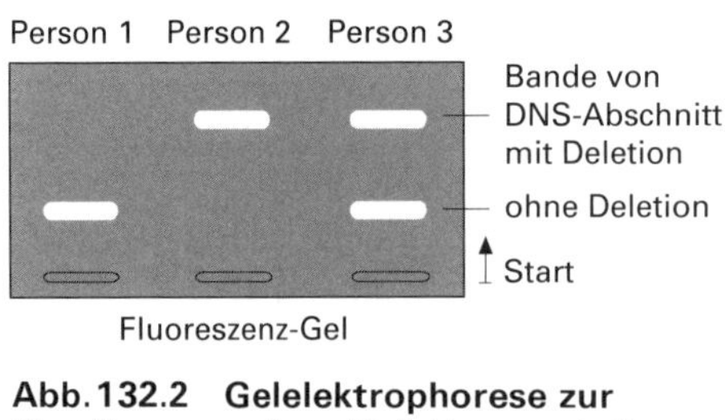

Abb. 132.2 Gelelektrophorese zur Gendiagnose einer Deletionsmutation

Bei *Deletionen* einiger bis vieler Basenpaare innerhalb eines großen Gens, wie sie z. B. der *Cystischen Fibrose* (S. 66) und der *Muskeldystrophie Duchenne* (S. 49) zugrunde liegen, erfasst man die fraglichen DNS-Abschnitte mit Sonden, die als *Primer* für eine *PCR-Vervielfachung* (S. 109) dieser DNS-Abschnitte dienen. Durch *Gelelektrophorese* kann man die normalen und mutierten Abschnitte trennen und aufgrund einer Fluoreszenzmarkierung im UV-Licht fotografieren.

Als molekulare Ursache der *Chorea Huntington* (S. 66) hat man 1993 bei der Sequenzanalyse des im Chromsom Nr. 4 lokalisierten Gens einen neuen Typ von Genmutationen entdeckt. Es handelt sich um die Vervielfachung eines bestimmten Trinucleotids (CGA), das im Normalallel etwa 50-mal hintereinander vorliegt, im mutierten Allel dagegen ca. 100-mal. Die Mutation hat gravierende Folgen für die Tertiärstruktur des davon codierten Proteins. Dieses verursacht das erst spät im Leben auftretende schwere, unheilbare psychische Leiden.

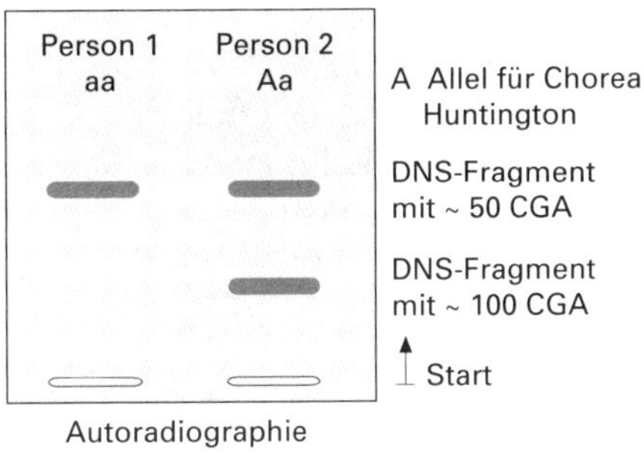

Abb. 133.1 Restriktions-Fragmentlängen-Analyse zur Gendiagnose

Die Gendiagnose kann heute aus einer DNS-Probe durch eine *Restriktions-Fragmentlängen-Analyse* erfolgen (vgl. Abb. 57.1). Die DNS wird mit einem bestimmten Restriktionsenzym verdaut. Die unterschiedlich langen Fragmente werden durch Gelelektrophorese getrennt und durch einen Kapillarstrom auf eine Folie gesaugt. Eine spezifisch zur Poly-CGA-Region komplementäre radioaktive Sonde hybridisiert mit den entsprechenden einsträngig gemachten DNS-Fragmenten. Die Autoradiographie der Folie zeigt bei Heterozygoten zwei Banden, bei homozygot Gesunden nur eine.

Gesunde Personen aus einer Verwandtschaft, in der Chorea Huntington aufgetreten ist, können durch den beschriebenen Test Gewissheit über ihren Genotyp erlangen, wenn sie dies wollen. Etwa die Hälfte der Rat Suchenden entscheidet sich für den Test. Bei den anderen wird selbstverständlich die Entscheidung, den Befund nicht wissen zu wollen, respektiert. Gendiagnosen werden grundsätzlich nur nach genetischer Beratung durchgeführt, wenn sie angemessen sind und vom Rat Suchenden gewünscht werden.

Die Entfaltung des Spektrums von Erbleiden, die mit molekularen Methoden diagnostiziert werden können, eilt der Entwicklung von Therapiemöglichkeiten weit voraus. Derzeit (1993) sind 2500 Gene im Chromosomensatz des Menschen lokalisiert, darunter ca. 1000 Gene, deren Mutation zu einer Erkrankung führt. Im Rahmen des Internationalen Human-Genom-Projektes, das seit 1983 in Washington koordiniert wird, erfolgt die systematische Klonierung der DNS einzelner menschlicher Chromosomen in Hefezellen mittels künstlich geschaffener Chromosomen (Yac-Vektoren) mit dem Ziel einer vollständigen Sequenzierung der ca. $2 \times 3 \times 10^9$ Basenpaare. Es zeigte sich dabei, dass nur etwa 10% davon für die ca. 100000 Strukturgene eines Menschen codieren. Über 90% der DNS enthält vielfach wiederholte und nicht codierende Sequenzen „stummer Gene", die sich weit zwischen den Strukturgenen ausdehnen. Die Projektplanung rechnet mit einer jährlich wachsenden Zahl lokalisierter Strukturgene und mit einem Abschluss der Sequenzierungsarbeiten im Jahre 2005. Zweifellos werden sich dabei die Möglichkeiten zur Gendiagnose von Erbleiden noch beträchtlich erweitern und Einsichten in das Zusammenspiel von Genen wachsen.

So dankbar von vielen Rat Suchenden die neuen Methoden der *Gendiagnose* im Rahmen der genetischen Beratung in Anspruch genommen werden, so besorgt sind ebenfalls viele im Hinblick auf mögliche unerwünschte Konsequenzen. Es werden Befürchtungen geäußert, der psychosoziale Druck auf Schwangere, eine pränatale Diagnose durchführen zu lassen, wachse, es biete sich die Möglichkeit zur Geschlechtsauswahl, die Ablehnung von Behinderten werde gefördert, und schließlich könnten Arbeitgeber und Versicherer in Gesundheitszeugnissen auch Gendiagnosen verlangen. In der Tat muss Vorsorge getroffen werden, um Fehlentwicklungen und Missbrauch der neuen Möglichkeiten zu verhindern.

Die *Therapie von Erbkrankheiten* auf den Ebenen defekter Organe, Zellen und Enzymen wird schon seit langem praktiziert. Am bekanntesten sind die Erfolge bei *Phenylketonurie* durch spezielle Diät (S. 65). Durch bestimmte Medikamente ist inzwischen bei dem häufigsten monogenen Erbleiden, der *Mucoviscidose*, eine Linderung der Symptome möglich geworden. Die Zuführung des fehlenden Genproduktes antihämophiles Globulin sichert Blutern das Überleben. In all diesen und entsprechenden Fällen bleibt der primäre Gendefekt unbeeinflusst.

Unter *somatischer Gentherapie* versteht man den Transfer und die Expression eines intakten Gens in Körperzellen, die ein defektes Gen enthalten. Angestrebt wird der Austausch des defekten gegen das intakte Gen. In Tiermodellen sind dazu geeignete Verfahren erprobt worden. Die *erste erfolgreiche Gentherapie beim Menschen* wurde 1990 an einem Mädchen durchgeführt, das an einer *angeborenen schweren Immunschwäche (SCID)* litt. Dieses seltene Erbleiden führt auch bei einer gewöhnlich harmlosen ersten Infektion zum Tode. Ursache dafür ist ein Gendefekt, der in T-Lymphozyten einen bestimmten Enzymmangel bewirkt. Es gelang, das intakte Gen in einem modifizierten Retro-Virus-Vektor zu klonieren. Mit diesem übertrug man das Gen in Lymphozyten, die man als Stammzellen dem Knochenmark des Mädchens entnommen hatte (Abb. 116). Die so behandelten und in vitro vermehrten Lymphozyten wurden dem Mädchen mehrmals in die Blutbahn transfundiert. Sie siedelten sich in Lymphorganen an und ermöglichten den Aufbau einer wirksamen Immunabwehr. Zahlreiche weitere Modelle zur somatischen Gentherapie monogener Erbkrankheiten stehen zur klinischen Erprobung an. Für eine Genehmigung nach dem Gentechnik-Gesetz müssen strenge Kriterien erfüllt sein. Mit raschen Erfolgen ist nicht zu rechnen.

Gentherapie von Keimbahnzellen des Menschen ist in der Bundesrepublik Deutschland nach dem Embryonen-Schutz-Gesetz aus guten Gründen verboten.

Aufgaben

1. Beim Sichelzellgen ist im 6. Codon A gegen T ausgetauscht. Dort schneidet beim Normalallel ein Restriktionsenzym, das beim mutierten Allel dort nicht ansetzen kann. Beschreiben Sie ein Verfahren zur Diagnose des Sichelzellgens in Amnionzellen, das diesen Unterschied nutzt.
2. Diskutieren Sie Chancen und Risiken sich erweiternder Gendiagnosemöglichkeiten. Begründen Sie Ihre Einstellung.
3. Informieren Sie sich in der Presse über neue Entwicklungen der Gentechnik, und beurteilen Sie den Tenor der Darstellungen.

Anleitungen zu Untersuchungen und Versuchen

Hinweis:

Blutentnahme bei Schülern ist nicht erlaubt. Gegen die Durchführung der Untersuchungen S. 140, S. 145, S. 146 und S. 153 als Lehrer-Demonstration bestehen keine Bedenken.

V1 Darstellung und Messung von Zellkernen und Bakterien

(Demonstration bzw. Übung zu S. 9 zur Entwicklung einer Vorstellung von der Kleinheit des Raumbedarfs der genetischen Information)

Material

Objektträger, Deckgläschen, Holzspatel, Filterpapierstreifen; Messobjektträger (1 mm), Mikro-(video-)Projektion, bzw. Schülermikroskop mit evtl. Messokular

Reagenzien

Methylenblaulösung nach Löffler

Durchführung

1. Messobjektträger bei steigenden Vergrößerungen projizieren und die Strecke von $\frac{1}{100}$ mm = 10 µm an der Projektionsfläche mit Lineal messen (bzw. in Schülermikroskopen betrachten und evtl. mit Messokular messen).
2. Mit Holzspatel kräftig auf der Wangeninnenseite entlangfahren und Belag auf einen Objektträger ausstreichen. Tropfen unverdünnte Methylenblaulösung darauf geben und Deckglas auflegen. Ca. eine Minute einwirken lassen. Mit Filterpapierstreifen mit leichtem Druck überschüssige Farblösung absaugen.

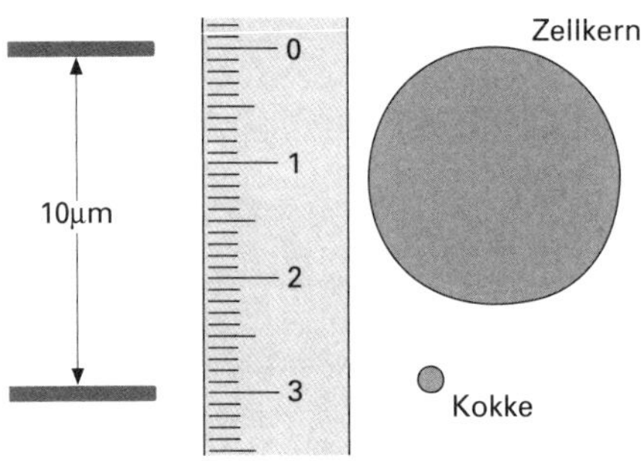

Abb. 136.1 Messung der Durchmesser von Zellkernen und Kokken

3. Präparat bei steigenden Vergrößerungen untersuchen. Bei 40facher Objektiv-Vergrößerung von 10 einigermaßen runden Mundschleimhaut-Zellkernen den Durchmesser bestimmen, z. B. mit dem Lineal auf der Projektionsfläche.
4. Kugelförmige Bakterien = Kokken auf den Mundschleimhautzellen identifizieren und Durchmesser wie oben bestimmen.

Aufgabe

Ermitteln Sie über den Maßstab die absoluten Durchmesser von Zellkernen und von Kokken. Berechnen Sie daraus das mittlere Volumen ($I = \frac{4}{3} \pi r^3$) von Kernen und Kokken. Um wie viel ist ein Zellkern größer als eine Kokkenzelle?

V 2 Freisetzung und Fällung von Desoxyribonucleinsäure

(Demonstration bzw. Übung zu S. 9 zur Veranschaulichung eines einfachen Verfahrens zur Isolierung von DNS aus tierischem Gewebe)

Material

Frisches Kalbsbries oder Stierhoden vom Metzger oder Schlachthof bzw. Hoden frischer Heringe (Heringsmilch) (tiefgefroren haltbar); drei 100-cm^3-Bechergläser, Pinzette, Schere, Teesieb, Verbandsgaze, 10-cm^3-Pipette, Glasstab

Reagenzien

Geschirrspülmittel als Detergens, Alkohol (Ethanol oder Isopropylalkohol) tiefgekühlt, Albustix-Teststäbchen, Aceton

Durchführung

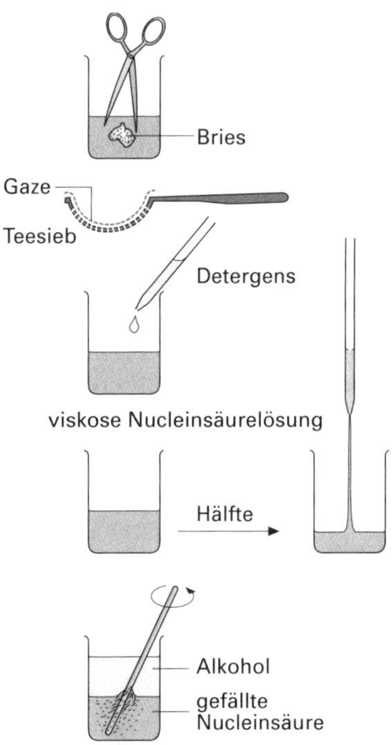

Abb. 137.1 Freisetzung und Fällung von Desoxyribonucleinsäure

1. Ca. 5 g Gewebe im Becherglas in 20 cm kaltem Leitungswasser fein zerschneiden, bis das Wasser kräftig trüb ist.
2. Zellsuspension durch Teesieb mit einigen Lagen Verbandsgaze filtrieren. Entsprechend V 1 von Suspension Präparat herstellen und betrachten.
3. Einen Tropfen Detergens zur Zellsuspension geben und umschwenken bis zur Aufklarung.
4. Lösung in Pipette aufsaugen und ausfließen lassen. Sie muss viskos sein. (Andernfalls war das Gewebe zu alt oder die Ausgangssuspension zu verdünnt.) Lösung halbieren.
5. Eine Hälfte mit gleicher Menge gekühltem Alkohol überschichten und mit Glasstab drehend umrühren, bis sich die fädig ausfallenden Nucleinsäuren um den Stab wickeln und herausgenommen werden können.
6. In die zurückgebliebene Lösung ein Albustix-Stäbchen tauchen und wieder herausnehmen. Das Testfeld wird grün als Nachweis für Eiweiß. Doppelte Menge Aceton zufließen lassen. Das Eiweiß fällt als feinflockiger Niederschlag aus.

V 3 Enzymatischer Abbau von DNS durch Desoxyribonuclease

(Demonstration zum Nachweis, dass der in V 2 aus den Zellkernen freigesetzte viskose Stoff DNS ist, bzw. Demonstration zu Averys Kontrollversuch, S. 10)

Material

zusätzlich eine Stoppuhr, eine 1-cm^3-Pipette, eine 0,1-cm^3-Pipette

Reagenzien

zusätzlich Desoxyribonuclease I (SERVA 18530, 2000 Einheiten/mg, Preis 1993: 5 mg DM 65,– ohne Mehrwertsteuer). Ein Stäubchen (1 mg) des Enzyms in 1 cm^3 Wasser lösen, dem ein kleines Kriställchen Magnesiumchlorid zugefügt wurde.

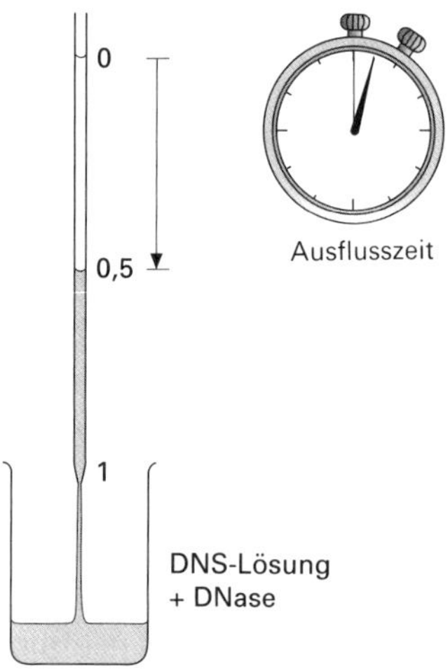

Abb. 138.1 Enzymatischer Abbau von DNS

Durchführung

1. Hälfte der viskosen Rohlösung von V 2 bereitstellen bzw. aus frisch bereiteter filtrierter Zellsuspension mit Detergens frische DNS-Rohlösung herstellen.
2. 1 cm^3 der Lösung in Pipette aufsaugen und Zeit stoppen, bis 0,5 cm^3 aus der senkrecht gehaltenen Pipette ausgeflossen sind. (0-Wert, Bestimmung 3× wiederholen.)
3. 2 Tropfen (0,002 cm^3) der Nuclease-Lösung zur Nucleinsäure-Rohlösung hinzupipettieren und in Zeitintervallen von 30 Sekunden die Ausflusszeiten stoppen.

Aufgaben

1. Tragen Sie die Ausflusszeiten der Lösung in Abhängigkeit von der Einwirkungsdauer des Enzyms in ein Diagramm ein und interpretieren Sie den Kurvenverlauf.
2. Inwiefern stellte der spezifische enzymatische Abbau von DNS einen wichtigen Kontrollversuch bei Averys Transformationsexperiment dar (vgl. S. 10)?

V4 Darstellung von Mitosestadien der Küchenzwiebel

(Demonstration bzw. Übung zu S. 15 zum Kennenlernen bzw. Üben einer einfachen Präparations- und Färbetechnik und zum Arbeiten mit dem Mikroskop)

Material

Abgelagerte Küchenzwiebel, Bechergläser etc., Pinzette, Schere, Skalpell oder Rasierklinge, Objektträger, Deckgläser, Filterpapier, Mikro-(video-)Projektion bzw. Mikroskope

Reagenzien

Orcein-Essigsäure: 1 g Orcein (Merck 7100) in 50 cm^3 50%iger Essigsäure lösen, mit Rückflusskühler 15 Min. kochen, abkühlen lassen, filtrieren; 50% Essigsäure

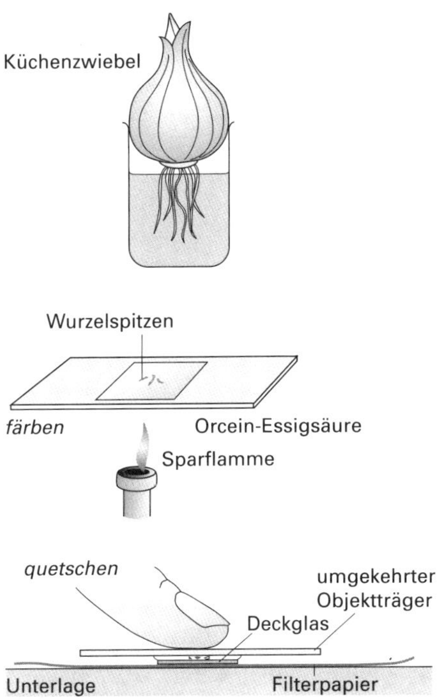

Abb. 139.1 Herstellung eines Wurzelspitzen-Quetschpräparates

1. 3 Tage vor Versuchsbeginn einige Küchenzwiebeln, von denen man die äußeren Schalen entfernt hat, so auf Gläser mit Leitungswasser setzen, dass die Wurzelscheibe die Wasseroberfläche knapp berührt. Wasser täglich wechseln.
2. Von ca. 2 cm gewachsenen Wurzeln die Spitze ca. 2 mm lang abschneiden, den Rest verwerfen. Wurzelspitze mit der Pinzette auf einem Objektträger fassen und mit Skalpell mehrfach längs teilen.
3. Tropfen Orcein-Essigsäure dazugeben, Deckglas auflegen und über der Sparflamme vorsichtig erhitzen. Verdunstende Farblösung ersetzen, bis die Spitzen weich werden und nach 5–10 Min. durchgefärbt sind.
4. Tropfen 50% Essigsäure unter dem Deckglas durchsaugen. Präparat auf ebener Tischfläche mit dem Deckglas nach unten auf Filterpapier mit dem Daumen kräftig quetschen, ohne seitlich zu verschieben. Vor der Auswertung etwas Farblösung zusetzen.

Aufgabe

Auffällige Teilungsstadien bei schwacher Vergrößerung aufsuchen, bei mindestens 500facher Vergrößerung zeichnen und den Mitosephasen S. 16 zuordnen.

V 5 Darstellung menschlicher Chromosomen aus Blut

(Anregung für eine Projektarbeit bzw. Facharbeit zu S. 19 zum Kennenlernen eines biomedizinischen Routineverfahrens)

Material

Wärmeschrank oder 37-°C-Wasserbad, elektrische Kleinzentrifuge, die man auf 1000 UpM einstellen kann, graduierte Zentrifugen-Spitzgläser, Pasteurpipetten mit Gummihütchen, mit Alkohol-Ether-Gemisch entfettete Objektträger in Eiswasser, Pinzette, Brenner, Färbecuvetten, Mikroskop

Reagenzien

Chromosomenmedium seromed (5 cm^3) und Colcemid-Lösung seromed (1 cm^3) zum Stoppen der Mitosen kann von der Firma Biochrom KG, Postfach 460309, 12213 Berlin, unter der Bezeichnung Chromosomenkit, Kat.-Nr. F 5108, zum Preise von DM 58,– pro Kit zuzüglich Mehrwertsteuer (1993) bezogen werden.

Durchführung

Dem „Chromosomenkit" liegt eine ausführliche Versuchsanleitung bei. Wenn Bedenken gegen die Blutentnahme bei Schülern bestehen, kann vielleicht der Lehrer einige Tropfen Blut opfern.

Aufgabe

Bei schwächerer Vergrößerung unter den Lymphocytenkernen verschiedenen Quellungsgrades Nester ausgebreiteter Metaphasechromosomen suchen und mit dem 40× bzw. 100× Ölimmersions-Objektiv einige gut ausgebreitete Metaphasen auszählen, evtl. fotografieren, zeichnen.

V 6 Aufstellen eines Karyogramms

(Übung zu S. 20 zum Kennenlernen bandengefärbter Chromosomen eines Menschen)

Material

Nachstehend ist eine Originalaufnahme bandengefärbter Metaphase-Chromosomen eines Mannes aus einem geplatzten Lymphozyten abgebildet (Humangenetisches Institut Prof. Murken) sowie ein Ordnungsschema.

Durchführung

Chromosomen kopieren und auf der Tischfläche ausschneiden. Darauf achten, dass keines verloren geht. Nach Größe, Lage des Zentromers und Bandenmuster homologe Paarlinge zusammensuchen, mittels Abb. 20.1 individuell identifizieren und in das Ordnungsschema übertragen. Die fertig geordneten Zeilen mit Tesaband überkleben.

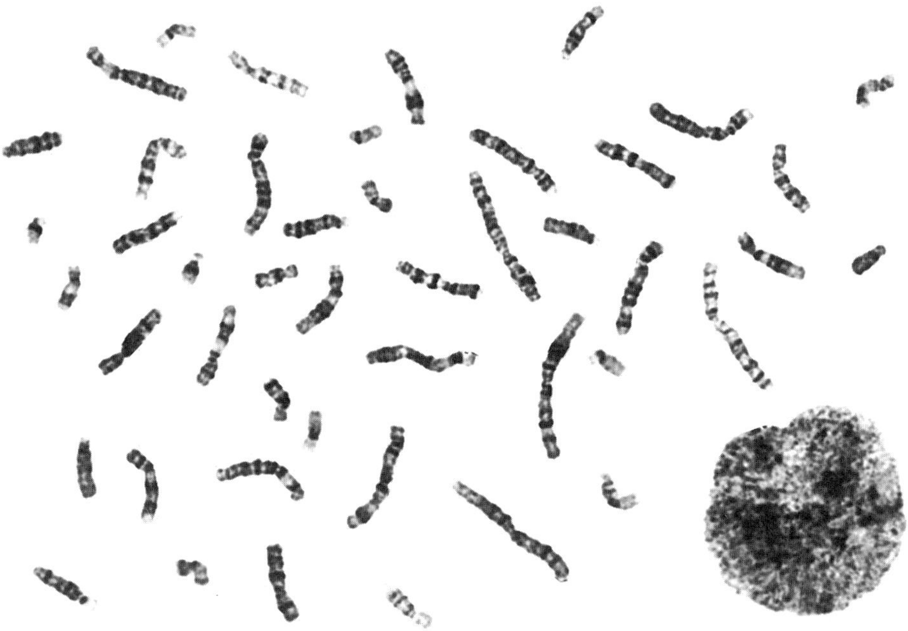

Abb. 141.1 Bandengefärbte Metaphase-Chromosomen eines Mannes zum Kopieren, Ausschneiden und Ordnen entsprechend Abb. 20.1

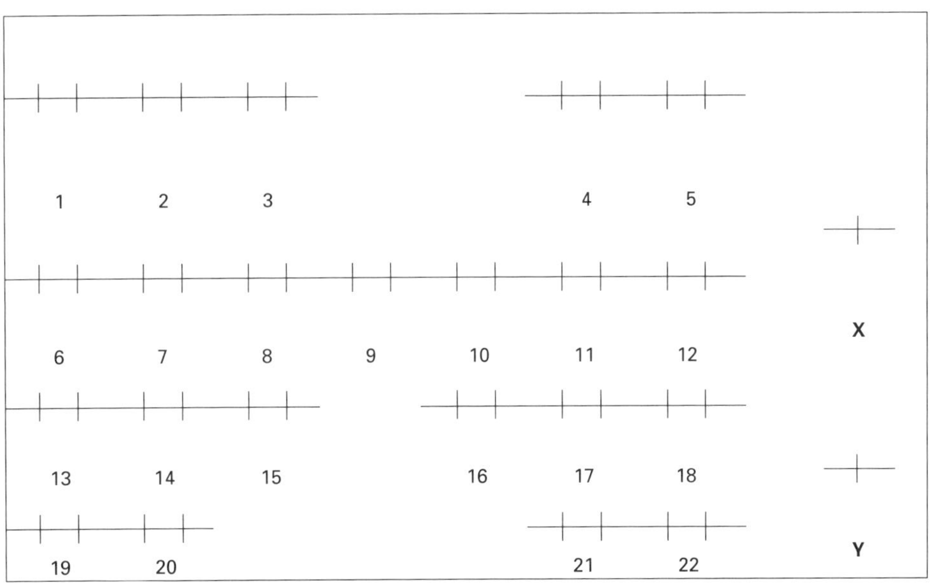

Abb. 141.2 Muster des Übungsblattes zum Aufstellen des Karyogrammes (Kopiervorlage)

V7 Darstellung der Riesenchromosomen von Chironomus

(Demonstration bzw. Übung zu S. 22 zum Kennenlernen bzw. Üben einer einfachen Präpariertechnik)

Material

Chironomuslarven (von Herbst bis Frühjahr als rote Mückenlarven in Aquarienläden erhältlich), Schliffobjektträger, Deckgläser, 2 Pinzetten, schwarzes Papier, Filterpapier, Mikroskop

Reagenzien

Orcein-Essigsäure (S. 139), 50% Essigsäure

Durchführung

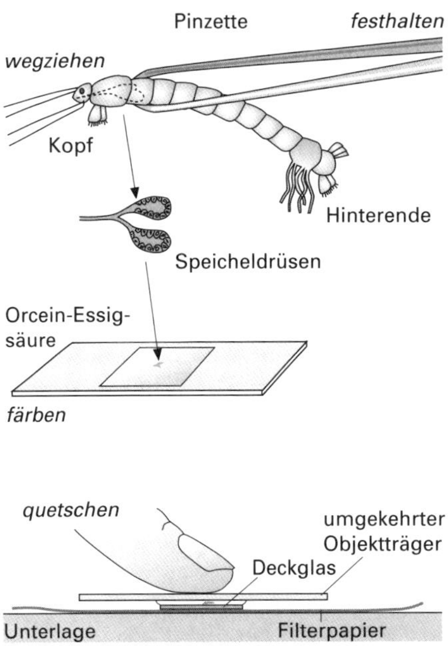

Abb. 142.1 Speicheldrüsen-Riesenchromosomen-Quetschpräparat

1. Chironomuslarve im Gefrierfach kurz immobilisieren; in einem Tropfen Wasser auf einem Objektträger auf schwarzer Unterlage evtl. unter der Prismenlupe mit der Pinzette von hinten her in der Mitte festhalten und mit der zweiten Pinzette den Kopf wegziehen. Evtl. noch leicht auf das vordere Segment drücken. In dem ausgetretenen Gewebe sind die Speicheldrüsen als helle, wasserklare Bläschen erkennbar.
2. Speicheldrüsen separieren, mit Tropfen Orcein-Essigsäure bedecken. Deckglas auflegen. Reste entfernen. Evtl. leicht erwärmen und frische Farblösung unter das Deckglas saugen. Nach 15–20 Min. Objektträger verkehrt auf Filterpapier legen und mit dem Daumen leicht quetschen. Zu viel ausgetretene Farblösung durch 50% Essigsäure ersetzen.

Aufgabe

Bei schwacher Vergrößerung Anzahl, Gestalt und Größe der Riesenchromosomen feststellen, Übersichtsskizze anfertigen. Bei starker Vergrößerung bei einem Chromosom vom Ende her die Bandenfolge skizzieren und versuchen, die Bandenfolge in einem entsprechenden Chromosom eines anderen Kerns wieder zu finden. Eine Auftreibung (Puff) suchen und skizzieren.

V 8 Auslösung von Chromosomenaberrationen in Wurzelzellen der Zwiebel

(Anregung für eine Projektarbeit bzw. für Facharbeiten zu S. 29 zur Durchführung und Auswertung eines cytogenetischen Versuchs.)

Material

Küchenzwiebeln mit austreibenden Wurzeln auf Gläsern mit Leitungswasser entsprechend Versuch 4, Objektträger, Deckgläser, Mikroskop möglichst mit Ölimmersionsobjektiv

Reagenzien

Colchicin (Serva 77120) (darf nur vom Lehrer gehandhabt werden) 0,1 %, Ethanol 5%, Coffein 0,5%, Lösungen jeweils mit Leitungswasser, Orcein-Essigsäure (S. 139), 50% Essigsäure

Durchführung

Küchenzwiebeln mit zahlreichen, kräftig wachsenden ca. 2 cm langen Wurzeln

a) für 2 Stunden auf ein Glas mit 0,1 %iger Colchicinlösung setzen, danach für 24 Stunden auf ein Glas mit frischem Leitungswasser zurückversetzen, anschließend Präparate anfertigen, entsprechend wie bei Versuch 4.

b) für 4 Stunden auf ein Glas mit 5%igem Ethanol setzen, anschließend Präparate anfertigen.

c) für 4 Stunden auf ein Glas mit 0,5%iger Coffeinlösung setzen, danach für 24 Stunden auf Glas mit frischem Leitungswasser zurückversetzen, anschließend Präparate anfertigen.

Aufgabe

Bei a) sind tetraploide Mitosestadien, bei b) sind mehrpolige Teilungsspindeln, die zum Verlust einzelner Chromosomen führen, bei c) sind Chromosomenbruchstücke im Bereich von Anaphase-Stadien zu suchen, zu zeichnen (und evtl. zu fotografieren). Zur Ermittlung des Einflusses der Konzentration der Mittel auf die Auslösehäufigkeit von Aberrationen können die Versuche mit je einer schwächeren und je einer stärkeren Konzentration als angegeben parallel durchgeführt werden.

Herstellung von Dauerpräparaten

Objektträger mit Eiweiß-Glycerin (Eiklar + Glycerin 1 : 1) einreiben und kurz durch die Flamme ziehen. Deckglasgroße Folienstücke von dünnen Schreibprojektor-Folien einmal knicken und die Unterseite mit einem Spülmittel einreiben. Gefärbte Wurzelspitzen auf den präparierten Objektträger in einen Tropfen Wasser überführen, die geknickte Folie mit der Knickkante nach oben darüber legen und mit zweiten Objektträger mit dem Daumen kräftig quetschen, ohne seitlich zu verrutschen. Quetsch-Objektträger vorsichtig entfernen und Folie in Wasser abschwimmen lassen. Präparat durch aufsteigende Alkoholreihe führen (50%, 75%, 96%, 100% Isopropanol, Xylol, je 1 Min.) und in Cädax einbetten.

V 9 Stammbaumanalyse

(Übung zu S. 40 anstelle von Durchführung und Auswertung des PTH-Schmecktests)

Vorbemerkungen

64% der europäischen Bevölkerung schmecken einen bestimmten, in hohen Konzentrationen giftigen Stoff (Phenylthioharnstoff, PTH) bitter, bei 36% löst er keine spezifischen Geschmacksempfindungen aus.

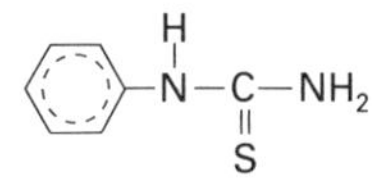

Phenylthioharnstoff

Die Fähigkeit PTH zu schmecken, beruht auf der Gegenwart des Enzyms Tyrosiniodinase im Speichel der „Schmecker", welches den „Nichtschmeckern" fehlt. Das Enzym spaltet PTH. Die Spaltprodukte reizen die Geschmackssinneszellen und lösen die Bitter-Empfindung aus.

In Familien treten „Schmecker" und „Nichtschmecker" in Übereinstimmung mit den Mendel'schen Regeln auf.

Material

Stammbäume = Sippentafeln zur Auswertung

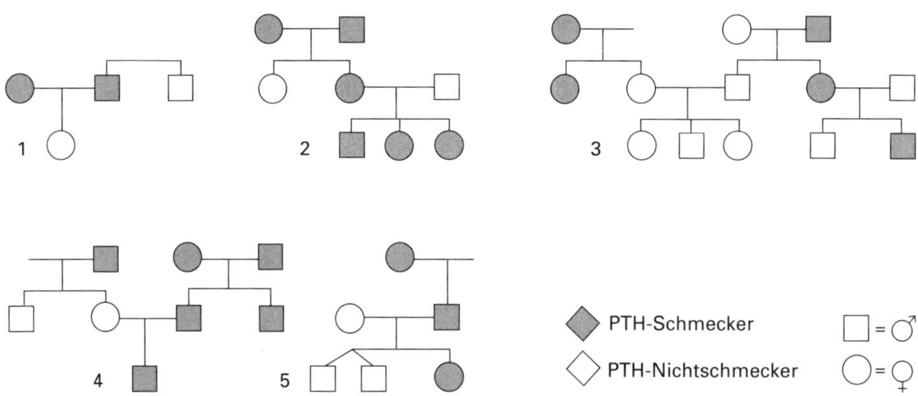

Aufgaben

1. Begründen Sie Ihre Annahme für dominanten bzw. rezessiven Erbgang des Merkmals.
2. Zeichnen Sie die Sippentafeln ab und tragen Sie die sicheren bzw. möglichen Erbformeln (Genotypen) ein.
3. Erläutern Sie, welche Fälle a) der 1. Mendel'schen Regel, b) der 2. Mendel'schen Regel, c) einer Testkreuzung formal entsprechen.
4. Begründen Sie, weshalb für das Häufigkeitsverhältnis „Schmecker": „Nichtschmecker" in der Bevölkerung keine 3 : 1-Erwartung besteht.

V 10 Farbsehtest und Stammbaumanalyse

(Demonstration bzw. Übung zu S. 47 zur Erfassung eines Erbmerkmals und seines Erbganges)

Material

Testbilder aus der Diareihe 1002055 „Geschlechtsgekoppelte Erbgänge beim Menschen", FWU München-Grünwald. Oder: Tafeln zur Prüfung des Farbensinns von Prof. Dr. Velhagen, Thieme Verlag Stuttgart (29. Auflage 1992)

Durchführung

Gewissheit über das Vorliegen einer Rot-Grün-Störung kann nur bei Betrachtung der Testtafeln im Leseabstand bei gutem Tageslicht gewonnen werden. „Rotgrünblinde" Schüler und Schülerinnen können wieder Familienangehörige testen und den eigenen Stammbaum bezüglich dieses Merkmals interpretieren.

Zusätzliche Informationen

Die Testdias, insbesondere die Testtafeln, gestatten eine Differenzierung der „Rotgrünblinden" in „Grünschwache" (5%), „Grünblinde" (1%), „Rotschwache" (1%) und „Rotblinde" (1%). Die Genorte für die „Grün"- und für die „Rot"-Störung liegen beide in einem geringen Abstand im X-Chromosom.

V 11 Bestimmung der Blutgerinnungszeit

(Demonstration bzw. Übung zu S. 48 zur Erfassung eines variablen Merkmals zur Definition von „Bluter")

Material

Objektträger, Hämostilette, Petrischalen mit feuchtem Filterpapier im Deckel („feuchte Kammer"), Tupfer und Alkohol, Stoppuhr

Durchführung

(Nur auf freiwilliger Basis!) Objektträger in feuchte Kammer legen. Fingerkuppe mit Alkohol reinigen und anstechen. Auf Kommando einen kräftigen Tropfen Blut auf den Objektträger geben, Stoppuhr in Gang setzen und Petrischalendeckel auflegen. Nach jeder Minute mit der Hämostilette durch den Bluttropfen fahren. Notieren, nach der wievielten Minute ein geronnenes Blutklümpchen an der Hämostilette hängen bleibt.

Auswertung

Ergebnisse der Gruppe in einem Diagramm zusammenstellen. Mittelwert der Gerinnungszeit berechnen. Variationsbreite dieses Merkmals beachten.

V12 Blutgruppen-Untersuchung, Agglutinationstest

(Lehrer-Demonstrationsversuch zu S. 54 zur Veranschaulichung der Agglutinationsreaktion bei der Blutgruppenbestimmung)

Material

Testsera Anti-A (human), Anti-B (human), Anti-A + B (human) in Pipettenflaschen zu je 5 cm^3 (z. B. Behringwerke, 35041 Marburg/Lahn, ∅RVE 14, ∅RVF 14, ∅RVG 14, Preis 1993: 17,90 DM je Pipettenflasche ohne Mehrwertsteuer, je zwei Objektträger pro Untersuchung oder/und: Eldonkarten, Packung zu 10 Stück (A. Schlüter KG, Haus für Biologie, Postfach 126, 71349 Winnenden, Preis 1993: 43,50 DM plus Mehrwertsteuer. Sera bzw. Karten im Kühlschrank aufbewahren!), 70% Alkohol, Tupfer, sterile Hämostilette

Durchführung

(ohne Anspruch auf gültige Ergebnisse)

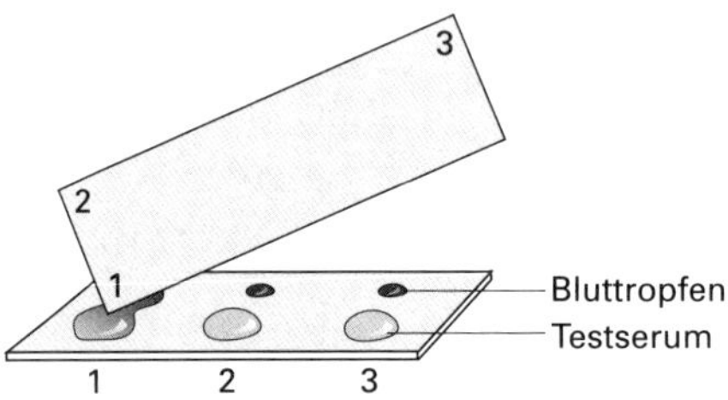

Anti-A	Anti-B	Anti-AB	Blutgruppe
+	–	+	A
–	+	+	B
+	+	+	AB
–	–	–	0

Abb. 146.1 Agglutinationstabelle

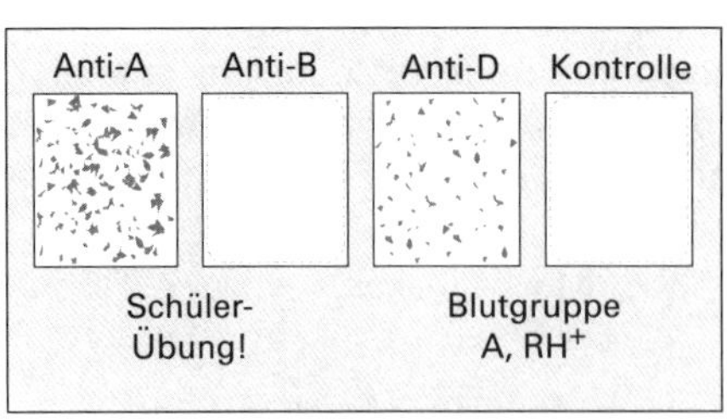

Abb. 146.2 Eldonkarte, Schema

1. Auf sauberen Objektträger je einen Tropfen Testserum Anti-A (blau), Anti-B (gelb) und Anti-AB (farblos) geben.
2. Fingerbeere mit Alkohol reinigen, mit steriler Hämostilette anstechen. Neben jeden Serumtropfen je einen, um etwa ein Drittel kleineren, Bluttropfen geben.
3. Mit je einer frischen Ecke des zweiten Objektträgers Testsera und Bluttropfen vermischen.
4. Auf Agglutination achten und entsprechend dem Schema interpretieren.
5. Auf je einen Tropfen mit agglutiniertem und nicht agglutiniertem Blut ein Deckglas auflegen und im Mikroskop untersuchen.

Auf den vier Feldern werden eingetrocknete Tropfen von Anti-A-, Anti-B- und Anti-C-Seren sowie von einer antikörperfreien Kontrollflüssigkeit mit Wasser aufgelöst und mit je einem Tropfen Blut vermischt. Bei der praktischen Durchführung halte man sich genau an die, jeder Packung beiliegenden, Anleitung. Die Karte ist mit einer Aufschrift, z. B. Schülerübung, zu entwerten.

V13 Drosophila-Kreuzungen

(Demonstrationen, Übungen bzw. Facharbeiten zu S. 37, 44–52 zum Kennenlernen der Kreuzungs-Versuchstechnik und Auswerten von Ergebnissen)

Material und Vorbereitungen

Drosophila melanogaster, Wildtyp und Mutanten sind bei zoologischen Instituten von Universitäten zu beziehen.
Als *Zuchtgläser* eignen sich z. B. Gläser für Baby-Nahrung.
Der *Futterbrei* wird hergestellt aus: 50 g Maisgrieß, 50 g Zucker, 10 g Agar-Agar-Pulver, 5 g Trockenhefe, $^1/_2$ l Leitungswasser.

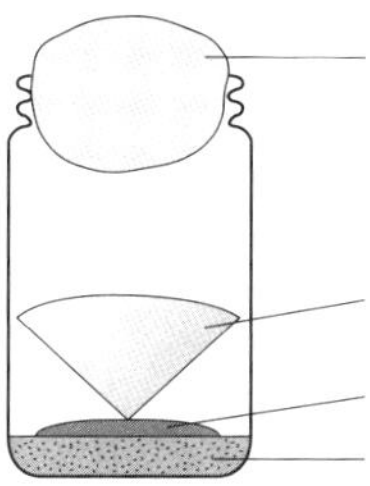

Abb. 147.1 Zuchtglas

Mischung in einem 1000-cm^3-Becherglas verrühren und 15 Min. kochen. Anschließend eine Messerspitze Nipagin (Merck Nr. 6757) zur Vermeidung von Schimmelbildung einrühren. Heißen Futterbrei in die heißen Zuchtgläser ca. 2 cm hoch einfüllen. Auf die abgekühlten Nährböden einige Tropfen einer dicken Suspension von Bäckerhefe geben. Kleine Filterpapiertrichter und gazeumwickelte Wattestopfen vorbereiten.

Die bezogenen *Fliegenstämme* werden in frisch bereiteten Gläsern fortgeführt. Dazu schlägt man das Glas in die flache Hand, sodass die Fliegen auf den Boden des Gefäßes fallen, entfernt den Verschluss und hält rasch ein frisches Zuchtglas so über das erstere, dass die beiden Öffnungen aneinander liegen und mit der Hand umschlossen werden können. Dann dreht man die beiden Gläser gemeinsam um und klopft die Fliegen (ca. 20) in das frische Glas. Zur Fortführung der Stämme ist diese Prozedur alle drei bis vier Wochen zu wiederholen.

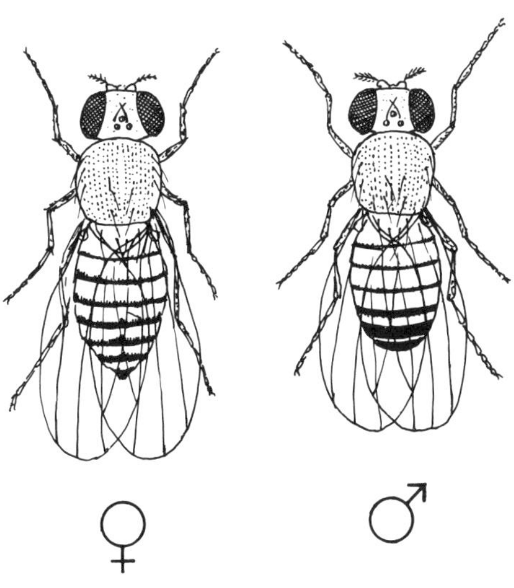

Abb. 147.2 Drosophila melanogaster, Wildtyp

Zur *Untersuchung von Wildtyp- und Mutanten*-Fliegen benötigt man: Lupen (10fach), besser Prismenlupen, eine gute Beleuchtung, Papierkärtchen, kleine Pinsel, Präpariernadeln, ein leeres Glas, Watte und Ether. Zur Betäubung werden Fliegen in das leere Glas geklopft. Die Öffnung wird rasch mit einem ethergetränkten Wattebausch verschlossen. Die bewegungslos gewordenen Tiere werden auf eine Papierkarte gekippt und mit Pinsel und Präpariernadel zur Untersuchung zurechtgerückt.

Folgende Merkmale sollen untersucht und skizziert werden: Kopf mit Facettenaugen, drei Punktaugen, zwei Fühler mit Fühlerborste, Thorax mit Borsten und Haaren, Scutellum mit Borsten, Flügelgeäder mit zwei Queradern, Schwingkölbchen. Körper- und Augenfarbe beachten. Geschlechtsunterschiede feststellen: Weibchen größer, Hinterleib spitz zulaufend mit getrennten dunklen Querbinden. Männchen kleiner, Hinterleib abgerundet und am Ende dunkler gefärbt.

Durchführung von Kreuzungen

Dazu benötigt man jungfräuliche Weibchen. Diese erhält man, wenn man aus einem Zuchtglas mit Puppen an den Wänden alle Fliegen sorgfältig entfernt und nach ca. sechs Stunden die inzwischen geschlüpften Tiere betäubt und in Männchen und Weibchen separiert.
Je ca. 5 Weibchen des einen Stammes werden mit ca. 5 Männchen des anderen Stammes (und umgekehrt) in die Papiertrichter frischer Zuchtgläser geschüttet. Die Gläser werden mit der Angabe der Kreuzung und des Datums eindeutig beschriftet. Etwa 5 Tage nach dem Ansetzen einer Kreuzung werden die Elterntiere aus den Gläsern entfernt.
Nach ca. drei Wochen schlüpfen die Tiere der F_1-Generation und können untersucht werden. Zur Durchführung der Kreuzung von F_1-Tieren untereinander (F_1 inter se) benötigt man selbstverständlich keine jungfräulichen Weibchen.

Regeln zur Schreibweise

1. Jedes mutierte Allel wird nach einem hervorstechenden Merkmal benannt; rezessive Allele werden mit Kleinbuchstaben, dominante mit Großbuchstaben abgekürzt, z. B.:

e	ebony	(ebenholzfarben)	rezessives Allel für dunkle Körperfarbe
vg	vestigial	(spurenhaft)	rezessives Allel für Stummelflügel
w	white	(weiß)	rezessives Allel für weiße Augen
v	vermillion	(zinnoberrot)	rezessives Allel für hellrote Augen
y	yellow	(gelb)	rezessives Allel für gelbe Körperfarbe
B	Bar	(Balken)	dominantes Allel für stabförmiges Auge
Cy	Curly	(gewellt)	dominantes Allel für aufgebogene Flügel

2. Jedes Normal- oder Wildtypallel wird mit einem +-Zeichen dargestellt. Um welches spezielle Allel es sich dabei handelt, und ob es dominant oder rezessiv ist, geht erst aus der Verbindung mit einem mutierten Allel hervor, z. B.:

+/+	homozygoter Genotyp	Phänotyp: Wildtyp „+"
+/e	heterozygoter Genotyp	Phänotyp: Wildtyp „+"
e/e	homozygoter Genotyp	Phänotyp: ebony „e"
+/Cy	heterozygoter Genotyp	Phänotyp: Curly „Cy"

e/e; vg/vg bedeutet die Doppelmutante „e; vg", deren mutierte Allele an Genorten in zwei verschiedenen Chromosomen liegen.

yvB/yvB bedeuten die Dreifachmutante „yvB" mit im X-Chromosom liegenden, gekoppelten Genorten, ein homozygotes Weibchen und ein
yvB/– hemizygotes Männchen.

3. Bei Kreuzungen wird der weibliche Partner links geschrieben z. B.:
P: +/+ × e/e und reziprok: e/e × +/+

V 13.1 Monohybride Drosophila-Kreuzung (zu S. 37)

1. Kreuzung zwischen Wildtyp-Fliegen und z. B. der schwärzlichen Mutante ebony ansetzen, z. B. zwei Gläser +/+ × e/e und zwei Gläser reziprok e/e × +/+. Gläser beschriften. Nach ca. fünf Tagen die Elterntiere entfernen.
2. Kreuzungsschema mit den nebenstehenden Symbolen aufstellen und die Erwartungen für die F_1- und F_2-Tiere formulieren.
3. Nach ca. drei Wochen die geschlüpften Tiere der F_1-Generation betäuben und untersuchen. Ergebnis im Hinblick auf Uniformitäts- und Reziprozitätsgesetz überprüfen. Geschlechtsverhältnis auszählen und Ergebnis mittels der χ^2-Methode (S. 155) auf Verträglichkeit mit der 1 : 1-Erwartung überprüfen. Mit einigen Pärchen die Kreuzung F_1 inter se ansetzen. Nach ca. fünf Tagen die F_1-Elterntiere entfernen.
4. Nach ca. drei Wochen die geschlüpften F_2-Tiere betäuben und untersuchen: Phänotypen auszählen und Ergebnis mittels der χ^2-Methode auf Verträglichkeit mit der Erwartung überprüfen.

V 13.2 Dihybride Drosophila-Kreuzung (zu S. 44)

Als Beispiel eignet sich ein Ansatz mit Wildtyp-Fliegen und der autosomal-rezessiven Doppelmutante „e; vg". P +/+; +/+ × e/e; vg/vg und reziprok. Durchführung und Auswertung wie bei 13.1.

V 13.3 Monohybride Drosophila-Kreuzung mit geschlechtsgekoppelten Genen (zu S. 47)

Als Beispiel eignet sich der Ansatz mit Wildtyp-Fliegen und der X-chromosomal rezessiven Mutante „w". P +/+ × w/− und reziprok w/w × +/−.
Durchführung und Auswertung wie 13.1.

V 13.4 Monohybride Drosophilakreuzung mit einem Letalfaktor

Als Beispiel eignet sich die Auswertung einer Curly-Zucht. Da Cy/Cy-Larven absterben, sind alle „Cy"-Tiere heterozygot Cy/+. Zählen Sie die „Cy"- und „+"-Tiere aus, und vergleichen Sie das Ergebnis mit der 2 : 1-Erwartung.

V 14 Escherichia coli – Versuchstechnik

(Demonstration, Übungen, Facharbeiten zu S. 74, 75, 78)

Material und Reagenzien

Wärmeschrank, Dampfdrucktopf, einige Erlenmeyerkolben (300 cm^3), 100 Kulturröhrchen aus Jenaer Glas mit geradem Rand (160×16 mm), Aluminium-Kappen, 100 Einmal-Petrischalen (94×16 mm). Pro Arbeitsplatz ein Satz Messpipetten in Sterilisierbüchse oder Alu-Folie (5 Stück 0,1 cm^3, 2 Stück 1 cm^3, 2 Stück 10 cm^3), Reagenzglasgestell aus Metall, Halter mit Platinersatzöse, Dreieck-Glasspatel, Bunsenbrenner, Becherglas (2 l), Becherglas (50 cm^3), Filzstift.

Standard-I-Nähragar (Merck 7881), Standard-I-Nährboullion (Merck 7882), Fuchsin-Lactose-Agar (Merck 4043), 0,95% NaCl-Lösung, Formol, Propanol

Vorbereitungen

Kulturröhrchen mit Alu-Kappen sowie Pipetten in Büchse oder Alu-Folie ca. drei Stunden im Wärmeschrank bei 150°C sterilisieren. Nähragar, Nährboullion und Endo-Agar entsprechend den Angaben auf den Substanzgläsern in je ½ l Wasser lösen und auf die Erlenmeyerkolben so verteilen, dass sie höchstens 4 cm hoch gefüllt sind. Desgleichen ½ l 0,95%ige NaCl-Lösung auf Erlenmeyerkolben verteilen. Kolben mit Alu-Kappen oder Alu-Folie locker verschließen und 30 Minuten im Dampfdrucktopf sterilisieren. Abkühlen lassen und evtl. erneut sterilisieren. Neben der Bunsenflamme Agar heiß ca. ½ cm hoch in Petrischalen gießen und rasch Deckel auflegen. Nach dem Abkühlen Petrischalendeckel neben der Bunsenflamme kurz abheben und Kondenswasser abschleudern.

V 14.1 Anzucht und Isolierung von Escherichia coli

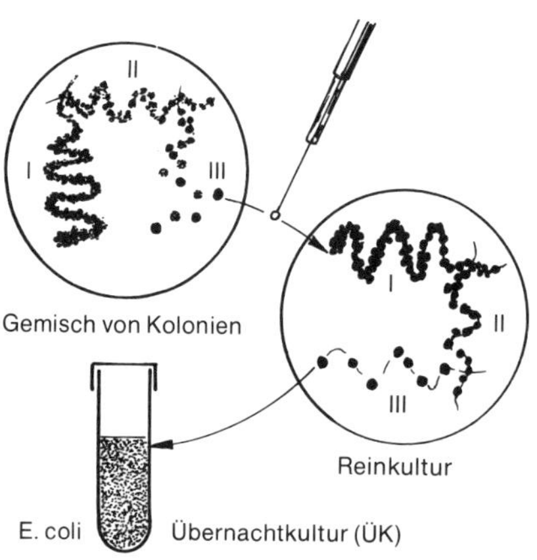

Abb. 150.1 Reingewinnung von Escherichia coli

Durchführung

Platinöse in rohe Frischmilch (oder eine Abwasserprobe) tauchen und auf einer Endo-Agarplatte eine Wellenlinie ziehen (I). Öse ausglühen, zum Abkühlen in den Agar stechen und vom Ende der ersten Wellenlinie im rechten Winkel eine zweite Wellenlinie ziehen (II) und ebenso ein drittes Mal verfahren (III). Platte über Nacht bei 37°C bebrüten. Kolonien, die Metallglanz zeigen, stammen von *Escherichia coli*. Zur sicheren Reingewinnung ausgeglühte Platinöse in eine E. coli-Kolonie tauchen und erneut drei Verdünnungsstriche auf frischer Endo-Platte anlegen. Bebrüten. Eine vereinzelte E. coli-Kolonie mit der ausgeglühten Platinöse in ein Kulturröhrchen überführen, das mit ca. 10 cm^3 Nährboullion steril gefüllt wurde. Bebrüten. Besser ist es, für die weiteren Versuche den zugelassenen E.coli K12-Stamm zu verwenden.

V 14.2 Titerbestimmung durch den Koloniezähltest

(Demonstration, praktische Übung zu S. 74)

Man kann davon ausgehen, dass der Titer (Anzahl Bakterien pro cm^3) einer Übernachtkultur (ÜK) von Escherichia coli in der Größenordnung von 10^9 liegt.

Durchführung

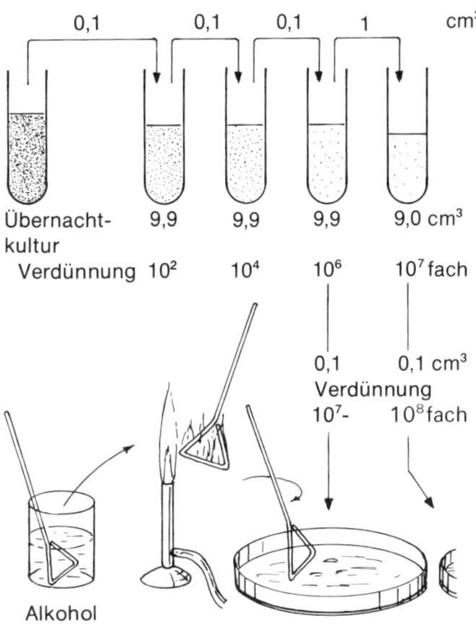

Abb. 151.1 Verdünnen und Plattieren einer E. coli-Suspension für den Koloniezähltest

Drei Kulturröhrchen mit je 9,9 cm^3, ein weiteres mit 9,0 cm^3 NaCl-Lösung steril füllen. Aus der ÜK exakt 0,1 cm^3 in das erste Röhrchen pipettieren, schütteln. Pipette in Becherglas mit Formolwasser stellen. Mit frischer Pipette 0,1 cm^3 aus dem ersten in das zweite Röhrchen pipettieren usw., bis die ÜK um den Faktor 10^6 und 10^7 verdünnt ist. Aus diesen beiden Verdünnungsstufen je 0,1 cm^3 auf je zwei Nähragarplatten pipettieren. Dreiecksspatel in Alkohol tauchen und abflammen. Mit dem Spatel die Tropfen auf der Agarfläche gleichmäßig verteilen. Deckel auflegen, Schale umdrehen und beschriften: z. B. E. coli, Verd. 10^8fach, Dat. Platten über Nacht bebrüten. Mit einem Filzschreiber auf der Bodenseite der Petrischalen Kolonien zählen und markieren. Anzahl mit dem Verdünnungsfaktor multiplizieren, z. B. $128 \cdot 10^7 = 1{,}28 \cdot 10^9$ und z. B. $12 \cdot 10^8 = 1{,}2 \cdot 10^9$.

V 14.3 Aufstellen einer Bakterien-Wachstumskurve

(Facharbeit zu S. 75)

Durchführung

Stunden nach Versuchsbeginn

0	1	2	3	4	5
10^2	10^2	10^2	10^2	10^2	10^2
10	10	10^2	10^2	10^2	10^2
10	10	10	10	10^2	10^2
		10	10	10	
	Verdünnungsschritte				10

Tab. 151.2 Verdünnungsplan

Ca. 30 Agarplatten, 25 Verdünnungsröhrchen, 20 Pipetten (0,1 cm^3) vorbereiten. ÜK um den Faktor 10^3 verdünnen. Eine Probe dieser Ausgangskultur entsprechend dem Verdünnungsplan (Zeitpunkt 0) weiterverdünnen und für den Koloniezähltest plattieren. Ausgangskultur bebrüten. Nach je einer Stunde (evtl. nach je 30 Minuten) Proben entnehmen, entsprechend dem Verdünnungsplan verdünnen, plattieren und eindeutig beschriften. Sämtliche Platten über Nacht bebrüten und am nächsten Tag Kolonien auszählen.

Auswertung:

Wachstumskurve der Bakterienkultur entsprechend Abb. 75.1 aufstellen. Für mathematisch Interessierte: Aus der Bakterienzahl N_0 zum Zeipunkt t_0 und der Bakterienzahl N_n zum Zeitpunkt t_n während der logarithmischen Wachstumsphase, die Zahl der dazwischenliegenden Teilungen (n), die Teilungsrate = Zellteilungen pro Stunde (v) und die Generationszeit = Zeit von einer Zellteilung bis zur nächsten (g) aus $N_n = N_0 2^n$ berechnen.

Variationsmöglichkeiten

Kultur belüften. Dadurch werden Teilungsrate und Endtiter erhöht (Belüftung mit Aquarienpumpe über eine Waschflasche mit Spur $CuSO_4$, etwas Watte im Schlauch; durch ein Glasrohr, welches durch einen gazeumwickelten Wattebausch gesteckt wird. Glasrohr und Wattebausch abflammen. 37-°C-Wasserbad, z. B. Babyflaschenwärmer).

V 14.4 Selektion von Resistenzmutanten, Bestimmung der Mutationsrate (Demonstration, praktische Übung, Facharbeit zu S. 78)

Durchführung

(Parallel zu Versuch 14.2). 100 mg Streptomycinsulfat (Merck 10117) in 1 cm³ sterilem Aqua dest. auflösen und zu 200 cm³ noch flüssigem, sterilisiertem Nähragar geben. Platten gießen. Auf vier Streptomycinplatten je 0,1 cm³ der ÜK plattieren. 48 Stunden bei 37 °C bebrüten. Resistenzkolonien zählen. Mutationsrate bestimmen (Verhältnis der Anzahl ÜK-Bakterien pro cm³ zur Anzahl resistenter Bakterien pro cm³).

Variationsmöglichkeiten

Verschiedene Antibiotika in verschiedenen Konzentrationen testen. Resistenzkolonien stets mit Formol abtöten!

Konservierung bebrüteter Platten zur Dokumentation von Ergebnissen

Einige Tropfen Formol auf die Platte geben, umschwenken, einsaugen lassen, Überschuss abgießen. In den schräg gehaltenen Plexiglas-Petrischalendeckel ca. ½ cm³ Chloroform pipettieren und den Deckel so schwenken, dass es rundum mit dem Rand in Berührung kommt und der Innenrand weich wird. Deckel auflegen und leicht andrücken.

Anregung für Facharbeiten

Bezüglich der eigentlichen Versuche zur Bakterien- und Phagengenetik, die nur für Facharbeiten infrage kommen, wenn an einer Schule die entsprechenden Raum- und Material-Voraussetzungen gegeben sind, siehe Lit. 4, S. 156.

V 15 Gelelektrophorese von DNS-Fragmenten

(Übungsversuch zu S. 57 oder S. 103ff.)

Material und Reagenzien (als Lambda-Schulkit zu beziehen):

Ein Kasten enthält Ausrüstungen für fünf Schülergruppen, und zwar pro Gruppe eine Gelelektrophoreseanordnung für 9-Volt-Batterien, DNS des Lambda-Phagen, drei Restriktionsenzyme, Farblösungen, Agarose und Steckpipetten für 2 µl und 10 µl sowie eine Versuchsanleitung.
Bezugsquelle: E. R. Lucius, IPN, Olshausenstr. 62, 24098 Kiel;
Preis (1994): 175,– DM ohne MwSt.

V 16 Elektrophorese von Blutserum und Hämoglobin

(Demonstration zu S. 56, 68, 114)

Material und Reagenzien (über den Fachhandel komplett oder einzeln zu beziehen):

Elektrophoresekammer (z. B. Elphor-Standard-Rapidkammer, Bender & Hobein, München). 200-Volt-Gleichspannungsquelle, Spannungsmessgerät, Verbindungskabel, 5 größere Petrischalen oder längliche Rechteckschalen, Lineal, Bleistift, Pinzette, Filterpapier, Auftragpipetten, Hämostiletten, Alkohol, Tupfer, Uhrgläschen, Aqua dest., 100 Elphor-Membranfolien 18 × 160 mm, 3 l Puffer-Stammlösung, 500 cm^3 Amidoschwarz-Färbelösung, 2 l Entfärberlösung, 1 l Transparenzbad, Wärmeschrank

Durchführung

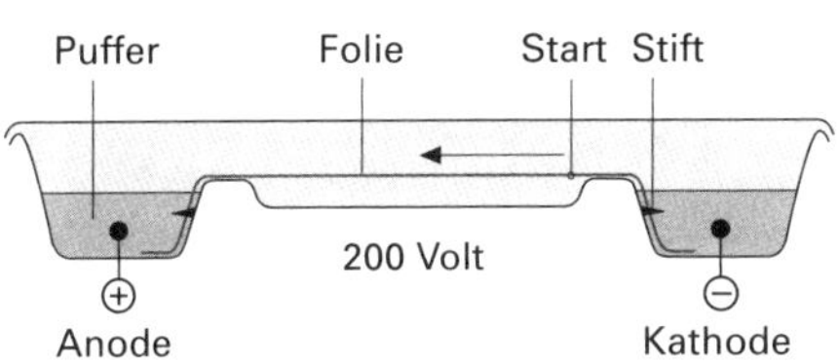

Abb. 153.1 Querschnitt durch Elektrophoresekammer

1. *Vorbereitung der Kammer und Folie.* Elphor-Puffer-Stammlösung 2 : 3 mit Aqua dest. verdünnen, pH 8,6 überprüfen. Pufferlösung in Elektrodenkammern füllen und in ein längliches Schälchen. Elphor-Folienstreifen mit Pinzette von oben auf Pufferlösung in Schälchen legen, nach vollkommener Benetzung untertauchen, zwischen Filterpapier von überschüssigem Puffer befreien und in die Kammer einlegen; durch Andrücken an die kleinen Stifte spannen, Kammer schließen.
2. *Vorbereitung und Auftragen der Proben.* Einige Tropfen Blut zentrifugieren, Überstand: Humanserum, absaugen, Sediment: Blutkörperchen mit einigen Tropfen Aqua dest. versetzen, stehen lassen, zentrifugieren, Überstand: Hämoglobinlösung. Ca. 0,001 cm^3 der Probe mit Mikropipette als Strich auf der Kathodenseite der Kammer mittels Lineal auf der Folie anbringen, ca. 2 cm von der Brücke entfernt und nicht bis zur Streifenkante reichend.
3. *Elektrophoreseverlauf.* 200 Volt Gleichspannung anlegen. Im Lauf von 20 bis 25 Minuten wandern die im alkalischen Puffer verschieden stark negativ geladenen Proteine verschieden schnell zur Anodenseite. Beim Hämoglobin lässt sich die Wanderung direkt beobachten, bei den farblosen Serumproteinen kann man sie sichtbar machen, wenn man der Probe eine Spur Thymolblau hinzugefügt hat, welches sie anfärbt.
4. *Färbung und Entfärbung.* Feuchten Streifen auf etwas mehr als die Länge der Trennstrecke zuschneiden, mit Pinzette in Amidoschwarzlösung ca. 3 Min. lang einlegen. Proteinbanden und Folie färben sich blauschwarz. Folie in erste Schale mit Entfärberlösung einlegen, 2

Min. schwenken, in zweite Schale mit Entfärberlösung überführen, 2 Min. schwenken, in dritte Entfärberlösung überführen und schwenken. Die Folie hat sich wieder entfärbt, die Proteinbanden treten blau hervor.

5. *Transparentmachen.* Folie im dritten Entfärberbad auf Objektträger auflegen, herausnehmen, mit Andruckrolle oder Finger blasenfrei auf dem Objektträger glatt streichen. Sofort in Schale mit Transparenzbad einlegen, bis Folie völlig durchsichtig. Anschließend in auf 100°C vorgeheiztem Trockenschrank Objektträger mit Folie trocknen lassen. Die Folie kann abgezogen und ins Protokollheft eingeklebt werden.

Ergebnis

Unter dem Einfluss der Spannung haben sich die Serumproteine in fünf deutliche Banden getrennt (Abb. 114.2). Die breite γ-Globulinbande enthält z. B. die Antikörper des AB0-Systems sowie die Antikörper für die Infektionsabwehr. Aus dem relativen Anteil der einzelnen Fraktionen kann der Arzt auf bestimmte Krankheiten schließen. Mit Spezial-Elektrophoresemethoden lassen sich erbliche Serumprotein- und Enzymvarianten identifizieren.

V17 Antigen-Antikörper-Reaktion

(Demonstration zu S. 114 zur Veranschaulichung der Antigen-Antikörper-Reaktion)

Material und Reagenzien

NOR-Partigen Immundiffusionsplatte (Normierte, Optimierte, Radiale Immundiffusion), z. B. gegen Albumin mit Kontrollserum (human) 62,60 DM o. MwSt., OTCL 20 – Glaskapillaren 5 µl, 100 Stück 53,80 DM ohne MwSt., Behring – Diagnostika, Behringwerke AG, Stuttgart, Tel. 0711/2064222.

Das Gel der Immundiffusionsplatte enthält Antikörper z. B. gegen den Albumin-Bluteiweißstoff als Antigen. In der Gelplatte sind 12 Löcher ausgespart als Auftragsstellen für Seren, deren Gehalt an z. B. Albumin bestimmt werden soll.

Durchführung und Ergebnis:

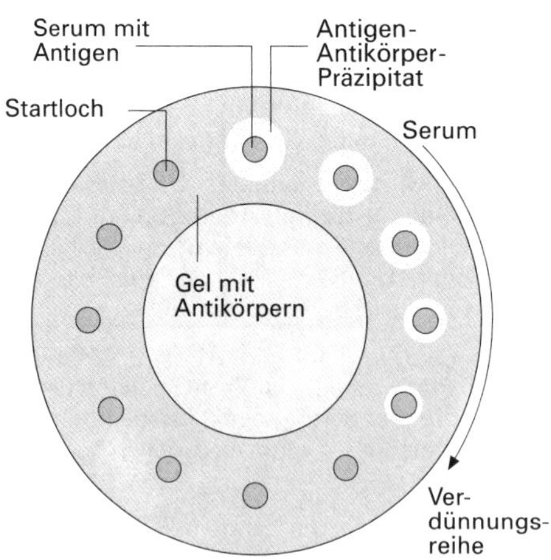

Abb. 154.1 Immundiffusionstest

Das Kontrollserum (0,5 ml) im Originalfläschchen wird mit 5 ml dest. Wasser verdünnt. Davon kann zur Demonstration des Tests eine Verdünnungsreihe in Halbierungsschritten hergestellt werden.

Mit den geeichten Glaskapillaren werden je 5 ml in je eine Auftragsstelle der Platte gegeben, ohne die Gelschicht zu beschädigen. Nach dem Auftragen wird die Platte fest verschlossen und bei Raumtemperatur zwei Tage stehen gelassen.

Vom Startloch aus diffundiert das Serum radial in die Gelplatte. Dabei findet die Antigen-Antikörper-Präzipitatreaktion statt, die zu einem helltrüben Ring um das Startloch führt. Dessen Durchmesser ist ein quantitatives Maß für z. B. die Albuminkonzentration im geprüften Serum.

Rechenschema der χ^2-Methode

Immer wenn es darum geht zu entscheiden, ob ein erhaltenes Häufigkeitsverhältnis mit einer bestimmten Erwartung verträglich ist oder ihr widerspricht, kann man als Maßzahl für die Größe der Abweichung zwischen Ergebnis und Erwartung den sog. χ^2-Wert nach einem einfachen Rechenschema berechnen, das den Einfluss der absoluten Anzahl der gesammelten Daten berücksichtigt. Den verschiedenen χ^2-Werten sind – nach einem komplizierten mathematischen Verfahren errechnete – Wahrscheinlichkeits- oder p-Werte zugeordnet (χ^2-Tabelle), die die Wahrscheinlichkeit angeben, dass eine so große oder größere Abweichung, wie sie erhalten wurde, zufallsmäßig auftritt.

Allgemein betrachtet man einen p-Wert von 0,05 = 5% als Warngrenze, einen p-Wert von 0,01 = 1% als Widerspruchsgrenze. D. h., wenn die Abweichung von der Erwartung so groß ist, dass sie durch Zufall nur in 1% der Fälle auftreten würde, verwirft man die Hypothese der Übereinstimmung als nicht zutreffend und sagt der Unterschied ist signifikant.

1. Beispiel: Monohybrider, dominant-rezessiver Erbgang, F_1 inter se (S. 39)

	'A'	'a'	
Phänotypen-Ergebnis	160	40	$n = 200$
Erwartung (3 : 1)	150	50	$200 : 4 = 50 \quad 3 \cdot 50 = 150$
Differenz	10	−10	
Differenz²	100	100	(zur Eliminierung des Vorzeichens)
Differenz² / Erwartung	100 / 150	100 / 50	(zur Berücksichtigung der absoluten Anzahl)

$$\chi^2 = \sum \frac{\text{Differenz}^2}{\text{Erwartung}} = \frac{400}{150} = 2{,}66$$

Aus der χ^2-Tabelle für zwei Häufigkeitsklassen abzuschätzen: $p \sim 0{,}1$ (10%), d. h. der Unterschied zwischen Ergebnis und Erwartung ist nicht signifikant.

2. Beispiel: Dihybrider, dominant-rezessiver Erbgang, F_1 inter se (S. 45)

Phänotypen	'AB'	'Ab'	'aB'	'ab'	
Ergebnis	44	7	11	2	$n = 64$
Erwartung (9 : 3 : 3 : 1)	36	12	12	4	$64 : 16 = 4 \quad 3 \cdot 4 = 12$ $9 \cdot 4 = 36$
Differenz	8	−5	−1	−2	
Differenz²	64	25	1	4	
Differenz² / Erwartung	64 / 36	25 / 12	1 / 12	4 / 4	

$$\chi^2 = \frac{\text{Differenz}^2}{\text{Erwartung}} = \frac{178}{36} = 4{,}94 \quad p \sim 0{,}20\ (\sim 20\%)$$

χ^2-Tabelle

χ^2	0,02	0,45	1,64	2,70	3,84	5,41	6,63	10,82	für zwei Häufigkeiten
	0,58	2,36	4,46	6,25	7,81	9,83	11,34	16,26	für vier Häufigkeiten
p-Wert	0,90	0,50	0,20	0,10	0,05	0,02	0,01	0,001	

Literaturhinweise

Fachbücher

1 Alberts, A. und Mitautoren: Molekularbiologie der Zelle, 2. Aufl. (übersetzt von L. Jaenicke u.a.), VCH, Weinheim (1990)
2 Bayrhuber, H. und Lucius, E.R. (Hrsg.): Handbuch der praktischen Mikrobiologie und Biotechnik, Metzler, Hannover, Bd. 1 und 3 (1992), Bd. 3 1993.
3 Behrens, J. und Behrens, B.: Praktikumseinheiten Biotechnologie und Gentechnologie, Phywe-Schriftenreihe Nr. 16708.61, Göttingen (1992)
4 Benkler, H.W.: Faszination Immunologie, Hippokrates, Stuttgart (1992)
5 Berg, P. und Singer, M.: Die Sprache der Gene, Spektrum Akademischer Verlag, Heidelberg (1993)
6 Brown, T.A.: Moderne Genetik, Spektrum Akademischer Verlag, Heidelberg (1993)
7 Buselmaier, W. und Tariverdian, G.: Humangenetik, Springer, Berlin (1991)
8 Davey, B.: Immunologie, Birkhäuser-Verlag, Basel (1991)
9 Gassen, H.G. und Mitautoren: Gentechnik, 3. Aufl., Fischer, Stuttgart (1991)
10 Gassen, H.G. und Mitautoren: Der Stoff, aus dem die Gene sind, J. Schweitzer, München (1986)
11 Ibelgaufts, H.: Gentechnologie von A bis Z, Studentenausgabe, VCH, Weinheim (1993)
12 Killer, R.: Immunologie und Immunpathologie, Thieme, Stuttgart (1987)
13 Klein, J.: Immunologie, VCH, Weinheim (1991)
14 Kleinig, H. und Sitte, P.: Zellbiologie, 3. Aufl., Gustav Fischer, Stuttgart (1992)
15 Knippers, R. und Mitautoren: Molekulare Genetik, 5. Aufl., Thieme, Stuttgart – New York (1990)
16 Lengfelder, E.: Strahlenwirkung, Strahlenrisiko, 2. Aufl., ecomed, Landsberg (1990)
17 Lewin, B.: Gene, 2. Aufl., VCH, Weinheim (1991)
18 Murken, J.D. u. Cleve, H. (Hrsg.): Humangenetik, 5. Aufl., Enke, Stuttgart (1993)
19 Old, R.W. und Primrose, S.B.: Gentechnologie, Thieme, Stuttgart – New York (1992)
20 Roitt, I.M.: Kurzes Lehrbuch der Immunologie, 2. Aufl., Thieme, Stuttgart (1991)
21 Roitt, I.M.: Leitfaden der Immunologie, 4. Aufl., Blackwell, Berlin (1993)
22 Schirrmacher, V. (Hrsg.): Krebs-Tumoren, Zellen, Gene, Spektrum der Wissenschaft, Heidelberg (1987)
23 Siefert, G. und Meier, R.: Einführung in die Immunbiologie, 2. Aufl. Biologische Arbeitsbücher 24, Quelle und Meyer, Heidelberg – Wiesbaden (1990)
24 Singer, M. und Berg, P.: Gene und Genome, Spektrum Akademischer Verlag, Heidelberg (1992)
25 Strickberger, M.W.: Genetik (Studienausgabe, übers. von H. Schmieger und C. Schmidt), Hanser, München – Wien (1988)
26 Traut, W.: Chromosomen, Springer, Berlin – Heidelberg (1991)
27 Watson, J.D. und Mitautoren: Rekombinierte DNA – Eine Einführung, Spektrum der Wissenschaft, Heidelberg (1989)
28 Watson, J.D.: Die Doppelhelix, Rowohlt Taschenbuch, Reinbek (1993)
29 Wecker, E.: Immunologie, Bibliographisches Institut, Mannheim (1990)
30 Winnacker, E.L.: Gene und Klone, VCH, Weinheim (1985)

Fachzeitschriften

Biologie in unserer Zeit, VCH, Weinheim
Spektrum der Wissenschaft, Akademischer Verlag, Heidelberg

Studienbriefe des Deutschen Instituts für Fernstudien DIFF, Tübingen
zur Molekularbiologie 24 Hefte
zur Immunbiologie 6 Hefte

Stichwortverzeichnis